January 18, 1999

What do I consider my most important Contributions?

- That I early on—almost sixty years ago—realized that MANAGEMENT has become the constitutive organ and function of the <u>Society of Organizations</u>;

- That MANAGEMENT is not "Business Management- though it first attained attention in business- but the governing organ of ALL institutions of Modern Society;

- That I established the study of MANAGEMENT as a DISCIPLINE in its own right; and

- That I focused this discipline on People and Power; on Values; Structure and Constitution; AND ABOVE ALL ON RESPONSIBILITIES- that is focused the <u>Discipline of Management</u> on Management as a truly LIBERAL ART.

Peter F. Drucker

我认为我最重要的贡献是什么？

* 早在60年前，我就认识到管理已经成为组织社会的基本器官和功能；
* 管理不仅是"企业管理"，而且是所有现代社会机构的管理器官，尽管管理最初侧重于企业管理；
* 我创建了管理这门独立的学科；
* 我围绕着人与权力、价值观、结构和方式来研究这一学科，尤其是围绕着责任。管理学科是把管理当作一门真正的人文艺术。

彼得·德鲁克
1999年1月18日

注：资料原件打印在德鲁克先生的私人信笺上，并有德鲁克先生亲笔签名，现藏于美国德鲁克档案馆。为纪念德鲁克先生，本书特收录这一珍贵资料。本资料由德鲁克管理学专家那国毅教授提供。

彼得·德鲁克和妻子多丽丝·德鲁克

德鲁克妻子多丽丝寄语中国读者

在此谨向广大的中国读者致以我诚挚的问候。本书深入介绍了德鲁克在管理领域方面的多种理念和见解。我相信他的管理思想得以在中国广泛应用，将有赖出版及持续的教育工作，令更多人受惠于他的馈赠。

盼望本书可以激发各位对构建一个令人憧憬的美好社会的希望，并推动大家在这一过程中积极发挥领导作用，他的在天之灵定会备感欣慰。

Doris Drucker

本页照片和多丽丝寄语原文与亲笔签名由彼得·德鲁克管理学院提供

管 理
使命、责任、实践（责任篇）

［美］彼得·德鲁克 著

陈驯 译

Management
Tasks, Responsibilities, Practices

彼得·德鲁克全集

机械工业出版社
CHINA MACHINE PRESS

图书在版编目（CIP）数据

管理：使命、责任、实践（责任篇）/（美）彼得·德鲁克（Peter F. Drucker）著；
陈驯译 . —北京：机械工业出版社，2019.4（2024.5 重印）
（彼得·德鲁克全集）
书名原文：Management: Tasks, Responsibilities, Practices
ISBN 978-7-111-62433-2

I. 管… II. ①彼… ②陈… III. 企业管理 IV. F272

中国版本图书馆 CIP 数据核字（2019）第 061063 号

北京市版权局著作权合同登记 图字：01-2015-4159 号。

Peter F. Drucker. Management: Tasks, Responsibilities, Practices.
Copyright © 1973, 1974 by Peter F. Drucker.
Simplified Chinese Translation Copyright © 2019 by China Machine Press.
Simplified Chinese translation rights arranged with HarperBusiness, an imprint of HarperCollins Publishers through Bardon-Chinese Media Agency. This edition is authorized for sale in the Chinese mainland (excluding Hong Kong SAR, Macao SAR and Taiwan).
No part of this book may be reproduced or transmitted in any form or by any means, electronic or mechanical, including photocopying, recording or any information storage and retrieval system, without permission, in writing, from the publisher.
All rights reserved.

本书中文简体字版由 Harper Business（HarperCollins Publishers 的分支机构）通过 Bardon-Chinese Media Agency 授权机械工业出版社在中国大陆地区（不包括香港、澳门特别行政区及台湾地区）独家出版发行。未经出版者书面许可，不得以任何方式抄袭、复制或节录本书的任何部分。

本书两面插页所用资料由彼得·德鲁克管理学院和那国毅教授提供。封面中签名摘自德鲁克先生为彼得·德鲁克管理学院的题词。

管理：使命、责任、实践（责任篇）

出版发行：机械工业出版社（北京市西城区百万庄大街22号 邮政编码：100037）
责任编辑：冯小妹　　　　　　　　　　　责任校对：李秋荣
印　　刷：北京铭成印刷有限公司　　　　版　　次：2024年5月第1版第17次印刷
开　　本：170mm×230mm　1/16　　　　印　　张：21
书　　号：ISBN 978-7-111-62433-2　　　定　　价：89.00元

客服电话：(010) 88361066　68326294

版权所有·侵权必究
封底无防伪标均为盗版

如果您喜欢彼得·德鲁克（Peter F. Drucker）或者他的书籍，那么请您尊重德鲁克。不要购买盗版图书，以及以德鲁克名义编纂的伪书。

出版说明

彼得·德鲁克是管理学的一代宗师，现代组织理论的奠基者，由于他开创了管理这门学科，被尊称为"现代管理学之父"。他终身以教书、著书和咨询为业，著作等身，是名副其实的"大师中的大师"。德鲁克的著作思想博大深邃，往往在书中融合了跨学科的多方面智慧。本书是"彼得·德鲁克全集"系列著作之一，从初版到现在，历经沧桑、饱经岁月锤炼，尽管人类已经迈进了21世纪，经济形态由工业经济发展到了知识经济，但重温本书，读者仍能清晰地感觉到书中依旧非常贴近现实生活的一面，深刻体会到现今出版和阅读本书的意义和价值所在。书中大师许多精辟独到的见解，开理论认识之先河，跨时空岁月之局限，借鉴学习之意义不言而喻，但由于受当时时代背景、社会氛围、个人社会阅历、政治立场等方方面面的局限性，作者的某些观点仍不免过于体现个人主观认识，偏颇、囿困之处在所难免，请读者在阅读时仔细斟辨，批判接受、客观继承。

| 目 录 |

出版说明

推荐序一（邵明路）

推荐序二（赵曙明）

推荐序三（珍妮·达罗克）

译者序

德鲁克自序（1985年）

德鲁克自序（1973年）

致谢

下篇　高管层：使命、组织、战略
第49章　格奥尔格·西门子与德意志银行 / 2

第八部分 | 高管层的任务与组织

第50章　高管层的任务 / 11

第51章　高管层的结构 / 20

第52章　组织的需要：有效的董事会 / 31

第九部分 | 高管层的战略与结构

第53章　论企业的适当规模 / 47

第54章　小型、中型、大型企业的管理 / 54

第55章　论企业的不适当规模 / 80

第56章　多样化经营的多重压力 / 99

第57章　由"多样"构建"合一" / 118

第58章　管理好企业的多样性 / 140

第59章　论"跨国公司" / 162

第60章　管理好企业的成长 / 207

第61章　创新型组织 / 228

结语　管理之正当性 / 256

参考书目 / 262

附录　应该期待怎样的成果——MBO使用说明 / 270

| 推荐序一 |

功能正常的社会和博雅管理
为"彼得·德鲁克全集"作序

享誉世界的"现代管理学之父"彼得·德鲁克先生自认为,虽然他因为创建了现代管理学而广为人知,但他其实是一名社会生态学者,他真正关心的是个人在社会环境中的生存状况,管理则是新出现的用来改善社会和人生的工具。他一生写了39本书,只有15本书是讲管理的,其他都是有关社群(社区)、社会和政体的,而其中写工商企业管理的只有两本书(《为成果而管理》和《创新与企业家精神》)。

德鲁克深知人性是不完美的,因此人所创造的一切事物,包括人设计的社会也不可能完美。他对社会的期待和理想并不高,那只是一个较少痛苦,还可以容忍的社会。不过,它还是要有基本的功能,为生活在其中的人提供可以正常生活和工作的条件。这些功能或条件,就好像一个生命体必须具备正常的生命特征,没有它们社会也就不成其为社会了。值得留意的是,社会并不等同于"国家",因为"国(政府)"和"家(家庭)"不可能提供一个社会全部必要的职能。在德鲁克眼里,功能正常的社会至少要由三大类机构组成:政府、企业和非营利机构,它们各自发挥不同性质的作用,每一类、每一个机构中都要有能解决问题、令机构创造出独特绩效的权力中心和决策机制，这个权力中心和决策机制同时也要让机构里的每个人各得其所，既有所担当、做出贡献，又得到生计和身份、地位。这些在过去的国家中从来没有过的权力中心和决策机制，或者说新的"政体"，就是"管理"。在这里德鲁克把企业和非营利机构中的管理体制与政府的统治体制统称为"政体"，是因为它们都掌握权力，但是，这是两种性质截然不同的权力。企业和非营利机构掌握的，是为了提供特定的产品和服务，而调配社会资源的权力，政府所拥有的，则是整个社会公平的维护、正义的裁夺和干预的权力。

在美国克莱蒙特大学附近，有一座小小的德鲁克纪念馆，走进这座用他的故居改成的纪念馆，正对客厅入口的显眼处有一段他的名言：

> 在一个由多元的组织所构成的社会中，使我们的各种组织机构负责任地、独立自治地、高绩效地运作，是自由和尊严的唯一保障。有绩效的、负责任的管理是对抗和替代极权专制的唯一选择。

当年纪念馆落成时，德鲁克研究所的同事们问自己，如果要从德鲁克的著作中找出一段精练的话，概括这位大师的毕生工作对我们这个世界的意义，会是什么？他们最终选用了这段话。

如果你了解德鲁克的生平，了解他的基本信念和价值观形成的过程，你一定会同意他们的选择。从他的第一本书《经济人的末日》到他独自完成的最后一本书《功能社会》之间，贯穿着一条抵制极权专制、捍卫个人自由和尊严的直线。这里极权的极是极端的极，不是集中的集，两个词一字之差，其含义却有着重大区别，因为人类历史上由来已久的中央集权统治直到20世纪才有条件变种成极权主义。极权主义所谋求的，是从肉体到精神，全面、彻底地操纵和控制人类的每一个成员，把他们改造成实现个别极权主义者梦想的人形机器。20世纪给人类带来最大灾难和伤害的战争和运动，都是极权主义的"杰作"，德鲁克青年时代经历的希特勒纳粹主义正是其中之一。要了解德鲁克的经历怎样影响了他的信念和价值观，最好去读他的《旁观者》；要弄清什么是极权主义和为什么大众会拥护它，可以去读汉娜·阿伦特1951年出版的《极权主义的起源》。

　　好在历史的演变并不总是令人沮丧。工业革命以来，特别是从1800年开始，最近这200年生产力呈加速度提高，不但造就了物质的极大丰富，还带来了社会结构的深刻改变，这就是德鲁克早在80年前就敏锐地洞察和指出的，多元的、组织型的新社会的形成：新兴的企业和非营利机构填补了由来已久的"国（政府）"和"家（家庭）"之间的断层和空白，为现代国家提供了真正意义上的种种社会功能。在这个基础上，教育的普及和知识工作者的崛起，正在造就知识经济和知识社会，而信息科技成为这一切变化的加速器。要特别说明，"知识工作者"是德鲁克创造的一个称谓，泛指具备和应用专门知识从事生产工作，为社会创造出有用的产品和服务的人群，这包括企业家和在任何机构中的管理者、专业人士和技工，也包括社会上的独立执业人士，如会计师、律师、咨询师、培训师等。在21世纪的今天，由于知识的应用领域一再被扩大，个人和个别机构不再是孤独无助的，他们因为掌握了某项知识，就拥有了选择的自由和影响他人的权力。知识工作者和由他们组成的知识型组织不再是传统的知识分子或组织，知识工作者最大的特点就是他们的独立自主，可以主动地整合资源、创造价值，促成经济、社会、文化甚至政治层面的改变，而传统的知识分子只能依附于当时的统治当局，在统治当局提供的平台上才能有所作为。这是一个划时代的、意义深远的变化，而且这个变化不仅发生在西方发达国家，也发生在发展中国家。

　　在一个由多元组织构成的社会中，拿政府、企业和非营利机构这三类组织相互比较，企业和非营利机构因为受到市场、公众和政府的制约，它们的管理者不可能像政府那样走上极权主义统治，这是它们在德鲁克看来，比政府更重要、更值得寄予希望的原因。尽管如此，它们仍然可能因为管理缺位或者管理失当，例如官僚专制，不能达到德鲁克期望的"负责任地、高绩效地运作"，从而为极权专制垄断社会资源让出空间、提供机会。在所有机构中，包括在互联网时代虚拟的工作社群中，知识工作者的崛起既为新的管理提供了基础和条件，也带来对传统的"胡萝卜加大棒"管理方式的挑战。德鲁克正是因应这样的现实，研究、创立和不断完善现代管理学的。

1999年1月18日，德鲁克接近90岁高龄，在回答"我最重要的贡献是什么"这个问题时，他写了下面这段话：

> 我着眼于人和权力、价值观、结构和规范去研究管理学，而在所有这些之上，我聚焦于"责任"，那意味着我是把管理学当作一门真正的"博雅技艺"来看待的。

给管理学冠上"博雅技艺"的标识是德鲁克的首创，反映出他对管理的独特视角，这一点显然很重要，但是在他众多的著作中却没找到多少这方面的进一步解释。最完整的阐述是在他的《管理新现实》这本书第15章第五小节，这节的标题就是"管理是一种博雅技艺"：

> 30年前，英国科学家兼小说家斯诺（C. P. Snow）曾经提到当代社会的"两种文化"。可是，管理既不符合斯诺所说的"人文文化"，也不符合他所说的"科学文化"。管理所关心的是行动和应用，而成果正是对管理的考验，从这一点来看，管理算是一种科技。可是，管理也关心人、人的价值、人的成长与发展，就这一

点而言，管理又算是人文学科。另外，管理对社会结构和社群（社区）的关注与影响，也使管理算得上是人文学科。事实上，每一个曾经长年与各种组织里的管理者相处的人（就像本书作者）都知道，管理深深触及一些精神层面关切的问题——像人性的善与恶。

管理因而成为传统上所说的"博雅技艺"（liberal art）——是"博雅"（liberal），因为它关切的是知识的根本、自我认知、智慧和领导力，也是"技艺"（art），因为管理就是实行和应用。管理者从各种人文科学和社会科学中——心理学和哲学、经济学和历史、伦理学，以及从自然科学中，汲取知识与见解，可是，他们必须把这种知识集中在效能和成果上——治疗病人、教育学生、建造桥梁，以及设计和销售容易使用的软件程序等。

作为一个有多年实际管理经验，又几乎通读过德鲁克全部著作的人，我曾经反复琢磨过为什么德鲁克要说管理学其实是一门"博雅技艺"。我终于意识到这并不仅仅是一个标新立异的溢美之举，而是在为管理定性，它揭示了管理的本质，提出了所有管理者努力的正确方向。这至少包括了以下几重含义：

第一，管理最根本的问题，或者说管理的要害，就是管理者和每个知识工作者怎么看待与处理人和权力的关系。德鲁克是一位基督徒，他的宗教信仰和他的生活经验相互印证，对他的研究和写作产生了深刻的影响。在他看来，人是不应该有权力（power）的，只有造人的上帝或者说造物主才拥有权力，造物主永远高于人类。归根结底，人性是软弱的，经不起权力的引诱和考验。因此，人可以拥有的只是授权（authority），也就是人只是在某一阶段、某一事情上，因为所拥有的品德、知识和能力而被授权。不但任何个人是这样，整个人类也是这样。民主国家中"主权在民"，但是人民的权力也是一种授权,是造物主授予的,人在这种授权之下只是一个既有自由意志,又要承担责任的"工具",他是造物主的工具而不能成为主宰,不能按自己的意图去操纵和控制自己的同类。认识到这一点,人才会谦卑而且有责任感,他们才会以造物主才能够掌握、人类只能被其感召和启示的公平正义,去时时检讨自己,也才会甘愿把自己置于外力强制的规范和约束之下。

第二,尽管人性是不完美的,但是人彼此平等,都有自己的价值,都有自己的创造能力,都有自己的功能,都应该被尊敬,而且应该被鼓励去创造。美国的独立宣言和宪法中所说的,人生而平等,每个人都有与生俱来、不证自明的权利(rights),正是从这一信念而来的,这也是德鲁克的管理学之所以可以有所作为的根本依据。管理者是否相信每个人都有善意和潜力?是否真的对所有人都平等看待?这些基本的或者说核心的价值观和信念,最终决定他们是否能和德鲁克的学说发生感应,是否真的能理解和实行它。

第三,在知识社会和知识型组织里,每一个工作者在某种程度上,都既是知识工作者,也是管理者,因为他可以凭借自己的专门知识对他人和组织产生权威性的影响——知识就是权力。但是权力必须和责任捆绑在一起。而一个管理者是否负起了责任,要以绩效和成果做检验。凭绩效和成果问责的权力是正当和合法的权力,也就是授权(authority),否则就成为德鲁克坚决反对的强权(might)。绩效和成果之所以重要,是因为不但在经济和物质层面,而且在心理层面,都会对人们产生影响。管理者和领导者如果持续不能解决现实问题,大众在彻底失望之余,会转而选择去依赖和服从强权,同时甘愿交出自己的自由和尊严。这就是为什么德鲁克一再警告,如果管理失败,极权主义就会取而代之。

第四,除了让组织取得绩效和成果,管理者还有没有其他的责任?或者换一种说法，绩效和成果仅限于可量化的经济成果和财富吗？对一个工商企业来说，除了为客户提供价廉物美的产品和服务、为股东赚取合理的利润，能否同时成为一个良好的、负责任的"社会公民"，能否同时帮助自己的员工在品格和能力两方面都得到提升呢？这似乎是一个太过苛刻的要求，但它是一个合理的要求。我个人在十多年前，和一家这样要求自己的后勤服务业的跨国公司合作，通过实践认识到这是可能的。这意味着我们必须学会把伦理道德的诉求和经济目标，设计进同一个工作流程、同一套衡量系统，直至每一种方法、工具和模式中去。值得欣慰的是，今天有越来越多的机构开始严肃地对待这个问题，在各自的领域做出肯定的回答。

　　第五，"作为一门博雅技艺的管理"或称"博雅管理"，这个讨人喜爱的中文翻译有一点儿问题，从翻译的"信、达、雅"这三项专业要求来看，雅则雅矣，信有不足。liberal art 直译过来应该是"自由的技艺"，但最早的繁体字中文版译成了"博雅艺术"，这可能是想要借助它在汉语中的褒义，我个人还是觉得"自由的技艺"更贴近英文原意。liberal 本身就是自由。art 可以译成艺术，但管理是要应用的，是要产生绩效和成果的，所以它首先应该是一门"技能"。此外，管理的对象是人们的工作，和人打交道一定会面对人性的善恶，人的千变万化的意念——感性的和理性的，从这个角度看，管理又是一门涉及主观判断的"艺术"。所以 art 其实更适合解读为"技艺"。liberal——自由，art——技艺，把两者合起来就是"自由技艺"。

　　最后我想说的是，我之所以对 liberal art 的翻译这么咬文嚼字，是因为管理学并不像人们普遍认为的那样，是一个人或者一个机构的成功学。它不是旨在让一家企业赚钱，在生产效率方面达到最优，也不是旨在让一家非营利机构赢得道德上的美誉。它旨在让我们每个人都生存在其中的人类社会和人类社群（社区）更健康，使人们较少受到伤害和痛苦。让每个工作者，按照他与生俱来的善意和潜能，自由地选择他自己愿意在这个社会或社区中所承担的责任；自由地发挥才智去创造出对别人有用的价值，从而履行这样的责任；并且在这样一个创造性工作的过程中，成长为更好和更有能力的人。这就是德鲁克先生定义和期待的，管理作为一门"自由技艺"，或者叫"博雅管理"，它的真正的含义。

邵明路
彼得·德鲁克管理学院创办人

| 推荐序二 |

跨越时空的管理思想

20多年来，机械工业出版社关于德鲁克先生著作的出版计划在国内学术界和实践界引起了极大的反响，每本书一经出版便会占据畅销书排行榜，广受读者喜爱。我非常荣幸，一开始就全程参与了这套丛书的翻译、出版和推广活动。尽管这套丛书已经面世多年，然而每次去新华书店或是路过机场的书店，总能看见这套书静静地立于书架之上，长盛不衰。在当今这样一个强调产品迭代、崇尚标新立异、出版物良莠难分的时代，试问还有哪本书能做到这样呢？

如今，管理学研究者们试图总结和探讨中国经济与中国企业成功的奥秘，结论众说纷纭、莫衷一是。我想，企业成功的原因肯定是多种多样的。中国人讲求天时、地利、人和，缺一不可，其中一定少不了德鲁克先生著作的启发、点拨和教化。从中国老一代企业家（如张瑞敏、任正非），及新一代的优秀职业经理人（如方洪波）的演讲中，我们常常可以听到来自先生的真知灼见。在当代管理学术研究中，我们也可以常常看出先生的思想指引和学术影响。我常常对学生说，当你不能找到好的研究灵感时，可以去翻翻先生的著作；当你对企业实践困惑不解时，也可以把先生的著作放在床头。简言之，要想了解现代管理理论和实践，首先要从研读德鲁克先生的著作开始。基于这个原因，1991年我从美国学成回国后，在南京大学商学院图书馆的一角专门开辟了德鲁克著作之窗，并一手创办了德鲁克论坛。至今，我已在南京大学商学院举办了100多期德鲁克论坛。在这一点上，我们也要感谢机械工业出版社为德鲁克先生著作的翻译、出版和推广付出的辛勤努力。

在与企业家的日常交流中，当发现他们存在各种困惑的时候，我常常推荐企业家阅读德鲁克先生的著作。这是因为，秉持奥地利学派的一贯传统，德鲁克先生总是将企业家和创新作为著作的中心思想之一。他坚持认为："优秀的企业家和企业家精神是一个国家最为重要的资源。"在企业发展过程中，企业家总是面临着效率和创新、制度和个性化、利润和社会责任、授权和控制、自我和他人等不同的矛盾与冲突。企业家总是在各种矛盾与冲突中成长和发展。现代工商管理教育不但需要传授建立现代管理制度的基本原理和准则，同时也要培养一大批具有优秀管理技能的职业经理人。一个有效的组织既离不开良好的制度保证，同时也离不开有效的管理者，两者缺一不可。这是因为，一方面，企业家需要通过对管理原则、责任和实践进行研究，探索如何建立一个有效的管理机制和制度，而衡量一个管理制度是否有效的标准就在于该制度能否将管理者个人特征的影响降到最低限度；另一方面，一个再高明的制度，如果没有具有职业道德的员工和管理者的遵守，制度也会很容易土崩瓦解。换言之，一个再高效的组织，如果缺乏有效的管理者和员工，组织的效率也不可能得到实现。虽然德鲁克先生的大部分著作是有关企业管理的，但是我们可以看到自由、成长、创新、多样化、多元化的思想在其著作中是一以贯之的。正如德鲁克在《旁观者》一书的序言中所阐述的,"未来是'有机体'的时代,由任务、目的、策略、社会的和外在的环境所主导"。很多人喜欢德鲁克提出的概念,但是德鲁克却说,"人比任何概念都有趣多了"。德鲁克本人虽然只是管理的旁观者,但是他对企业家工作的理解、对管理本质的洞察、对人性复杂性的观察,鞭辟入里、入木三分,这也许就是企业家喜爱他的著作的原因吧!

德鲁克先生从研究营利组织开始,如《公司的概念》(1946年),到研究非营利组织,如《非营利组织的管理》(1990年),再到后来研究社会组织,如《功能社会》(2002年)。虽然德鲁克先生的大部分著作出版于20世纪六七十年代,然而其影响力却是历久弥新的。在他的著作中,读者很容易找到许多最新的管理思想的源头,同时也不难获悉许多在其他管理著作中无法找到的"真知灼见",从组织的使命、组织的目标以及工商企业与服务机构的异同,到组织绩效、富有效率的员工、员工成就、员工福利和知识工作者,再到组织的社会影响与社会责任、企业与政府的关系、管理者的工作、管理工作的设计与内涵、管理人员的开发、目标管理与自我控制、中层管理者和知识型组织、有效决策、管理沟通、管理控制、面向未来的管理、组织的架构与设计、企业的合理规模、多角化经营、多国公司、企业成长和创新型组织等。

30多年前在美国读书期间,我就开始阅读先生的著作,学习先生的思想,并聆听先生的课堂教学。回国以后,我一直把他的著作放在案头。尔后,每隔一段时间,每每碰到新问题,就重新温故。令人惊奇的是,随着阅历的增长、知识的丰富,每次重温的时候,竟然会生出许多不同以往的想法和体会。仿佛这是一座挖不尽的宝藏,让人久久回味,有幸得以伴随终生。一本著作一旦诞生,就独立于作者、独立于时代而专属于每个读者,不同地理区域、不同文化背景、不同时代的人都能够从中得到启发、得到教育。这样的书是永恒的、跨越时空的。我想,德鲁克先生的著作就是如此。

特此作序,与大家共勉!

南京大学人文社会科学资深教授、商学院名誉院长

博士生导师

2018年10月于南京大学商学院安中大楼

| 推荐序三 |

彼得·德鲁克与伊藤雅俊管理学院是因循彼得·德鲁克和伊藤雅俊命名的。德鲁克生前担任玛丽·兰金·克拉克社会科学与管理学教席教授长达三十余载,而伊藤雅俊则受到日本商业人士和企业家的高度评价。

彼得·德鲁克被称为"现代管理学之父",他的作品涵盖了39本著作和无数篇文章。在德鲁克学院,我们将他的著述加以浓缩,称之为"德鲁克学说",以撷取德鲁克著述在五个关键方面的精华。

我们用以下框架来呈现德鲁克著述的现实意义,并呈现他的管理理论对当今社会的深远影响。

这五个关键方面如下。

(1)**对功能社会重要性的信念**。一个功能社会需要各种可持续性的组织贯穿于所有部门,这些组织皆由品行端正和有责任感的经理人来运营,他们很在意自己为社会带来的影响以及所做的贡献。德鲁克有两本书堪称他在功能社会研究领域的奠基之作。第一本书是《经济人的末日》(1939年),"审视了法西斯主义的精神和社会根源"。然后,在接下来出版的《工业人的未来》(1942年)一书中,德鲁克阐述了自己对第二次世界大战后社会的展望。后来,因为对健康组织对功能社会的重要作用兴趣盎然，他的主要关注点转到了商业。

（2）**对人的关注**。德鲁克笃信管理是一门博雅艺术，即建立一种情境，使博雅艺术在其中得以践行。这种哲学的宗旨是：管理是一项人的活动。德鲁克笃信人的潜质和能力，而且认为卓有成效的管理者是通过人来做成事情的，因为工作会给人带来社会地位和归属感。德鲁克提醒经理人，他们的职责可不只是给大家发一份薪水那么简单。

对于如何看待客户，德鲁克也采取"以人为本"的思想。他有一句话人人知晓，即客户决定了你的生意是什么，这门生意出品什么以及这门生意日后能否繁荣，因为客户只会为他们认为有价值的东西买单。理解客户的现实以及客户崇尚的价值是"市场营销的全部所在"。

（3）**对绩效的关注**。经理人有责任使一个组织健康运营并且持续下去。考量经理人的凭据是成果，因此他们要为那些成果负责。德鲁克同样认为，成果负责制要渗透到组织的每一个层面，务求淋漓尽致。

制衡的问题在德鲁克有关绩效的论述中也有所反映。他深谙若想提高人的生产力，就必须让工作给他们带来社会地位和意义。同样，德鲁克还论述了在延续性和变化二者间保持平衡的必要性，他强调面向未来并且看到"一个已经发生的未来"是经理人无法回避的职责。经理人必须能够探寻复杂、模糊的问题，预测并迎接变化乃至更新所带来的挑战，要能看到事情目前的样貌以及可能呈现的样貌。

（4）**对自我管理的关注**。一个有责任心的工作者应该能驱动他自己，能设立较高的绩效标准，并且能控制、衡量并指导自己的绩效。但是首先，卓有成效的管理者必须能自如地掌控他们自己的想法、情绪和行动。换言之，内在意愿在先，外在成效在后。

（5）**基于实践的、跨学科的、终身的学习观念**。德鲁克崇尚终身学习，因为他相信经理人必须要与变化保持同步。但德鲁克曾经也有一句名言：

"不要告诉我你跟我有过一次精彩的会面,告诉我你下周一打算有哪些不同。"这句话的意思正如我们理解的,我们必须关注"周一早上的不同"。

这些就是"德鲁克学说"的五个支柱。如果你放眼当今各个商业领域,就会发现这五个支柱恰好代表了五个关键方面,它们始终贯穿交织在许多公司使命宣言传达的讯息中。我们有谁没听说过高管宣称要回馈他们的社区,要欣然采纳以人为本的管理方法和跨界协同呢?

彼得·德鲁克的远见卓识在于他将管理视为一门博雅艺术。他的理论鼓励经理人去应用"博雅艺术的智慧和操守课程来解答日常在工作、学校和社会中遇到的问题"。也就是说,经理人的目光要穿越学科边界来解决这世上最棘手的一些问题,并且坚持不懈地问自己:"你下周一打算有哪些不同?"

彼得·德鲁克的影响不限于管理实践,还有管理教育。在德鲁克学院,我们用"德鲁克学说"的五个支柱来指导课程大纲设计,也就是说,我们按照从如何进行自我管理到组织如何介入社会这个次序来给学生开设课程。

德鲁克学院一直十分重视自己的毕业生在管理实践中发挥的作用。其实,我们的使命宣言就是:

> 通过培养改变世界的全球领导者,来提升世界各地的管理实践。

有意思的是,世界各地的管理教育机构也很重视它们的学生在实践中的表现。事实上,这已经成为国际精英商学院协会(AACSB)认证的主要标志之一。国际精英商学院协会"始终致力于增进商界、学者、机构以及学生之间的交融,从而使商业教育能够与商业实践的需求步调一致"。

最后我想谈谈德鲁克和管理教育,我的观点来自 2001 年 11 月 *BizEd* 杂志第 1 期对彼得·德鲁克所做的一次访谈,这本杂志由商学院协会出版,受众是商学院。在访谈中,德鲁克被问道:在诸多事项中,有哪三门课最重要，是当今商学院应该教给明日之管理者的？

德鲁克答道：

> 第一课，他们必须学会对自己负责。太多的人仍在指望人事部门来照顾他们，他们不知道自己的优势，不知道自己的归属何在，他们对自己毫不负责。
>
> 第二课也是最重要的，要向上看，而不是向下看。焦点仍然放在对下属的管理上，但应开始关注如何成为一名管理者。管理你的上司比管理下属更重要。所以你要问，"我应该为组织贡献什么？"
>
> 最后一课是必须修习基本的素养。是的，你想让会计做好会计的事，但你也想让他了解组织的其他功能何在。这就是我说的组织的基本素养。这类素养不是学一些相关课程就行了，而是与实践经验有关。

凭我一己之见，德鲁克在2001年给出的这则忠告，放在今日仍然适用。卓有成效的管理者需要修习自我管理，需要向上管理，也需要了解一个组织的功能如何与整个组织契合。

彼得·德鲁克对管理实践的影响深刻而巨大。他涉猎广泛，他的一些早期著述，如《管理的实践》（1954年）、《卓有成效的管理者》（1966年）以及《创新与企业家精神》（1985年），都是我时不时会翻阅研读的书，每当我作为一个商界领导者被诸多问题困扰时，我都会从这些书中寻求答案。

珍妮·达罗克

彼得·德鲁克与伊藤雅俊管理学院院长

亨利·黄市场营销和创新教授

美国加州克莱蒙特市

| 译者序 |

（一）

彼得·德鲁克（Peter F. Drucker, 1909—2005）是 20 世纪的思想家和管理学家，他看自己是"旁观者""社会生态学家"以及"现代管理学的创立者与贡献者"。彼得·德鲁克一生著作甚丰。《管理：使命、责任、实践》（*Management: Tasks, Responsibilities, Practices*）是他写于 20 世纪 70 年代初的作品，也是他为企业、组织、机构做了数十年咨询后的精心佳作，誉满全球。本书具有非常强烈的时代性，1973 年出版时就在美国畅销书籍中名列前茅，突出德鲁克管理学的核心思想："观念必须化为行动"[⊖]。现如今，这个核心思想已经深入人心，许多人都知道德鲁克很强调管理的理论与实践相结合，知行合一。

能成为本书的中文译者是我一生的荣幸。我自己不是企业的经营者和管理者，我无法用非常直接的企业经验去评论和衡量德鲁克的管

[⊖] 参见沃兹曼和劳勒的《旁观德鲁克》（19～22 页，2015 年出版）。也可参见 *The Drucker Lectures: Essential Lessons on Management, Society, and Economy*（47 页，2010 年出版。）

理思想，但我是用心智触摸和感受它。在我的社交圈子中，语言天赋比我好的朋友大有人在，其中不乏大学中优秀的英文教授和老师，甚至一些好友是很好的作家、译者以及编者。我只是比他们更加幸运一些，甚至有点受宠若惊的感觉——我有这样美好的机会承担翻译德鲁克先生佳作的任务。

对任何人来说，翻译都不会是轻松的活儿。冯友兰曾经把翻译工作喻为"嚼饭喂人"，自己需要先慢慢咀嚼、消化，品味其中美妙，然后再传于读者，帮助读者理解。马丁·路德（Martin Luther）认为《圣经》翻译者需要"一颗正确的、虔诚的、诚实的、真诚的、敬畏上帝的、基督徒的、受过训练的、拥有知识和经验的心灵"（LW35，188—194）。虽然我无意把翻译德鲁克的佳作和路德翻译《圣经》做对比，但我感觉自己在翻译该书的过程中所持有的心境、态度与虔诚是相似的。翻译不仅是两种甚至多种语言之间的摔跤，不仅是不同文化与文明之间的对话，也是不同思想甚至多种思想之间的交融。

在翻译过程中，我享受心灵的无比快乐。我用语言和心智与管理大师德鲁克先生对话。对话是人类精神世界最高贵的文明形态。在细读、品味以及翻译德鲁克的佳作时，我个人的直接感觉是在聆听他的心声，与他对话并听到回应。我请教他问题，有时他会为我解答，有时仅仅是启发，有时会向我提出问题，但大多数情况下，他保持沉默与宁静——一如既往的那位"旁观者"，他让我自己独立理解、品味以及领悟他的思想。有时我会拍案叫绝，有时也会怅然若失，有时如获至宝，有时相见恨晚；有时也会愣愣地坐着，凝固片刻，但不是"走神"，而是"入神"。

书中所论及的话题，无论宏观还是微观，我的感觉是亲切，好像自己就在经历一般，他似乎在为我们这个时代的经济现状、发展处境、社会现实以及大的格局把握方向，指点迷津。总体感觉，他不是在分析美国的经济和社会，而是在讨论读者所在情境中的生存状态与变化趋势。他曾经说过:"只有中国人才能解决中国的问题",而我正是试图翻译他的这种认知与意识。路德当年把翻译工作形象地说成:"当田地清理干净的时候,春耕就会很顺利。"此话很有道理。本书的翻译工作也正是为了清理杂石土块,以使管理学的春耕顺利开展。我的心愿很简单,通过这部中译本,让更多中国企业家、非营利组织经营者、创业者、政府工作者、学者以及普通人都能使用德鲁克的管理智慧去成就自己的梦想与事业。

(二)

翻译工作离不开许多优秀好友的支持与帮助。在本书的翻译过程中,我得到许多老师和朋友的鼎力相助,这里需要向各位表达我诚挚的谢意。

首先,我要真诚地感谢德鲁克的学生詹文明老师。他是我管理学研究的良师益友。数年前,当我开始酝酿如何研究德鲁克管理思想时,他便提出翻译德鲁克部分重要著作的想法。在我个人学习管理学以及本书的翻译过程中,詹老师都会谦卑地提出许多宝贵意见,使我受益匪浅。同时,我要感谢李建兵先生在提供德鲁克著作以及促进本书翻译工作中所做的协调工作。

彼得·德鲁克管理学院(DA)对重译本书起到了重要的推动作用,时任学院院长王欣先生做出了很多努力和贡献。在翻译过程中,我还时常与他交流管理学名词和习惯用语的译法,收获许多很独特的见解。在最后译稿的审校中,王欣先生的热诚与睿智令我深受感动和鼓舞,他提出的许多建设性的修改意见给译稿增色不少。同等的谢意要给予资深编辑钱大川老师,特别感谢他对本书部分章节的审校所做出的贡献。在持续两年多的翻译工作中,"七和同创"的曾涌先生和高敏老师给我个人许多的帮助与鼓励,他们在阅读早期译稿以及后期审稿时发现问题并提出了自己的看法,这些意见与建议很及时,也很中肯。多谢这些师长好友的贡献与支持。

我还要诚挚地感谢华章经管中心的王磊总经理,她对德鲁克著作及其管理思想的热爱与深刻感悟让我印象深刻，备受鼓舞。没有她的睿智、信任和执着，该书的翻译与出版将不会成为现实。同时，我要感谢编辑张竞余、冯小妹，谢谢他们为译稿的编辑与出版付出的辛苦。

毫无疑问，在翻译这部佳作的过程中，家人对我的鼓励和支持是最直接的，也是最重要的。我的妻子肖宝荣一直是我创作的主要帮手，她分享了德鲁克的管理思想，也分享了我在翻译过程所经历的喜怒哀乐。她是个出色的第一读者。非常感谢她辛勤的付出、无微不至的照顾以及持久的鼓励。爱女陈沛如刚好2018年夏天回国度暑假，自然也加入到译作最后阶段的审校工作中来。她不仅积极参与校对译稿，还帮助我翻译了德鲁克先生在1981年的论文集《迈向下一代经济学论文集》(*Toward the Next Economics and Other Essays*) 中的一篇关键文章《应该期待怎样的成果——MBO使用说明》(*What Results Should You Expect? A Users' Guide to MBO*)。这篇文章承蒙王磊总经理同意，列为本书附录，其重要性下文再表。爱妻和女儿的支持、忍耐和爱是我的力量。非常感谢她们。

（三）

如何品读德鲁克的《管理：使命、责任、实践》呢？我有几点想法供大家参考。

第一，德鲁克的思想需要细心品味，不能囫囵吞枣，任何试图"简化"或"减化"他的思想的做法，都是非常艰难而不明智的。德鲁克的著作宜深读、慢读，不宜浅读、快读。若读得太浅太快，读者就会自以为掌握了赚钱本领、管理要旨、做事谋略。深读慢品，就会逐步领悟德鲁克管理思想的内家功夫，知己、知人、知事变、知道义、知信仰。管理学的这个道理，许多德鲁克著作的读者都深有体会。

第二，建议大家先阅读德鲁克为本书写的两篇序言，即1973年的"管理：专制以外的选择"和1985年的"管理：专业意识与敬业精神"，然后再读本书的"结语：管理之正当性"。我个人认为，这三篇文章是本书的灵魂，德鲁克为自己的管理思想和关键理念做了必要的解释。这既是指南针，又是药引子。

第三，必须把握本书的整体性。本书名为《管理：使命、责任、实践》，结构非常严谨，分上、中、下三篇，共9部分，61章，各章连贯性强，内容完整合一；读者千万不要把内容肢解来读，不要把他的管理思想支离破碎，不要以为上篇讲"使命"，中篇讲"实践"，下篇讲"责任"。

第四，如果遭遇中文译本中难以理解的语句，建议读者回到德鲁克著作的原文做些参考。这是读书的必要方法，而不是挑剔中英文的文辞表达或刻意寻找问题。字句是死的，精意是活的，人是活的，思想也是活的。

把握如上几点，读者便可以按照目录罗列的详细内容，渐入佳境，可见森林，亦可以见树木。

（四）

关于本书的一些翻译问题，也需要在此向读者做个交代。

必须承认，德鲁克的语言风格非常特别。原书中德鲁克的口语表达很突出，学术性表达并不显著，比如引经据典很多，但出处标注很少；使用的英文长句多，并在句中插入破折号，主要是为了添加说明或解释，这样导致语法结构更加复杂甚至加剧了语句意义的模糊。这种风格在弗洛伊德的作品中也很多见，可能只是言辞个性或说话习惯罢了。该译本尽量少用这种直译方法。

在该书中，每一章文前罗列的仿宋字体内容与文中的小标题可能不太一致，有时甚至混乱或错失。翻译本书前，我就曾听说过这种抱怨。作为译者，我理解并对此感同身受。我个人的建议是，不要将文前仿宋字体内容视为明确的"小标题",而应该将它们视为"关键词"或"核心提示语"。这样就会顺畅多了。

除了表达风格和长句特色外,德鲁克也善于使用一些很有意思的词语,在英文中可能简单易懂,但在中文中却不得不绞尽脑汁。这不是语言本身的问题,而是中文语境和英文语境之间的差异问题。有些词的翻译存在模糊不清且难以取舍的困难。不同语境和大小语境都需要深入考虑。这里举些例子。

比如 management 一词就有很多意思:"经营""管理""管理层"以及"管理学"等。为了突出 managing 的动词作用,有时会讲"对……进行管理"或"把……管理好"。名词 manager(s) 也是如此,有时可能泛指"管理者",有时可能具体而直接指"经理""经营者"或"工厂厂长"。本书还有一些与 management 直接相关的词,比如"过度管理"(overmanagement)、"管理不当"或"管理不力"(mismanagement)、"管理不善"或"管理不到位"(poor management)、"管理参差不齐"(spotty management)、"可管理"或"易于管理"(manageable)、"不可管理"或"难以管理""无法管理"(unmanageable)、"多元管理"或"多极管理"(multi-management)等。

Business 也是一样,这个词不一定都是指"生意""贸易""交易"或"经营",有时指"业务",有时指"企业",也有时可能指"事业",比如大家熟悉德鲁克讲的"事业理论"。在事业理论的大语境中或泛指时用"事业",比如"我们的事业是什么";而一般情况下翻译成"业务"更合适,比如在论及中小型企业的具体经营时,问"我们的业务是什么"更好点。Function 也是令人头疼的词,到底是"功能"还是"职能",只能根据语境和上下文来确认其意思,但还是很难定夺,本书中两者都用,因语境而做出选择。还有 productivity,有时翻译成"生产力",有时翻译成"生产率"。

Efficiency 与 effectiveness，本书分别译为"效率"与"成效"，有时因语境变化，后者也译为"有效性"，形容词则译为"有效的"。本书将 temperamental unity 翻译为"气质合一"，把 temperamental fit 译为"气质相投"。第 39 章中的 controls，德鲁克自己清楚说明不是"control"（控制）的复数，而是另有意义，本书译为"监查"，并且与行政管理（administration）和政府组织职能行为"治理"或"管治"（governing）的意义也有所区别。

再如，tasks 是本书中我最早遇到的很难翻译的词，后来接受大家的共同建议，翻译成"使命"，但有时也会根据语境而只能翻译成"任务"；因为并不是所有语境下 task 都可以翻译为"使命"，有时用词太大，反倒不好；大多数情况下，翻译成"任务"更加准确些，但在大标题或陈述主旨时，用"使命"就显得合宜。Strategy 也是书中的难题之一，这词可大可小，大的语境可说"战略"，小的语境可译为"策略"。有师长曾经建议都翻译成"策略"，但有些情况下翻译成策略显然不足以表达意义。涉及企业、组织、机构的使命与目标的大方向时，把 strategy 译为"战略"比较好些，比如战略规划、企业战略、整体战略等；但在小规模或小语境时，翻译为"策略"比较合宜，比如财务策略、产品策略、技术策略和市场营销策略等。Commitment 也是个难翻译的词，工商企业界最常见的翻译是"承诺"，但这个词本身的意义很丰富，有献身、委身、奉献精神、牺牲精神，有些则带有很丰富的宗教信仰的内涵等。Entrepreneur 与 entrepreneurship 也是个难题，前者多译为"企业家""实业家"或"创业家"，显然与商人或生意人的意思大相径庭；后者通常有两种翻译，一是"企业家精神"，二是"创业精神"；笔者在本书中倾向于用"创业精神"，为的是描述某种独特的、积极的创业状态，而不涉及特定的"企业家"群体。

英文中的介词是英语语法结构中的小精灵。本书中的介词及其介词词组或介词短语的运用，有时很难在中文中找到完全相同意思的词。比如，managing for results，很长时间人们都习以为常地理解为"成果管理"，但可能"为成果而管理"更好一些。Managing for performance 也被习惯性地理解为"绩效管理"，有时并无大碍，但可能"为绩效而管理"更好一些。Management by objectives 通常被翻译为"目标管理"，而联系德鲁克的许多作品并联系上下文应该理解为"依靠目标进行管理"，这样可能更准确一些。

（五）

此外，本书最难翻译的是各章的标题。这里也举些例子。

1973年德鲁克自序的标题为 The Alternative to Tyranny，这个词组的翻译也充满争议，笔者见过一些不同的翻译，最有意思的翻译是"舍弃专制另谋出路"⊖。我个人觉得这个翻译非常好，语气强烈，也很切中要害。笔者在本书中译为"管理：专制以外的选择"，持中性语言，相对温和一些，这也是本书翻译过程中笔者所持有的基本文辞风格。第33章的标题是 Developing Management and Managers，本书译为"管理能力提升与管理者培养"。第42章与第43章的标题是连接一起的，主要涉及 building blocks 一词的翻译，本书分别译为"组织的构建单元"（the building blocks of organization）和"单元的相互连接"（and how they join together）。第56、57和58章探讨企业经营的相同话题，根据上下文语境，将 diversity 译为"多样性"，将 diversification 译为"多样化"，而不是翻译成"多元性"或"多元化"，旨在突出企业的经营实践，比如"策略多样化"与"抛弃不恰当的多样化"等。因此，这三章的标题分别译为

⊖ 参见沃兹曼和劳勒的《旁观德鲁克》，第22页。

"多样化经营的多重压力"（The Pressures for Diversity）、"由'多样'构建'合一'"（Building Unity Out of Diversity）、"管理好企业的多样性"（Managing Diversity）等。第59章的标题是 The Multinational Corporation，本书译为"论'跨国公司'"，给跨国公司四个字加上引号，主要基于文中两个重要词语的区别：multinational 与 transnational，德鲁克认为这两个词不同，后者更贴切表达"去政治化的"全球互动的经济关系，19世纪人类讲 multinational 意指"跨国"，20世纪人们讲 transnational 指"超国界"，而21世纪的全球经济关系应该走向"无边界"（without border/global）。

本书中最具争议的标题当属第34章的 Management by Objectives and Self-Control，从接手翻译开始，就一直是个疑难病症，前后不知道请教过多少英语老师与管理学专业人士，但答案极其复杂。如下几个不同的翻译来自师长、朋友和各界同仁，提出来供大家参考："依靠目标，以自我控制实现管理""依据目标与自我控制进行管理""目标与自我控制管理""以目标和自我控制实现管理"，以及台湾版与前一个大陆版翻译为"目标管理与自我控制"。本书现译为"依靠目标与自我控制进行管理"。

这里涉及一个基本的细节问题，就是 MBO 的缩写问题，即到底 MBO 是 management by objectives and self-control 的缩写，还是 management by objectives 的缩写？从1973年的《管理：使命、责任、实践》第34章以及其他章节的行文来看，management by objectives and self-control 都是以单数出现，这一章后被收录在德鲁克2007年出版的《人与绩效》（*People and Performance: The Best of Peter Drucker on Management*）第7章，除了文中小标题略有改动外，主旨与内容保持不变，但 MBO 的缩写已不再使用。

为了试图回答这个问题，我努力搜索德鲁克的其他著作，后来我在德鲁克1981年的《迈向下一代经济学论文集》中找到了一篇重要文章，题为《应该期待怎样的成果——MBO使用说明》，也就是本文前面提到的我委托闺女翻译的那篇文章。这篇文章详细说明了"依靠目标和自我控制进行管理"的深刻意义，应该可以作为《管理：使命、责任、实践》第34章的解释与补充，至少可以提供给读者一个辨析这个概念的文本基础。我做如下几点说明。

第一，德鲁克的确使用过MBO这个缩写，从字面上看，MBO缩写只涉及management by objectives，有时用，有时不用。这也是容易产生误解的地方之一，好像德鲁克只是在讨论所谓的"依靠目标进行管理"（人们习惯地翻译为"目标管理"），并无涉及"自我控制"的内容。实际上，在这篇文章中，联系上下文，细心的读者可以发现这个缩写的全称应该是"management by objectives and self-control"，原文多处（比如78页、79页、80页、92页、95页）显示如此。不仅字面如此，整篇文章的内容主旨也应该是指向management by objectives and self-control，而非只是针对management by objectives。Management by objectives and self-control这个用法应该是一个整体概念，不宜分为"目标管理"和"自我控制"。但是，究竟为什么只用MBO作为缩写？最有可能的解释是当时大家讨论这个话题时的习惯用法，也有可能是德鲁克自己口语的习惯所致，毕竟MBO显然比MBOSC要方便多了。

第二，无论是谈论"目标"还是讨论"管理"，这篇文章的核心理念就是为了说清楚"依靠目标和自我控制进行管理"的正确使用，对MBO的误解和误用甚至用之不当都可能导致组织机构的健全运作出现问题，甚至与设定的绩效和目标背道而驰，与"管理"的有效性和成果相去甚远，因为绩效与成果是检测与评估MBO成功的关键标准。

（六）

语言终归是人说的。我们对待文字的态度就是我们生存生活的态度。我一直讲究在文字和语言上一定要认真细致，但千万不要纠结，不要钻牛角尖、进死胡同。比起人类丰富的思想来说，文字和语言逊色多了。笔者所能做的很有限，只能尽我所能按照上下文关系来加以判断，"语境"加上"直觉"有时会有些帮助。

没有一部翻译作品是完美的，也没有一部译著可以让所有读者心满意足。由于译者的学问与知识有限，这本书的翻译也不可能完美。翻译不到位甚至是出现的翻译错失，敬请读者海涵。随着时代的变迁，语言结构和表达风格也会出现变化；10 年或 15 年之后，只要中国的企业、组织、机构还需要德鲁克的管理思想，我相信就会有更多的人想起这本书并进行重译与修订。这是我的美好愿望与衷心祝福。所有的进步都是在努力付出并不断更新之中实现的。

陈驯

2018 年 9 月于燕京

| 德鲁克自序 |

管理：专业意识与敬业精神
（1985年）

作为一门学科，管理学是多维度的。就其本身而言，管理学最初就是一门专业学科。它是一门新兴的学科，因为现代组织体系的形成与发展不过百余年，管理学的出现与现代组织形影相随。尽管我们依旧有许多未知之事，但时至今日，我们深知管理不仅仅是常识，管理也不仅仅是经验的归纳总结，至少从其内在潜能来看，管理学是一套条理化的"认知体系"。

本书尝试向读者介绍我们迄今为止已然了解的一些管理知识。同时，本书也尝试提出一些更大范围内的"未知体系"。也就是说，在一些领域中，人们明知自己需要这些新的知识以求界定人们所需要的事物，只是人们至今尚未能够掌握这些知识。然而，正在一线工作的管理者们迫不及待地想要掌握这些新知识，因为他们疲于应对层出不穷的问题与需要。鉴于此，本书试图就这些未知领域提出一些路径，来帮助人们透彻思考政策、原则以及实践，以求实现管理使命。同时，本书也致力于为管理者们在今天乃至日后的工作中提供必要的认知储备，诸如心智、思想、知识以及技能等。

管理是使命。管理是一门学科。同时，管理也是一门关于人的学问。管理所收获的每项成就都是管理者的成就，每项失败都是管理者的失败。因为是"人"在管理，而不是某些"力量"或某种"事实"在管理。管理者的宏大愿景、奉献精神以及正直品德都决定了所经营事业的是非成败。

故此，本书把管理者视为具有品格尊严的"人"（person），然后聚焦于人的作为及其成就，并试图把人与使命整合起来。因为使命是不带人情色彩的客观实在，使命是由管理者来执行的，而"管理"决定人之所需，决定人之所愿。

管理是工作。的确，管理是现代社会的特种工作，它把现代社会从先前人们所认识的一切社会形态中区别出来。管理是工作，是针对现代组织并且促使现代组织正常运作的特定工作。作为一项工作，管理拥有自己独特的技能、工具以及技术。本书将深入细致地探讨这些内容。

管理也有别于其他任何形式的工作。管理不像医生的工作，也不像工匠和律师的工作，管理必须一直在组织内进行，即管理是在人际关系网中进行的。所以，管理者总是众人的榜样，他的所作所为至关重要，同等重要的是管理者的人品，这一点只有教师才可与之相媲美，因为管理者与教师一样，都拥有如下两种特质：一是技能与表现，二是个性、榜样与人格尊严。因此，本书将同等强调管理者的使命与管理者的品德。

在过去的30余年，我给各种各样的学生教授管理学，或在学院，或在大学，或在主管训练项目，或在研讨会上，通过这些教学和学术活动，本书的内容得以日益完善，研究方法也久经考验。但本书的主旨内容大多数是在过去40余年中发展而来的，我以咨询师的身份与不同层面的管理者密切合作，无论他们的企业或大或小，无论是政府部门的管理者，还是医院或者学校的管理者。虽然绝大多数的咨询经历是在美国本土，尤其是针对美国的企业和公共服务机构，但我也会为美国之外的企业和非商业机构提供咨询服务，特别是一些在西欧、日本和拉美等国家和地区的企业。本书试图囊括每个管理者所需要的管理知识，但就其形式而言，本书也想要为那些尚未成为管理者，或者甚至是组织机构中的普通员工，提供管理学的入门知识。

  本书可以向读者确定两件事：一是书中所论及的管理知识都已经在管理实践中得以印证和发展，深得要理，行之有效。二是书中内容都已通过管理学莘莘学子的检测，深入浅出，意义长远。

彼得·德鲁克

于加利福尼亚州克莱蒙特

1985 年元旦

| 德鲁克自序 |

管理：专制以外的选择
（1973年）

当今世代的流行话题是"反权威"，人们主张每个人都应该"做自己的事"。在这样的浪潮下，我不得不承认，我所写的这本书是一本最冷门的书。它对"权力"避而不谈，反倒强调"责任"；它所涉及的话题不是人们所关心的"做自己的事"，而是聚焦于"绩效"。

在非常短暂的50年中，我们的社会已经发展成为机构型社会，也成为一个多元化的社会。在这样的社会中，所有重要的社会任务都委托大型组织来经营运作：从经济物品生产到卫生保健服务，从社会保障与福利到教育系统，甚至从寻求新知识到保护自然环境，都是如此。

在犹如晶体结构一样的社会中，这样的意识巨变容易引发人们的愤怒反应，人们会高呼："打倒组织！"这种现象是可以理解的。但这是一种错误的反应。这样的反应不会给自治机构在职能与运作上带来自由，反而会导致极权专制。

我们的社会不愿意失去那些只有自治机构才能提供的独特服务，而且自己也无能为力提供这些服务。在现代的卢德派（Luddite）当中，在某些机构破坏者当中，以及在受过高等教育的年轻人当中，即便是呼声最大的人群，离开大型组织，他们也连普罗大众都不如。因为只有在大型组织中，才存在着许多通过知识谋生的机会、通过知识做贡献的机会，以及通过知识获得成就的机会。

如果在我们机构多元化的社会中，机构不能实现负责任的自主权，那么我们将不可能拥有个人主义，我们将不可能拥有一个人人都有机会实现自己梦想的社会。相反，我们将把自己放置于完全管控的机构之中；在那里，谈自主权就是自欺欺人了。只有专制能够取代强有力执行自治的机构。专制是一个绝对的老板，它强行取代多元化的竞争机构。专制用恐怖取代责任。专制的确有能力废除一切机构，它只要把一切机构淹没在一个能够包罗万象的官僚主义政治组织之中，便大功告成了。专制的确也能够生产产品，能够提供服务，但这种生产和服务不过是断断续续的、挥霍的、低水平的，付出的代价却是巨大的，并且充满苦毒、屈辱和失望。因此，在这样一个机构多元化的社会中，自由与尊严的唯一保障就是要让我们的机构负有责任，享有自主权，富有成效地运作，并且收获高水平的成就。

管理者与管理都必须促进机构富有成效地运作。富有成效而负责任的管理就是要取代专制，那是我们唯一能够保护自己的方式。

管理是工作，它拥有自己的技能、工具和技术。本书将探讨许多技能、工具和技术，其中一些将会涉及诸多细节。但本书所强调的重点不是技能、工具和技术，甚至不是强调管理的工作，本书强调的是"使命"。

管理是器官，是赋予一个机构生命力、行动力和动态活力的器官。如果没有机构，一家企业就不会有管理；但没有管理，机构就算不上机构，而是一群乌合之众。反过来，机构本身就是社会的器官，机构存在的意义在于它能够为社会、经济以及个人所需结果做出贡献。器官从来不是根据"它们做什么"来加以定义，更不用说根据"它们如何做"来加以界定。器官是根据"它们所做的贡献"来定义的。

大多数论及管理的书籍都是在讨论管理"工作"。它们从管理内部来看管理。而本书讨论管理从"使命"谈起。本书的上篇从外部入手来观察管理，它研究不同维度的使命以及每一项使命的要求。本书的中篇转入讨论组织的工作和管理的技能。本书的下篇讨论高层管理：使命、结构以及战略。

多年来，我个人一如既往地对管理科学的应用方法持有浓厚的兴趣，尤其对管理者的逻辑和分析工具很有兴趣。但在本书中，我不使用方程式、曲线图、数学公式，甚至不出现一张表格。贯穿本书的要点不是强调"如何做"，更不必解释如何使用这些科学工具。甚至在讨论技能时，在探讨管理科学的应用时，我所强调的是"成就与结果"。这就是本书的主旨之一：自始至终以使命为焦点。

本书的另一个主旨是以管理者为焦点，以问题为起点。比如，管理者必须知道什么，或者至少，管理者必须明白与他的使命相匹配的知识是什么。

关于管理的书籍大都聚焦于管理技巧、聚焦于培训以及聚焦于职能。这些管理技巧、培训和职能只解决管理使命的局部。它们可以处理一家企业、一家医院或一群人的事务，或是解决一些具体问题，或训练人们使用一些工具，诸如控制等。这些书籍呈现出作者对特别领域的关注和对专业技术的热衷，但它们无法就管理者的使命提出真知灼见。

本书在内容设置上与众不同。从写作初衷到行文原则，整本书的内容都直指管理者的需要，而不是为了表现作者本人的学识或自己所关心的领域。这样的说明是要向读者交代本书所要立志涵盖的内容和意欲扬弃的内容。

虽然我个人并不喜欢冗长之作，但这本书不短。所幸的是，本书并不是一本无所不包泛泛而谈之作；相反，它高度精选浓缩。我可以肯定，许多读者会抱怨他们认为重要的话题在本书中只字不提，甚至更多的读者会批评我在管理理念上的偏爱、擅自做主、厚此薄彼。

对一本书来说，作者本人的判断和自身的选择确实会有一定的影响。但我至少尝试对本书的内容进行刻意筛选，遵循客观标准对所讨论话题的重要性做出评估，并在与管理者们多年紧密合作的成果中总结出来。这些管理者来自各种层面：有的是大型企业经理人，有的是小业主；有的是商贸老总，有的是非商业服务机构的管理者。本书的内容只涉猎管理者想要知道的知识，至于那些管理者无须知道，但看上去又重要的或有意思的知识，恕不详细论述，或者有时只是轻描淡写，一笔带过。像"理财业务"或"从推销到市场营销"等诸如此类的话题曾经在我的初稿中出现，但在本书中已经被剔除。还有一个例子，就是关于管理科学的应用话题，本书中也只在简短的章节中提及。因为我要把大量篇幅留在讨论高层管理以及管理的结构和战略等话题上——这些是读者在其他管理书籍中所不能读到的。

本书无意囊括所有管理者可能面对的一切问题；相反，本书有意把管理者们关注的那些领域纳入其中，那是管理者可以预想需要解决问题的领域，是他们必须在文化知识上成长的领域；这无须顾及他们的背景，无须顾及他们机构的使命与目标，也无须顾及他们组织的规模大小。这就是我所认为的，这是一部"大作"，因为管理者的工作本身就很"巨大"，况且这也是巨大的管理使命使然。

本书一贯主张管理是一门学科，或者至少可以说能够成为一门学科。这不仅仅是常识，也不仅仅是现成经验的归纳总结，至少应该认为管理是一套条理化的"认知体系"。本书尝试向读者介绍我们迄今为止已然了解的一些管理知识。同时，本书也尝试提出一些更大范围内的"未知体系"；即在一些领域中，人们明知自己需要这些新的知识以求界定人们所需要的事物，只是人们至今尚未能够掌握这些知识。

的确，这些"未知体系"正是本书的核心内容。因为在管理领域，我们已经明显地意识到知识的长足进步，这些知识的积累经历了许多的艰难，尤其是在所谓的"管理的英雄时代"——第二次世界大战前的50年——那时，人们独立门户，各干各的；人们按照自己的心愿和信仰来维持生计，无须博得公众的赞赏。正是基于这样的认知体系，在第二次世界大战结束到1970年的25年间，管理热潮席卷世界的大多数地区，成效显著。

现在我们意识到，我们对这些领域知之甚少，无足学效。在这些领域中有许多新的使命，我们尚无相匹配的测验，尚无经过验证的方法和工具。新领域所产生的挑战和新的管理问题层出不穷，但我们目前所做的很少，目前为止我们所知的也甚少，甚至是全然"未知"。

本书尝试对这些领域进行辨析和界定，也试图为这些领域提供一些基本思路，一些战略、原则以及实践的方法，以求应对新的挑战和完成新的使命。本书致力于为管理者提供必要的装备，诸如心智、思想、知识和技能，让管理者在今后的工作中更加得心应手。

我们把管理界定为一门学科，即管理是一套条理化的"认知体系"，因而管理适用于任何地方——在这个意义上说，管理就是"文化"。管理不是所谓"价值中立"的科学。管理是一种社会职能，深嵌于文化、社会、价值传统、风俗习惯、信仰教义、政治体系以及政府职能之中。管理本身就是，也应该是以文化为前提；反过来，管理学与管理者也可以塑造文化与社会的形态。

管理从一开始就是"多中心的"，管理作为一门学科和管理作为一种实践本来在所有民族和种族群体中都是相互胶着的。在管理热潮的那些年中，人们在短暂的畸变中忘却了这个现象，并一反常态地相信：如果管理不能算为一项"美国发明"的话，那至少也应该承认管理具有"美国特色"。管理是"多中心的"，这个理念在今天更是显而易见。管理热潮绝不是美国化的管理。全世界有许多非常基本的民族特色，在一些重要的管理领域，人们至今尚未涉及，比如政府管理与企业管理的关系、人的管理的基本原理，或高层管理的结构等。我们可以毫无疑问地认为：如果曾经在西欧或日本与美国之间存在着"管理差距"的话，那么今天，这样的差距已经荡然无存了。

本书基于我的个人经历，特别是我作为一名咨询师为美国企业和公共服务机构提供辅导的经验。在过去的15年中，我有意识地尝试扩大我的辅导范围，与美国本土以外的机构合作探讨管理问题，尤其是在西欧、日本和拉丁美洲。我尝试双管齐下——不仅与美国本土的组织，而且与美国以外的机构一起探索管理之道。因此，虽然本书依旧不可避免地充斥着浓厚的"美国情怀"，但我也尽力把管理使命、管理工作、管理组织、管理方法和不同的文化、社会、现今时代相关联起来，特别是在引证实例分析说明中，管理涉及整个世界，而不是局限于某些国家。

我特别强调日本经验——不仅因为很少有西方的管理者真正理解日本的管理与组织运作之道，而且因为在日本——这个唯一的非西方的发达国家，同一事情经常会有多种不同的理解方式。日本人在处理一项常见事务时的经验也许有助于西方管理者更好地理解自己的职责所在，比如在盈利能力的测评、工作模式与员工组织、做决策等方面。㊀因而本书所确信的基调是：每个国家的管理者都能够而且都需要从别人所提供的管理经验中获益。

管理是使命。管理是一门学科。同时，管理也是一门人的学问。管理所收获的每项成就都是管理者的成就，每项失败都是管理者的失败。因为

㊀ 为了更好地理解我讲的这个道理，在本书的参考书目中，我特意把论及日本管理的相关书籍分开罗列出来。

是"人"在管理，而不是某些"力量"或某种"事实"在管理。管理者的宏大愿景、奉献精神以及正直品德决定了所经营事业的是非成败。

本书中没有什么奇闻轶事，所举的实例和所做的说明都是为了把读者引入要点。但在展示这些案件和实例分析时，我会设法提醒读者意识到一些关键的"人物"，尤其是那些具有身体力行的实践经验的管理者，他们在主要的管理工作中表现得得心应手。比如，格奥尔格·西门子与德意志银行在一个世纪以前就曾规划了高层管理的职能与结构；稍晚一些，美国电话电报公司的西奥多·韦尔首次提出"我们的事业是什么？"同时，老托马斯·沃森想方设法地，或许只是不经意地，促进他的小型公司IBM发展成为一家大型企业。

本书自始至终把"人"与"使命"整合在一起，不仅致力于阐明一些客观的、具有目的性的使命，而且提出完成这些使命所必备的人品素质、技能和基本态度。"这种具有人性风格"的写作方式正是作者想要的，但对其他追求而言，风格往往趋向于态度，而非内容。故此，本书没有太多谈论风格，而是更多强调特性。

归根到底，管理是实践。管理的本质不在于"知"，而在于"行"。管理的检验不在于"逻辑"，而在于"成果"。管理的唯一权威是"绩效"。虽然本书涉及一些哲学的基本命题，但本书不是一部哲学作品。本书源自于实践，也专注于实践。

"从管理热潮到管理绩效"是本书导论中的小标题。这个标题实际上可以作为本书的书名。在今后的十年中，管理者将会遭遇到远比大多数人想象的还要大的绩效需求，而且发生在所有领域中。更多的公司和机构的存活将依赖它们的绩效，而非依赖它们本身的幸存或繁荣。我可以重复一下我的观点：在如今机构多元化的社会中，富有成效的机构管理是取代专制的唯一办法。

本书的目的、动机、意图都已和盘托出，即为今天乃至今后的管理者获取绩效做必要的预备。

本书的写作目的、视野以及所采用的方法都有别于我早期的管理作品，比如《公司的概念》（*Concept of the Corporation*，1946）、《管理的实践》（*The Practice of Management*，1953）、《为成果而管理》（*Managing for Results*，1964）、《卓有成效的管理者》（*The Effective Executive*，1966）等。当然，本书所论及的每个方面都是从早期的作品中发展而来的。对于那些早期作品中出现过的精彩内容，我会毫不犹豫地加以使用。

参考最多的当属《管理的实践》。本书中有些内容直接出自《管理的实践》，比如第4、5、6、7、34、36章等，第20、29、31、50章中所提到的理念是在《管理的实践》原有的内容基础上发展出来的。然而，这样的资料引用在这部新著中不超过二十分之一，主要是为了说明一些基本的概念，诸如事业、业务目标，依靠目标与自我控制进行管理的方法，以及管理者必备的工作素质等。这些内容都曾在20年前的《管理的实践》一书中介绍过，它们已经成为管理的基本宗旨和关键概念。

最后，笔者需要向读者交代的是，本书分析使用的案件和实例的来源。本书中标识的公司或公共服务机构，以及所标榜或说明的一切实例都出自公开出版的全球公共资源，有的取材于公司自己的声明文件和报告材料，有的出自报刊上的报道。当然，所有案例的事实都源于公共领域，只是对这些案例的解释都是我个人的分析和思考。至于书中所提到的但没有明确标识名称的公司或产业实体，一定是在征得它们的同意和允许后使用的，未标识名称只是出于保护私有信息的缘由不得以而为之。这些信息有的是在我咨询过程中获得的，但更多的信息是从我个人相识的熟人那里获悉的，还有的是从管理学的会议和研讨会的共同探讨中得到的，还有一些资料则来自私人通信。这类的案例，无论是公司还是产业实体，都已被精心装饰，即便是公司员工也可能未必识别得出来。读者可以确信一件事：如果有读者读到诸如"在美国中西部的硬件制造商"之类的描述，那你们大可放心，这家公司一定不是"五金公司"，也不是坐落在"美国中西部"。书中所阐述的现成事实都出自如实且精确的报道，但具体的公司和故事发生的地点都做了必要的精心隐匿。

| 致 谢 |

首先感谢我的爱妻多丽丝,在本书内容的清晰性和连贯性上,她功不可没。她从自己的工作中抽出宝贵的时间小心翼翼而且不厌其烦地审阅草稿。她那清净而聪颖的耳朵听不进陈词滥调,容忍不了夸大的言辞和不合理的推论;她毫不妥协地要求所论证与阐述的内容的逻辑性,这样认真的态度造就了本书字里行间的流畅。

我要感谢我的老朋友、老同事,北卡罗来纳大学伯林顿工业[⊖]经济学与管理学教授阿瑟·李·斯文森。在我长达数月的创作酝酿过程中,他始终如一地鼓励我,并提出宝贵的建议。我过去不怎么乐意接受他的规劝:"再来一次,你会做得更好!"但当我今天看到这本书时,我感觉他的规劝是正确的,我心悦诚服。

我要感谢出版商的支持:纽约哈珀与罗出版社,卡斯·坎菲尔德;东京钻石社,石山;伦敦威廉·海涅曼出版社,约翰·圣约翰和马尔科姆·斯特恩;迪塞尔多夫埃康出版社,冯·费雷纳尔普。他们经常给我安慰、鼓励和宝贵建议。尽管我一而再再而三地错失截稿日期,

---

[⊖] Burlington Industries,伯林顿工业公司,位于北卡罗来纳州伯林顿市,为美国最大纺织品制造企业。

可他们从未失去耐心，对此我要深表谢意。

多萝西·德姆克、琼·基德和杰丽·普利斯为我的草稿打字输入，识别我那潦草至极的笔迹，在整个作品的写就过程中，他们表现出惊人的包容和耐力。我要给予他们最热切的感谢。

我还要特别感谢那些关心本书却不能"留姓名"的人们，他们就是我的客户，客户是拥有隐私权的。再者，如果没有那么多高管对我的信任，如果他们不允许我分享他们所关注的实例，如果他们不愿意让我参与分担他们的问题，那么本书将不可能创作成功。无论他们是在企业工作，还是身处非商业服务机构，无论他们是在美国，还是在欧洲、日本和拉丁美洲，我都要诚挚地感谢他们。正是这样的经历促使本书获得进展，也正是这些良好的关系促使本书得以出版。

彼得·德鲁克
于加利福尼亚州克莱蒙特
1973 年春

下篇

高管层：使命、组织、战略

高管层是"定方向、立愿景、设标准"的机构。高管层有特殊使命，要求拥有自己的组织。同时，高管层必须面对组织的结构与战略的特殊挑战，涉及组织的规模及其复杂性、结构的多元性与多样化，以及机构的成长、变革与创新。

CHAPTER 49 | 第49章

格奥尔格·西门子与德意志银行

高管层：等级还是职能——格奥尔格·西门子与"综合银行"——高管层的任务——建立高管团队——"秘书处"——几点教训

高管层是个事实。但高管层的实质权力是什么？"高管层"是否可以简单地等同于"老板"？高管层是否拥有特别职能？如果有，这种特别职能又是什么？又应该如何建构呢？

管理理论总体上对高管层的职能与结构问题保持缄默。然而，在管理实践中，这是一个最早被系统化研究的领域，不仅远早于弗雷德里克·泰勒的工作组织研究，而且远早于亨利·法约尔在其职能结构中发展出来的最早的系统的组织设计。1870~1880年，德国的格奥尔格·西门子（1839—1901）在设计与创建德意志银行时，率先按照职能与结构方式组建高管层。德意志银行在短短数年中发展成为欧洲大陆领先的且充满活力的金融机构（关于西门子详见第 1 章与第 29 章)。

许多管理书籍都经常提到,19 世纪 70 年代横贯全美大陆铁路的崛起,最先创造了管理需求,启蒙了管理意识。然而,这些管理书籍中没有提及,或许是这些作者们根本不知道,就在同一时期的欧洲大陆已经出现一个新兴机构——"综合银行"(universal bank)。虽然这个机构与大型铁路公司截然不同,但也遭遇同样的问题,也就是如何管理好这个庞大且在地理上分散的大型组织。铁路的问题是运营的组织与协调,而综合银行的问题是高管层的组织与协调。

综合银行是从法国的商业银行发展而来的,商业银行创建的初衷是为企业家提供创业资金,理论上遵循法国经济学家与社会学家从 J. B. 萨伊到圣西门的学说,旨在把经济资本资源引入未来生产型增长产业,使之成为经济与社会发展的动力。第一家商业银行是动产抵押信贷银行,由佩雷尔兄弟于 1850 年在巴黎创立,这个银行证实了这一理论。⊖然而,就银行而言,动产抵押信贷银行却是失败的。因为它缺乏存款基础以及商业金融业务来维持自身的运营,当工业投资的条件成熟时,它不得不随波逐流地卷入"增长状况"与"热股炒作"之中,也就是卷入投机买卖的漩涡,更谈不上促进工业发展了。

19 世纪 60 年代,莱茵河对岸的德国在其经济发展刚起步时就已经注意这一教训。当德国人开始创建工业发展银行(类似于法式的商业银行)时,他们还借鉴了早期的英国"商业"银行的做法——吸收广泛的存款基础与承接商业金融业务。故此名曰"综合银行"。

当时,在德国开始创建的众多此类银行中,德意志银行最负有盛名。事实上,1870 年,当德意志银行创建时,"德意志"国家尚不存在,因为在

⊖ 论及动产抵押信贷银行与佩雷尔兄弟的事迹,详见我的著作《为成果而管理》(*Managing for Results*)及《断层时代》(*The Age of Discontinuity*)。

1871 年俾斯麦才统一了德国。然而，尽管德意志银行声名显赫，并决心成为欧洲第一家真正的"国家"银行，但实事求是地说，初建的德意志银行是当时企业界中规模最小、资金最少、基础最薄弱的银行。其前途看上去非常渺茫，因而没有任何经验丰富的银行家愿意担此领导重任。银行的创始人不得不请刚刚"三十而立"、名不见经传而且毫无银行与金融业务经验的政府律师——格奥尔格·西门子，领导这家新兴企业。

然而，在十年中，西门子把德意志银行建设成为德国领先的金融机构。再过了五年之后，也就是到了 19 世纪 80 年代中期，德意志银行已然成为欧洲大陆信托机构的巨人了。

建立高管团队

西门子所做的就是建立高管层，在经济史与商业史中，这种机构的出现尚属首次。多年后，西门子亲自把他的做法概括成一句警言："一家没有有效高管层的银行，不过是许多办公家具的摆设，只适合把它们拍卖算了。"

对当时仍然处于前工业化时期的德国来说，汉堡与布莱梅等地的老式商号算是"现代"企业了。当然，一般情形下，这些企业都是家族合伙企业，由兄弟或父子组成高管团队。西门子把这类家族成员共有的合伙企业转变成为由专业人士组成的高管团队。

西门子分析了银行的各类"关键活动"，并确保每项关键活动分配给团队中的一位成员负责。他进一步分析了银行与主要外界因素的"关键关系"，包括银行与主要投资、与主要客户，以及与政府之间的关系，并保证每项关键关系由高管团队中的一位成员负责。高管团队当然有一个领导者，西门子本人就多年任此要职。然而，如果高管团队中的某一成员被指定负责某项关键活动（比如保险业务）或某项关键关系（比如某个主要工业投资项目），那么该负责人对该项关键活动或关键关系承担直接的、主要的责任，并负责做决策。虽然西门子本人身为"管理委员会"主席，是高管团队的一号人物，但在许多领域中，他只是二号人物，充当项目工作主要负责人的代理。

谁做什么事，谁负责什么，诸如此类的事都根据人的个性、兴趣、资质、工作量来决定。职务必须适合人。与此同时，必须确保每项关键活动与关键关系都有人"担当"，即团队中承担所分配的工作与负主要责任的某一成员。

或许有人说，西门子目前只是界定了德国公司法中管理委员会的职能而已，并无其他大的作为。然而，随后不久，西门子很快就做出调整，根据职能而不是按照公司法来组织高管团队。

与"商业银行"的原产地法国不同，当时的德国并没有出现一个集政治活动与经济活动于一体的大城市，现在的德国依然没有。甚至到了20世纪20年代，当柏林发展到高峰时期，大多数德国大型工业公司并不把它们的总部设在柏林，只有电力工业是由总部设在柏林的公司控制的。

像汉堡、法兰克福、慕尼黑等一些工业中心的历史都比柏林要悠久得多。当柏林还是一个渔村时，这些城市已经是首府了。这些城市的公民，尤其是商界领袖们，他们对自己的城市有很强烈的自豪感，不愿受制于柏林。然而，如果德意志银行想要执行德国企业的职能，那么它就必须发展成为"全国银行"，而不能停留在"区域银行"或"地方银行"。况且，德国经济中迅速崛起的新兴工业，也随之发展成为全国性工业，工厂、分公司、顾客遍布全国。

所以，西门子必须建立一个全国性的高管团队，以便将柏林以外的大型工业中心的银行的主要管理者纳入高管团队。从公司法的角度来看，这些人并不是高管层的成员，即他们并不属于管理委员会；但从企业内部来看，他们应该是高管团队的成员，他们负责银行在各自区域中与各主要企业的关系。因为德国的工业大多不在柏林，所以这些人对银行的主要工业投资与主要业务关系负责。直到1926年，当德国的化工产业合并成为法本化工集团（IG Farben），并把公司总部设在法兰克福时，德意志银行在法兰克福的高管层就自然承担起与当时德国最大的、最重要的工业公司联系的重大责任。

结果，各地区的杰出人才都愿意担任德意志银行在当地分行的领导职位，因为他们既不愿迁往柏林，又不愿担任下属职位。一些有实力的地方银行也因为同样原因而愿意并入德意志银行。

"秘 书 处"

如此庞大、极为分散、动力十足的高管团队立刻就会产生沟通问题。高管团队的成员多时可达25人甚至35人，那么如何使他们及时获悉现况？银行的业务一旦发展到超出只向少数公司提供资金服务，而实际上已发展成为创立者所期望的全国性企业时，如何控制银行的整体业务呢？如何控制银行的资金与关键人物的分配呢？在高管层体系中，如何防止统一的银行分裂成为半独立的分封王？对于这些问题，格奥尔格·西门子的回答是：建立执行秘书处（direktions-sekretariat）。㊀

西门子召集了一批专业的行政服务人员，授予他们负责促成高管团队所有成员之间互相了解彼此的活动与决策，授予他们负责谋划整个银行的发展方向，授予他们负责与银行的每项主要投资与工作执行情况保持密切联系。

㊀ 在20世纪60年代，也就是差不多100年后，美国国家航空航天局（NASA）并不知道西门子所做的事情，但它也得出同样的解决办法，在它的系统结构中建立执行秘书处，负责维持团队的沟通、信息以及联系。详见前引的塞尔斯与钱德勒的专著。

几点教训

西门子与德意志银行的例子给我们留下几点教训。

第一,高管层的职能的确存在。有些任务应该专属于高管层,不是因为高管层"高高在上",也就是说,不是因为高管层具有合法的权威与权力,而是因为这些任务只能由那些能够纵览企业全局又拥有权力制定决策的人来完成。

第二,格奥尔格·西门子领导下的德意志银行的事迹表明,高管层确实需要一个特殊的结构。它不同于任何其他管理机构,因而需要不同的设计。

第三,西门子的事迹还表明,高管层确实需要拥有自己的输入机制,以便获取激励、信息与思想。

8

第八部分

高管层的任务与组织

MANAGEMENT

TASKS, RESPONSIBILITIES, PRACTICES

高管层的任务与其他管理团体的使命有本质差异。高管层的任务是多维度的，具有复发性与间歇性。高管层的任务对人的个性与气质提出不同的要求，而且经常互相冲突。所以，在设计高管层的职务时，不仅要致力于完成客观的使命，而且要顾及担此要职之人的性格特质，还必须向高管层提供完成其特定任务所需的激励与信息。

第 50 章 | CHAPTER 50

高管层的任务

高管层的任务的维度——特定企业的具体需求——高管层是否应该从事"实践操作工作"——简单规则——高管层的任务特点：复发性与间歇性——人才要求：能力与气质的多元性——高管层的任务与总裁的风格——高管层的工作计划

除了高管层之外，每个管理单位都必须为一项具体的主要任务而设计，无论该组织是职能结构、团队结构、分权结构还是系统结构，都应如此。组织的每个构建单元都必须按照特殊贡献加以界定。

高管层是个例外。高管层的职责是多维度的。高管层不会没有任务，只会有多项任务。这适用于工商企业，也一样适用于公共服务机构。

鉴于本书前文中已经讨论了高管层的管理任务，这里我们扼要重述一下。

第一，深入思考企业的使命，也就是要提出如下问题："我们的事业是什么？我们的事业应该是什么？"对这些问题的回答会引导我们确定目标、做战略规划以及以未来的成果为导向来制定当前决策。很显然，能够纵览企业全局，能够制定影响整个企业的决策，能够平衡当前的目标与需求以应对未来的目标与需要，能够把人力资源与资金资源分配给可以取得关键成果的事业，只有这样的高管层才能担当企业重任。

第二，有必要确定标准、设立榜样，以发挥企业的良知功能。企业需要设立一种专门机制来关注组织宗旨与实际执行情况之间的差距，这种差距通常很大。企业也需要设立一种机构来专门关注关键领域的愿景与价值观。同样，这种机构必须能够理解并统揽企业全局。

第三，必须承担建立并维持"人的组织"的责任。必须为未来的人力资源发展，尤其是为未来的高管层培养人才做准备工作。一个组织的精神是由高管层所创立的。高管们的行为准则、价值观以及信念为整个组织树立榜样，并决定整个组织的自尊。

还必须对组织结构与组织设计进行深入思考。这就要求组织必须拥有能够熟知整个企业，并能够为整个企业制定决策的个人，或一群人。

第四，同样重要的是，一些重要关系只能由身处企业高管层的人才能建立和维持。有些可能是与客户或主要供应商的重要关系，也有可能是工业关系或与银行家与金融界的关系，也有可能是与政府或其他外部机构的关系等。这些关系对企业的绩效能力的影响至关重要。这些关系只能由那些能够代表整个企业，能够为整个企业说话，能够坚持整个企业的立场，而且能够为整个企业做出承诺的人来建立与维持。

从这些关系衍生出许多高管层的政策与行动，比如有关企业对环境与社会所产生的影响、有关企业雇用政策以及企业对立法倡议的立场等。

第五，无数的"礼节式职能"，比如晚宴与社交活动等。与大型企业的首脑相比，那些身处地方但地位显赫的中小型企业的高管人物更加难以回避这些活动，实际上也更加浪费时间。正如一家中等规模企业的主管曾说的那样："如果通用电气公司的总裁开一张支票，他就可以派一位副总裁代表他参加，因为他有 65 位副总裁。然而，我必须亲自参加，因为我们公司是当地最大的雇主。"

第六，还需要有"备用"机构以应对重大危机，在事态极为恶劣时，有人随时应急处理。那时，组织中必须有些经验丰富、最有智慧、最卓越的人卷起袖子采取行动。他们承担法律责任，但也承担知识责任，这种责任无可推却。

以上只是罗列了高管层的部分任务。但这已经可以证明，除非把高管层的任务视为一种独特职能、一种独特工作，并按其独特性加以组织，否则高管层的任务就难以完成。以上所罗列的内容也表明，虽然真正的高管层的职能的确存在，但并不存在真正公式化的高管层任务。

每一家企业，确切地说是每个机构，都需要高管层的职能。每一家企业都需要高管层的独特任务。高管职务的基本要素是相同的，但对不同企业来说，高管层的具体任务都是特定的。高管层的具体任务是在对机构的整体使命、目的、目标、战略以及关键活动进行深入分析的基础上发展出来的。不要问"高管层是什么"，而要问"对这家企业的成功与生存至关重要且只有高管层才能做的独特事情是什么""只有那些能够把握企业全局，能够平衡企业的当前需要与未来需要，能够制定最后的有效决策的人才能做的独特事情是什么"。

所以，谈论一个"理想的"高管层的结构是没有意义的，就像许多讨论这一话题的著作那样，难免俗套。能够"即时即地"（here and now）为企业做正确而且恰当的事情，这就是理想的高管层。我们的确需要一套高管层的理论，但在企业的实际应用中，必须具体发展、讲究实效，必须适合于各个企业的实际情况，必须从具体企业的分析中发展出来。尤其重要的是，必须遵循企业的战略，并与这些战略相协调。

高管层是否应该从事"实践操作工作"

只有对个别企业（或个别公共服务机构）进行分析之后，才能知道哪些关键活动是高管层应该负责的。

管理教科书都认为，高管层不应该从事"实践操作工作"。高管层中消息灵通的观察家们也都同意，高管层的工作未能完成的最常见原因是，高管们忙于"实践操作工作"，结果可想而知，他们的本职工作未能完成。

然而，格奥尔格·西门子在他的高管层设计中融入了大量的"实践操作工作"。他并没有把高管层的工作限制在指挥他人、规划、复核以及设定银行的经营方向上。相反，高管层成员的首要工作是，全力投入到银行业已决定发展的主要工业与金融投资的具体工作上去。这不是"指挥他人"工作，而是"亲力亲为"。西门子的高管人员决不会把自己孤立起来，远离"琐碎之事"；而是勇于担当个人责任，积极寻求恰当的投资机会，并把它们发展成为成功且管理良好的企业。这显然是德意志银行成功的秘诀之一。

有成效的高管层倾向于遵循西门子的实践经验，而不是盲目跟随理论家与咨询师的说教。举如下几个实例说明。

一家中等规模、具有品牌与全国广告的法国消费品生产商，在过去一二十年中占据欧洲市场的稳固地位。主要原因之一是，该公司的首脑兼任公司广告与推销部门的经理。他不仅亲自撰写公司的大多数广告稿，而且亲自设计公司的推销方案。他还直接负责联系整个欧洲的经销商，特别是法国全境的经销商。一年中，他差不多亲自访问过 30 家较大规模的经销商，聆听他们的想法，研究他们的企业，并与他们建立公司的业务管理关系。他曾经说道："我们的业务就是推销商品。最重要的是，我们的业务依赖经销商们心甘情愿地努力去销售我们的商品。所以，我们的业务必须依靠我们与经销商彼此之间的知根知底，依靠我们愿意并有能力去设计他们想要销售且能够销售的产品，按照他们需要的方式交货，按照他们的客户所需的优惠价格定价。"就是这同一个人，虽然他自己是制造工程师出身，却断然拒绝过问制造业方面的任何事情。

在公司的某一发展阶段，有关重大创新的工作可能就成为这样一种"作业性"的高层管理任务。

比如一家大型制药公司决定扩大业务范围。该公司在一个主要领域长久处于领先地位，但高管层认定自己的产品范围太过狭窄，并且确定了几个新领域，期望它们成为开拓市场的重要因素，每个领域都要求开发新药品。在公司认定的三个领域中，每个领域选定高管层中的一位成员（领导者除外）参与"项目团队"，共同开发新产品以及发展新业务。"项目团队"在早期阶段必须由研究科学家来领导。然而，即便是在这一阶段，项目团队的高管层成员也都积极投入工作，细致思考市场营销策略，从事临床试验，努力争取政府相关监管部门的核准，以及计划销售人员的必要调整，以便公司能够在这些尚未得到医药界接受的领域成为可靠的供应商。

高管层认为，这项工作对公司的未来至关重要，当然这样的认识是正确的；同时，这项工作涉及许多基本的、困难的决策。所以，高管层的成员必须获得直接的工作经验，以便整个高管团队能够制定出必要决策，从而采取必要行动。

另一个例子是西尔斯公司。从早期开始，西尔斯公司就一直坚持高管层成员不要从事实践操作工作，只专注于自身任务。没有人比伍德将军更确信这一主张。当伍德将高管层进行系统化并组织了一个由三人组成的高管团队时，他分配高管团队成员承担"实践操作工作"的责任——为新设立的零售分店选择地址。他认为，这一决策会对公司的销售能力与盈利能力产生长远而不可逆转的影响。一旦地址选定，分店建立起来，就会有 20 年的承诺。虽然这是"实践操作工作"层面的决策，但这个决策必须由高管层制定。为了制定这类智慧而正确的决策，高管层成员必须从一开始就介入项目规划。

这些显然是危险的先例。如果"实践操作工作"能够合理地纳入高管层的工作范围，那么拆阅所有往来信件或检验公司的最终产品的总经理——我曾在一家规模相当大的企业中见到过这两种情况——也可宣称自己是从事高管层的工作了，因为他们的确是这样做的。

简单规则

第一，如果有其他人能做的工作，那一定不是高管层的工作。当然，通过对关键活动的分析，大多数实践操作工作都被排除在高管层工作之外，因为高管层不应该卷入其中。但对于关键活动，我们需要问："在组织中，有没有其他人可能做得与高管层一样好，或者差不多好？至少有没有人有能力从事这些工作呢？"如果答案是肯定的，那么这些工作应该不是高管层的工作。

第二，进入高管层工作的人应该放弃他们之前所从事的实践操作工作或职能工作。先前的工作应该移交给其他人，否则他们可能依旧沉浸在职能工作人员或实践操作人员的工作状态之中。然而，以宣称"这是实践操作工作"为由，把某项工作任务纳入高管层的职能之内，这是违背高管层工作原则的。许多经理不顾书本上的劝诫，依靠自己的直觉与本能，继续从事实践操作工作。然而，如果不事先对关键活动加以分析，就把某些工作列入高管层的职责范围，那么他们就可能从事不恰当的实践操作工作。他们就会去做一些自己习以为常而且喜欢做的事，做一些他们一直在做的工作，从而轻视那些实际上应该属于高管层职责范围内的"实践操作"工作。

高管层的任务特点：复发性与间歇性

  高管层的职能的组织异常艰难。高管层的每项任务都是"复发性"的，需要不断重复去做。"连续性"的任务则不常见，甚至可以没有，很少有任务必须由高管层每天朝九晚五地连续做。然而，一旦任务出现，它们对企业都是至关重要的，甚至都是关乎企业"生死存亡"的决策。想方设法做一个一年52周、每周5天的"规划"，那是愚不可及的事。关键的人事决策也不经常发生，但一旦需要做人事决策时，就会耗时很长。仓促草率的人事决策通常难以成功。其他大多数高管层的任务也是如此。

  个人需要一份持续的日常工作。通常状况下，除非他们能够稳定地工作，否则他们几乎没有成果可言。

  高管层的另一个特点是：要求高管层的成员具备多样化的才能，尤为重要的是多样化的气质。他们必须具备分析能力、思考能力、权衡利弊的能力以及协调不同意见的能力。同时，他们必须具备当机立断与决策行动的能力，具备过人的胆识与敏锐的直觉。他们还要在抽象构想、概念、运算以及数字等方面熟能生巧。他们还要知人善任，对人性意识敏感，具备同理心。总而言之，他们需要对人有浓厚的兴趣，而且能够尊重他人。有些工作任务必须要求高管层成员独自完成。有些工作任务是代表性的、社交性质的对外任务，这就要求高管成员像政治人物一样，游走于人群与礼节之中；他们无须说什么，但必须有能力达成必要任务，并留下良好印象。

  高管层的任务至少要求四种不同气质的人："思想者""行动者""公关者""引领者"。这四种气质几乎从未出现在同一个人身上。不能充分理解这些人性特点，是导致高管层的任务完成得不尽如人意甚至根本完成不了的原因所在。

尽管高管层的任务是一贯的，但并非连续不断地发生，所以，即便是在经营规模相当大的企业人士看来，高管层的工作也只是在需要时才去做。与此同时，身处高管层的人们总觉得每天必须做点事，也就是从事一些连续性的工作。当然，这就意味着他们必须做些职能工作，比如在制造与市场营销、会计与工程、广告与质量控制等职能中都有日常工作。如果他们参与这些工作太多，高管层的任务就根本完成不了了。在较小且不太复杂的企业中，高管职能范围的每项任务，可能只需要较少的时间就能完成，但即便是在小型企业中，高管层职能的总量也是大得难以驾驭，更不用说完成额外的职能工作了。日常的实践操作工作总是具有紧迫性，而高管层的许多工作都是长期性的，看似可以推到"明天"再做，但"明天"从未到来。

此外，高管人员，甚至是在大型企业中的高管人员，常常只看到与他们志趣相投的那部分职能，因而顺理成章地把这部分职能视为高管层的工作并努力完成。高管人员分配给自己的那些任务，都是与自己的个性、气质和经验相吻合的，这一点当然是正确的。然而，当他们相信或经常不假思索地认为，自己这样做就是完成高管层的全部职能时，就大错特错了。因为这样做实际上会导致企业失衡，从而可能失控。

正如格奥尔格·西门子在一个世纪前就已经预见的那样，有效的高管层的首要条件是：客观地确定企业高管层的所有关键活动与关键任务。"每个总经理都有自己的风格，从而决定其高管层的风格"，这句古谚语不是没有意义。每个总经理，甚至每个人，都有各自的风格，而且都有权保持自己的风格。然而，高管层之"是"与"应该是"取决于客观决定，高管层的实质并不取决于个人风格，正如地球引力定律并不取决于物理学家早餐吃什么东西一样。

一方面，虽然高管层的任务（至少是大多数任务）是一贯的，但并非连续不断地发生；另一方面，高管层的任务要求人具备多元化的技能与气质。这两个方面的事实都要求把高管层的任务明确地分配给专人负责。否则某些重要任务可能会被忽略。实际上，组织应该制订高管层的工作计划，明文详述何人负责何项任务，明确每项任务的目标，规定完成任务的时限等，小型企业尤其应该如此。正因为高管层的职能在基本特征上有别于企业的其他工作，所以必须做出明确规定和安排。

CHAPTER 51 | 第 51 章

高管层的结构

高管层的团队结构："总裁""事业部负责人"——多少个高管层——高管层中的团队协作——"保留的"决策——如何培育"大脑"——"秘书处"及其弱点——"业务研究"——"瓶颈总是在瓶子的顶部"

高管层的工作应该由团队完成而不是由个人担当。任何个人都不可能同时具备高管职责所需的所有气质。高管层的任务分析结果表明，高管层的工作量之大，绝非一人所能完成。除小型企业之外，高管层的任务要求至少有一人专心致志地全职投入，然后有一两个人至少花大部分时间承担高管的工作任务，他们是负有主要责任的"领导者"。

高管层由一个人统管一切，往往会出现故障，其中还有一些原因。比如在一手遮天的高管层中，高管接班人的问题常常容易酿成一场"危机"，甚至成为孤注一掷的赌博。在企业中，除了原有的最高人物外，没有其他成员真正从事过高管工作，从而无法证明他们是否合适于担任高管层的工作。

对小型企业而言，认识高管层的团队工作性质，这点至关重要。许多企业无法成长，主要原因就是高管层只有"一人说了算"（这点可详见第60章）。

就工作性质而言，高管层从一开始就应该由团队共同承担。在一个健全的企业中，无论组织图上冠以何种头衔，高管层的工作任务实际上几乎都是由团队来完成的。

正如第29章中所论及的那样，亨利·福特根本不相信管理者，这在很大程度上可以解释为何他的企业在后来数年中走向没落，濒临崩溃。然而，近来的研究表明[⊖]，从茁壮成长到成功阶段，也就是从1907年到20世纪20年代早期，福特汽车公司由一支真正的高管团队共同经营，其中包括与福特同等地位的詹姆斯·卡曾斯，许多领域的最后决策权在高管团队中都有明确分工。卡曾斯离开福特公司后不久就进入政界，并且成为新政时期密歇根州备受爱戴的自由派参议员，而亨利·福特成了福特汽车公司高管层的"光杆司令"。此后，福特汽车公司就难逃下滑的厄运了，这显然不是巧合。

从表面上看，企业的高管层可能看似只有一个人工作。如果企业是健全的，细致观察不难发现，高管层中的其他人也承担着不同的管理责任。比如财务部门负责人经常承担部分高管层的职能，特别是在分析、规划与目标设立等方面发挥着重大作用。再比如说，制造部门负责人除了完成本职能外，也承担着一部分人力组织的责任。

在结构简单、规模较小的企业，此项工作便能运作正常。但在规模更大、结构更加复杂的企业中，一个结构明确的高管团队是必需的。

高管团队是可以组织的，就像时下流行的"总裁办公室"那样；在这种

⊖ 可参见艾伦·内文斯的《福特：其时代、其人、其公司》（*Ford, The Times, The Man, The Company,* Scribner, 1954）。

办公室中，处于平等地位的高管成员，在各自的职责范围内发挥作用，而且具有各自领域的最终决定权。这是西门子设计的结构，对规模较大、结构较为复杂的企业来说，虽然执行并不容易，但这可能是最佳的组织结构了。

20世纪20年代的杜邦公司、新泽西标准石油公司、荷兰皇家壳牌石油公司以及联合利华等都基本遵循这种组织结构，但它们的组织创建者们可能从未听说过格奥尔格·西门子。

高管层也可能只有一位主要负责人，总裁或董事长，冠以首席执行官的头衔。他与少数同事组成团队，冠他们为类似于常务副总裁的职位，他们中的每个人除了承担明确分配的一部分高管层的任务之外，并无其他职责。

或者，也可以考虑另一种相当普遍的结构：高管层有三四位成员，分别承担具体分工的高管职责，但有一个人身居首席位置。通用汽车公司50年来就是采用这种组织结构：一位董事长，一位副董事长，一位执行委员会主席，一位总裁。这四个人按各自的个性分工，但这四个职位是永久性的。

还有许多在现有结构基础上演变而成的高管层组织模式。

然而，正是因为组织图上显示的高管团队并不确实存在，所以有必要采取措施预防以高管团队之名，行独裁之实。

最好的例证就是西门子本人的想法在德国的实践经验。1887年颁布的德国公司法在很大程度上归功于西门子的工作。德国公司法规定企业必须成立董事会（vorstand），也就是高管团队。然而，尤其是在1900年到第二次世界大战期间，许多德国公司实际上是控制在一位专制的总裁（generaldirektor）手中，因为董事会的其他成员都被指派担任各自的全职工作，这种做法与西门子所规定的原则大相径庭。这类公司在管理与成果上很少有成功的。

预防高管层独裁的唯一有效办法是，把高管层的每项任务明确地落实到个人，并让他承担直接的、首要的责任。在较大规模的公司中，凡是承担高管层责任的人，都不应该承担任何非高管层的工作责任。

最近盛行的具有作业性质的做法是"事业部负责人"（group executive），也就是企业要求团队成员只"花部分时间"来履行高管层的职责。这种做法或许可以避免高管职能的严重失调，也具有同样的意义。

在大型企业中，"事业部负责人"负责许多部门，很受欢迎；他们除了担任各自业务团队的主管之外，还有一部分时间，一般情形下是30%的时间来参与完成企业高管层的任务。这听起来很是合理，但实际上行不通。"事业部负责人"通常业务繁忙，根本无暇顾及高管层所具体指派的工作任务，因而他们无法为高管层的管理工作做贡献。

IBM公司也意识到了这一点。该公司在一些主要事业领域中设有"事业部负责人"，诸如研究、工程、制造、国内市场营销与服务、国际市场营销与服务，以及非电脑业务等。该公司还设立"管理委员会"，也就是由董事长、总裁以及两位资深行政人员组成的四人高管层，这四个人都不从事具体的作业工作。他们中的每个人都承担高管层分配的具体职责，并无须承担其他职责。

"事业部负责人"是高管团队的成员，他们不是总公司的高管团队成员，而是他们各自所在集团的"事业部"的高管团队成员；每个事业单位都很重要，都拥有自主权，因而都必须拥有各自的高管层。

这在很大程度上正是通用电气公司（GE）的管理者们为挽回他们把"产品业务部总经理"错误任命为"作业经理"（参见第46章）所采取的办法。"事业部负责人"实际上成为他们各自所在集团的高管团队的领导者与产品业务部高管团队的成员。然而，"事业部负责人"从未以通用电气公司高管成员的身份来发挥职能——而按照原来的职务设计，他应该如此。

多少个高管层

在规模大且结构复杂的企业中,通常不止一个高管层,跨国公司更是如此。公司在整体上是一家企业,但一种联邦式组织公司的自治部门也是一家企业。它必须拥有自己的高管层,拥有自己的高管层的任务,以及拥有自己的关键活动。

百余年前,格奥尔格·西门子就意识到了这点。他设在柏林的董事会就是一个高管集团。另一个高管集团则由柏林的董事会成员与主要分行的关键人物组成。然而,柏林以外的主要分行也有各自的小型高管团队。可以说,柏林的团队是"首席团队"。但在执行各地业务时,各个省级团队承担各自的"首要"责任,柏林的首席团队也只能扮演"支持"或"候补"的角色。

诚然,企业复杂性的特点之一正是它所要求的不只是一个高管层——并且需要明确识别出哪个团队在哪个领域应该负主要责任,以及应该有哪些限制。

现在,我们可以总结出一个职能化的高管层的结构所应该具备的基本规范:

- 高管层的任务分析是起点。
- 每项高管层的任务都必须明确落实给直接的、完全的责任人。
- 须建立高管团队,依据高管成员的个性、资格、气质来分配职责。
- 负责分配高管关键活动的人,无论头衔如何,都必须属于"高管层"。
- 除了规模小、结构简单的企业外,一般情形下,承担高管层的任务的人,不再从事高管工作以外的任务。
- 复杂的企业必须设立一个以上的高管团队,每个高管团队的结构可以参考如上原则。

高管层中的团队协作

高管团队必须满足严格的要求，才能具有成效。高管团队不是一个简单的结构。它不会因为高管成员之间的彼此喜欢就可顺利开展工作。事实上，高管成员之间是否互相喜欢，与实际工作的开展与完成并无关系。无论成员之间的私交如何，高管团队都必须发挥其职能。

第一，承担特定领域主要责任的人，就应该实际拥有最后决定权。要让高管层发挥职能，高管团队必须要求任何成员不能恳求另一成员代替履行决策。每个高管成员必须都拥有高管层的全部权力。如果背离了这个原则，并容许某一成员向另一成员诉求某事，高管团队就会形成玩弄权术的作风。这会逐渐破坏整个高管团队的权威。

第二，任何成员不得制定非自己主要负责领域的事务的决策。如果遇到这类领域的事务，他应该把这事务转交给相关主要责任的同事。实际上，对于那些不是自己主要负责的事务，最好不要公开发表意见，对高管团队的成员来说，这是最明智的防范措施。

斯隆无疑是通用汽车公司的首脑，在公司总管理机构中，他也享有道德权威。然而，斯隆经常这样说，"我想这事，你最好与布朗先生或布拉德利先生或威尔逊先生商量一下，"这些人都是当时（20世纪40年代末）他的高管团队同事，"我对他们的决定很感兴趣，也许你会告诉我他们的决定是什么。"当请示者离开后——请示者通常是公司中的高级主管——斯隆有时会私下打电话请布朗先生前来办公室商量这件事。斯隆通常会对具有明确立场的事情据理力争，但对于那些不是自己直接负责的事务，他会约束自己不在高管团队之外发表意见。

第三，高管团队成员无须互相喜欢，甚至不一定要互相尊重，但他们决不应该互相搅扰。在公众场合，也就是当他们走出高管层的会议室之后，他们不应该互相论断，不应该互相指责，不应该互相贬低诋毁，甚至最好不要互相吹捧。贯彻这项规则是高管团队领导者的责任，他最好能够严格地贯彻执行。作为高管层的成员，即便是"最喜怒无常的人"（即最散漫无纪的人），也决不容许在公众场合对任何其他成员提出批评、表达不喜欢，或者蔑视他人。

第四，高管团队不是一个"委员会"，而是一个"团队"。既然是一个团队，那就需要一个"队长"。团队队长不是"老板"，而是"领导者"。

决定团队队长角色的方法有多种。

从传统上讲，杜邦公司的总裁只有一票的投票权，他主要依靠道德威望来领导企业。新泽西标准石油公司的董事长传统上并没有这项法定权力，多年来，需要投票表决事项时，必须一致同意才能通过。从法定权力的角度来看，通用汽车公司的斯隆享有超出高管团队同事的权力，但他几乎从来没有动用过此权力。他总是在确认自己明了高管团队每位同事的立场，以及每位同事都充分了解董事长与总裁的立场之后才制定决策。在其他高管团队中，队长拥有最后决定权，或者至少拥有否决权。然而，在一些企业的高管团队中，队长的主要角色就是指定团队成员；在特殊情况下，队长负责做最后决策，再由全体团队成员认同接受。

然而，无论如何必须有一个队长。在极端危机时刻，队长必须心甘情愿而且有能力，还需有法定权力去勇于担当所有责任。在一般危险时刻，则需要有统一的指挥。

第五，高管层期望高管成员能在指派的职责范围内制定决策，但某些特定决策应该"保留"给高管团队来制定，至少要在团队成员共同讨论后制定决策。至于领域或所属范围等问题，高管团队最好能够事先加以细致考虑。

界定"我们的事业是什么""我们的事业应该是什么"等问题，显然就属于这个范围。抛弃主要产品线或增加新的产品线，以及大笔资金分派也属于这个领域。关键的人事决策也属于这个范围。关键的人事决策既不是靠鼓掌通过，也不是靠投票表决，而是必须进行细致酝酿、认真讨论，以及整合组织内部不同人物的经验，才能制定决策。通常状况下，大多数决策应该由高管层以团队方式加以考虑，然后由高管团队中的一名成员完成实际决策的运作。

第六，高管层的任务要求高管团队成员间保持系统的、密切的沟通。之所以要求团队成员间保持系统而密切的沟通，是因为有许多不同的任务，而每项任务都会对整个组织的福祉产生决定性的影响。尤为重要的是，高管团队的每位成员都应该在各自的职责范围内，拥有最大程度的作业自主权；然而，只有当他尽力保持与同事们之间的充分信息沟通的情况下，他才可能获得高管团队所赋予的权力。

20世纪20~30年代，通用电气公司的创建功臣菲利普·扬和杰拉尔德·斯沃普建立了一支具有成效的高管团队。斯沃普的总部设在斯克内克塔迪，他负责工程、生产以及销售等业务。菲利普·扬则负责财务、政府关系、国际交往以及公共责任等事务。据说，这两人性情不和，甚至很少交谈。但他们能就各自的行动与活动做到互通有无——在一两天内，彼此就会知道对方的各种办公事务。通用电气公司中的一些老前辈们认为，与第二次世界大战后接替斯沃普与菲利普·扬，主张"经常开会与保持个人密切关系"的高管团队相比，这种不牵涉私人情谊但又组织良好的制度，工作成效更佳。

换言之，"尊重工作任务"并且明确理解"任务是什么"以及"谁来负责"，这种做法是促进高管层获得工作成效的基础。

如何培育"大脑"

在高管层的组织上，西门子最显著的创新是他创建的"执行秘书处"

（executive secretariat）。这或许是他在组织结构设计上做出的最重要的贡献。

人的大脑差不多吸收人体一半的氧与能量。人的五官直接为大脑工作，并向大脑提供刺激。可以说，人体组织结构的首要任务，也是最重要的任务，正是培育大脑，并为大脑提供刺激与能量。

人不能够期望社会组织机构具有生物有机体同等的性能，更不用期待社会组织结构能像人体那样表现出令人感叹不已的灵活性、精密程度、细致周全以及职能运作。然而，我们依然可以思考，企业的"大脑"，也就是企业的高管层，是否也需要拥有自己的"培育"器官，为其供给营养、刺激以及信息。

世界上大多数企业都存有大量的数据。持续不断的报道、各类型的专题研究、各种各样的案例调研、许许多多的学术报告与应接不暇的会议等，其中大多数数据是为企业管理层提供参考与实际应用的。在典型企业中，行政服务人员的设立就是为了支持操作人员的工作。事实上，设立企业行政服务人员的道理正在于界定他们的职责——支持、服务与培养实践管理者。那么，谁来培育企业的大脑呢？谁来服务高管层呢？

一般而言，高管层与实践管理者获得的资料、信息、刺激大致相同。然而，高管层具有独特任务与特殊需要。因为高管层需要关注"未来"而不只是关心"现在"，高管层需要关注"整个企业"而不是"企业的局部"，所以高管层所需的资料、信息、刺激一定有别于实践人员所需。

要回答"我们的事业是什么，我们的事业应该是什么"等问题，高管层必须从不同的角度审视整个企业，这与实践管理者从当前的目标、结构、任务、信息等角度看待企业迥然有别。真正的创新并不拘泥于固有的组织结构，而是突破固有的组织范围。目前对未来关键人物的选择标准应该有别于过去对目前关键人物的选择标准。

某大型电气装备制造公司就是这样的实例，故事简单明了，但很能说明问题。该公司传统上经营汽轮机生意,并长期处于领先地位。第二次世界大战期间,该公司进军喷气式发动机生产领域。这种产品在最初只被视为飞机的一种新型引擎,事实上,喷气发动机也是气体涡轮机,正同汽轮机一样,可用于电能生产。之后,该公司又进入原子能领域。因为这三种发电设备的技术起源各不相同,开始时各自所面对的市场也不同,所以该公司组建了三个独立的事业部。但对客户(电力公司)而言,这就是三种不同的发电设备而已。拥有其中任何两种,皆可形成完整的电力供应系统。然而,该公司的行政服务人员们都没有注意这一点,或者可能尚未意识到。他们的职责只是为三个事业部的实践管理层提供服务,也就是汽轮机、喷气涡轮发动机以及原子能。这三个事业部的人都把各自的发电设备视为公司的主打产品,并期望在电力设备发展中争取最大份额。后来该公司组建了任务小组,专门负责向高管层提供未来市场开发的新思路;任务小组最后指出,这三个事业部实际上正在经营相同的业务。因为高管层未能及时获取信息与想法,导致该公司在一个重要市场遭受严重损害,可是为时已晚。

格奥尔格·西门子的独特解决方案是,德国的"执行秘书处"并不适合所有公司或所有文化传统。然而,除了规模非常小、结构非常简单的企业外,每一家公司都需要有独特的机构负责向高管层提供思想、刺激、问题、知识,最重要的是提供信息。高管层的工作是非常独特的工作。任何工作都需要配备适用的工具,高管层的工作所需的工具就是信息、刺激、分析以及问题。

格奥尔格·西门子的"执行秘书处"是为特定的职业生涯设立的。他费了很大的心血,在德意志银行内部、大学以及政府机构中寻找最能干、最有才华、最聪明、最有见识的年轻人来"秘书处"工作。他们当中转入银行从事实践工作的人很少。其中也有少数人晋升到高管层——但人数也很少。结果,"秘书处"逐渐变成与外界隔绝的单位。

目前德国企业尚在使用中的"秘书处"仍然存在缺点，但这个缺点是可以规避、可以补救的。秘书的任用可以遵循如下规则：凡进入秘书处的人，也就是能够为企业高管层提供信息、刺激、问题的团队成员，都应该首先在实际工作中显示真实绩效，只有那些在实际工作中已经取得不凡绩效的人，才有资质接受重要训练并从事秘书处的工作。

任何人都不应该在秘书处任职过久，任职上限应该在五至八年。然后，他应该回到他必须取得绩效的职位上，也就是回到他的作业职位，回到他能够为企业做贡献且成果可直接衡量的责任岗位上。

秘书处始终应该力求人事精简。秘书处应该从事关键活动，而不是试图囊括一切事务。秘书处应该聚焦于企业的主要需要。实际上，秘书处首要的，或许最重要的工作就是去确定那些能够影响企业绩效与成果的主要因素，以及对"我们的事业是什么，我们的事业应该是什么"等问题加以深思熟虑。秘书处应该经常提问："高管层在做决策时需要哪些信息？"

在一些国家（比如以英文为母语的国家）中，"秘书处"就是指一些处理较低级别文书的机构。那么，这项职能不妨可称为"业务研究"，但其职能的明确界定应该是："为高管层提供服务的机构"。它的职责就是为高管层提供所需的信息以促进高管团队的工作更具有成效，以及为面对未来的重大决策做好必要的信息与知识准备。

任何企业的成效都不能超出其高管层所能容许的范围。毕竟，"瓶颈总是在瓶子的顶部"。在企业的所有职务设计中，高管层的职务是最难设计的，但也是最重要且必须设计妥当的。

第 52 章 | CHAPTER 52

组织的需要：有效的董事会

董事会：法律上的虚构与事实上的无能——推动董事会的"政治化"——德国、瑞典与美国的董事会——"欧董会"（The Euro-Board）——为何高管层需要有效的董事会——董事会的三项职能：董事会具有审核与诉求的职能、防止管理层软弱无能的职能，以及建立公共与社区关系的职能——需要什么样的机制——董事会的目标设定与"工作规划"——董事资质——"专业"董事长——高管层的任务之一便是设计与建立一个有效的董事会

每个国家都有负责监督高管层、向高管层提供咨询、审核高管层的决策，以及任命高管层成员职位的机构，但不同国家对这类机构的叫法不同，比如董事会、监事会、行政咨询委员会等。各国对这类机构的成员资质要求也各不相同。

比如在德国，企业高管成员不准加入监事会，但美国、英国与日本的法

律则允许他们加入。在法国，董事会授权一位或数位董事履行高管职能，因此董事会成员几乎都必须是高管成员。还有其他多种情形。在德国式公司法之外的国家，都明文禁止董事会成员只限于全职的管理成员，但这种情况并不罕见。比如在日本，"董事会"通常状况下不过是"高管委员会"的别名而已。在英国，董事会成员通常分成"执行董事"与"非执行董事"，前者是企业高管成员，后者是企业中不担任正式职务的工作人员。

然而，无论法律地位如何，所有的董事会都有一个共同点，那就是它们无法运作正常。董事会的衰落是20世纪的普遍现象。从法律的角度看，虽然董事会是企业的管理机构，但在20世纪发生的重大企业灾难表明，董事会总是最后获悉企业发生灾变的机构。这一点足以说明董事会的确未能发挥其应有职能。

1931年，奥地利具有领先地位的银行——奥地利信贷银行的倒闭正是因为董事会运作不力。它的倒闭引发了第一次全球货币危机；几个星期后，英镑贬值。无独有偶，20世纪30年代初期，德国大型企业的倒闭也同样导致了德国银行体系的崩溃，这在很大程度上间接推动了希特勒的掌权。第二次世界大战后的许多企业接连惨遭倒闭，也真实地体现了这种情形，比如英国劳斯莱斯、美国宾夕法尼亚中央铁路公司，以及20世纪60年代中期意大利最大的化工企业蒙蒂卡蒂尼公司等。这些大型企业的董事会都是在最后关头才获悉事情不妙，大势已去。

每当这种"丑闻"发生时，人们就会把它归咎于董事们的愚昧无知、粗心大意，或者责怪管理层没能及时向董事会报告情况。然而，当董事会这种"职能运作失效"（malfunction）的事件频繁且有规律地发生时，人们就必须总结出教训：职能运作失效的是整个机构，而不是某一个人。

无论名称是什么，无论法定结构如何，董事会都已经形同虚设。尽管在法理上董事会还是企业的"主权"机构，但在形式上，犹如英国女王——

人们仍旧依照法理尊女王为"绝对君主",她的口谕依然是国民的"圣旨"。然而,真实的情形是,董事会要么扮演"管理委员会"的角色,要么只充当毫无影响力的花瓶。所以,我们与其责备董事的失败与无能,不如提出问题:"姑且不论董事会的法定结构如何,为何董事会会丧失其执行能力呢?"

在格奥尔格·西门子的年代,董事会显然能够发挥其职能。事实上,董事会发挥职能是理所当然的事。西门子本人就曾在好几个董事会中任职,与此同时,西门子与他自己银行的董事会密切合作并把它视为自己高管层不可分割的一部分。

当然,董事会职能运作失效的一个原因是大规模公众持有股份公司的迅猛发展。无论在美国、英国、法国还是德国,原有的董事会都被视为所有企业主的代表。在19世纪,一般而言,当股份所有权集中于少数人或少数集团时,每位董事都持有相当大的股份,这在当时确实如此。企业中的每个董事都持有可观的股权。每位董事都能够把相当多的时间与精力投入到公司的事业中,而且每位董事只是参加少数董事会。

在发达国家中,许多大型企业已经不再由少数团体拥有,而是由成千上万的"投资者"依法持有。董事会不再是企业主的代表,或者说根本不再代表任何特定个人。结果,董事会也丧失其存在的法理依据。人们之所以被邀请加入董事会,是因为他们个人的名气与威望。或者更糟糕的是,董事会成员是从与公司有业务往来的人中招募而来,比如公司的银行家或企业的律师等。尤为重要的是,董事会成员的招募通常也从一些成功的企业管理者中互相交换而来,比如甲公司招募乙公司的总裁做董事,乙公司也聘请甲公司的总裁做董事。这些"大忙人"在所担任董事的企业中并不拥有足够的股权,因而他们不会为它付出太多时间。或者,如果他们与该企业有业务往来,那么他们自然不会愿意深究企业事务,去提些不太方便回答的问题,更不用说去提些争议的事情。他们只会按部就班地参加例会。他们还可能加入许多董事会，因而他们不能真正履行自身的职责。

董事会职能运作失效的另一个原因是：在大多数国家中，董事会与法律条例并不吻合（那些仿效德国法律的国家诸如奥地利与瑞士除外）。董事会已经不再被视为企业的"组织管理"机构。董事会本应该是"全职工作"，但大多数企业的董事会都是"兼职工作"，因此董事们自然把企业事务视为琐碎小事加以应付，更谈不上认真议事了。

董事会持续衰退的最后一个因素是：大多数高管层不希望企业存在真正有效的董事会。有效的董事会一定会要求高管层工作出绩效，如果高管层不能完成适当的绩效，那么董事会就有权撤换高管成员，这正是董事会的职责所在。有效的董事会会提出一些令高管成员们不便回答的难题。有效的董事会会坚持在事发之前获悉事态，这正是董事会的法定责任。有效的董事会不会毫无质疑地接受高管层的建议，并且经常要求"知其所以然"。有效的董事会不会在高管层的人事决策书上随便加盖橡皮图章，他们会对资深人事的任命要求深入了解，甚至私下会晤候选人。换言之，有效的董事会应该坚持行使其有效性。对大多数高管层而言，董事会的这种坚持与要求成了高管层行使"管理特权"的限制、约束与干涉，甚至是威胁。

为何高管层需要有效的董事会

许多高管层以为董事会的衰退并没有过错。他们非常乐意看到董事会变成法律上的虚构组织。确实，他们可能非常愿意看到董事会完全销声匿迹。当董事会完全变成企业"内部"的董事会时，也就是说，董事会完全由高管成员自己控制时，董事会就真真切切地消失了。

然而，这种认识极其短视。人们越来越清晰地意识到，如果没有一个有效且强有力的董事会，高管层将不会被允许运作，大型企业更不容许。倘若高管层不为自己的需要以及企业的需要建立有效的董事会，那么社会就会强加给它不恰当的董事会，对大型企业尤为如此。这样一个强加的董事会将试图控制高管层，操纵企业的方向与决策；它会成为真正的"老板"；它会把自己视为高管层的"对手"；它不会，事实上也不能，为企业的利益着想。这种迹象目前已经显而易见，实际上扭转这种趋势可能为时已晚。

董事会职能运作失效最初出现在德国的魏玛共和国（Weimar Republic）。给大型企业强加董事会，以便从外部控制企业，这种做法最初也发生于德国。表现形式就是"共同决策制"（co-determination），也就是从法律上要求工人代表加入董事会，最初是针对煤炭与钢铁产业，后来推广到所有大型企业。当然，参加德国大型企业董事会的根本不是"工人代表"，而是"工会官员"。然而，这改变不了今天德国大型企业的董事会沦为各方势力你争我夺的战场的事实。

在瑞典，一种形式不同但方向一致的发展趋势开始出现，也就是由政府为各大银行委派董事会成员。迄今为止，政府委派的人一般都是有才能而且品行正直的人。然而，一旦政府委派人员加入企业的董事会成为惯例，就会造成政治力量长期介入企业董事会的事实。一旦这种情况发生，董事会就无法作为审核机构，以高管层的挚友、顾问与指导者的身份，有效地开展工作，董事会就会沦为高管层的"监管者"与"对手"。自1972年以来，瑞典也规定，大型企业包括各大银行必须选拔职工代表加入董事会。

拟议中的"欧洲"企业的法规则结合了德国与瑞典的做法，呼吁由政府与员工代表共同控制企业的董事会。

在美国，近年来，企业也面临极大压力，人们要求董事会应该具有"广泛的代表性"，即要求不同群体的代表可以入列董事会成员，诸如黑人、妇女、穷人等。这些被任命加入董事会的人，无论他们个人多么优秀，都无法在董事会中发挥正常职能。他们只能代表企业之外的某个群体，或者代表某个特殊利益群体。他们的角色就是向高管层提出要求，促进高管层落实某项特殊计划、某种特殊需要或某个特殊政策。他们不可能关心企业，也不可能对企业负责。当然，更不能指望他们会对董事会会议上的议题事项守口如瓶。实际上，他们不可能信任企业，他们只信赖各自所代表的外界群体。

这些发展状况表明，社会不会容许高管层在没有合适且有效的董事会的情况下行使权力，规模大且地位显赫的企业的高管层尤为如此。原有构想的董事会已历经百年之变，如今确实已经失效了。因此，这就要求高管层必须仔细考虑企业及其高管层需要什么样的董事会，这是高管层需要迫切关注的问题。传统董事会的衰落已经造成真空，而这个真空不能不予以填补。

董事会的三项职能

对企业尤其是大型企业而言，一个运作良好的董事会必须完成三项不同的任务：

第一，企业确实需要一个审核机制。企业需要一群经验丰富、为人正直、品德优秀、绩效能力强以及乐意工作的人；他们为高管层提供咨询，提出建议，共商大计。企业需要一些不属于高管层，但能够对高管层提供实质帮助的人，企业需要一些能够运用知识与决策来化"危"为"机"的人。

大型企业对社会实在是太重要了，以至于不得不在其结构中设立"监查"机制。必须有人确保企业高管层能够清醒并细致地思考"我们的事业是什么以及应该是什么"的问题。必须有人确保企业所设立的目标与制定的战略能够得以发展。必须有人能够以批判的视角来审视企业的整体规划、资本投资政策，以及有计划的财务预算。必须有人监查企业的人事决定与组织问题，必须有人扮演"最高法院"的角色。必须有人留意组织精神，确保企业能够成功地"用人之长、避人之短"，确保它能够培训未来的管理人员，确保它对管理人员的报酬、所运用的管理工具和管理方法能够使组织得到强化，并有助于实现组织目标。

如果没有这样的"审核机制"，高管层就无法控制好自己，高管层就没有真正的合法性。然而，管理层也需要有咨询者。企业中的每个人都会"有所求"于高管层。外人对企业、对企业内务、对企业员工的认识都很有限。

更为重要的是，小型企业的高管层也需要有合适的咨询者，否则他们就会日趋孤立。虽然小型企业的高管层不容易经常接触到外界的顾问，比如经验丰富的律师与咨询师等，但他们的确需要一些有经验并能够了解企业，但又不属于企业高管层的人。所以，小型企业的高管层需要一个真正的董事会。然而，通常状况下，小型企业比大型企业更缺少运作良好的董事会。

第二，一个有效且运作良好的董事会可以撤换毫无绩效可言的高管层。

当然，一个有能力撤换无能且毫无绩效可言的高管层的董事会必须拥有真正的权力，也只有软弱无能的高管层才会对这样的董事会心怀恐惧。没有任何社会能够容忍大型企业的高管层软弱无能。如果高管层不能建立一个有能力撤换软弱无能的高管负责人的董事会，那么政府也会依法接管。

还有另外一种办法，那就是由"金融掠袭者"来"接管"。管理学专家与经济学家们长期以来一直告诉我们：大型上市公司的高管层已经不再受股东控制，一旦公司建立起来之后，只有冠状动脉血栓症或公司破产能使高管层解散。这种情况如今已经不再有了。⊖很多高管层看起来叱咤风云，似乎固若金汤，似乎全局在握，但很容易被"金融掠袭者"与"并购竞争者"，也就是有组织的股东叛变所倾覆。这些"掠袭者"不是针对那些深陷困境的企业，而主要针对那些没能充分发挥潜力、高管层又不能运作良好、绩效不尽如人意的企业。

⊖ 关于"接管浪潮"及其意义的分析，可详见我的《人、理念与政治》（*Men, Ideas and Politics*）中的"新兴市场与新企业家"（*The New Markets and the New Entrepreneurs*）。

除非高管层能够在企业结构中建立一个有能力撤换尸位素餐的高管层的有效机制，否则"掠袭者"与"竞争者"就会成为无时不在的威胁。宁御豺狼，免招秃鹫。

高管是按照绩效收取报酬的。他们薪酬很高是因为其中包含"风险奖金"。在任何大型公司中，尤其是当公司的股权分散过广，从而无人拥有主导性权益时，董事会的职责就是去经常地、深入地审核高管层的绩效，撤换那些不符合高标准的高管层。这就要求董事会不仅要深谙公司事务，而且能够强而有力地执行。

第三，也是最后一点，企业需要建立"公共与社区关系"机制。企业需要能够容易而且直接接触各种"公共团体"与"选民社群"的机构，企业必须聆听他们的声音，并能够与他们交谈对话。当然，对大型公司而言，这类需求是显而易见的；但对中小型公司而言，这类需求显然更为急切，因为它们是中小型社区的主要雇主。

核心的事实是现代企业拥有多重背景的选民社群。股东就是其中之一，但股东不是唯一的选民群体，尽管传统的法学理论坚持这样的观点。事实上，这些股东已经不是"所有者"，而是"投资者"。员工显然也是选民社群之一，但他们并不像德国的工会或拉丁美洲国家的"工业社区法"所认定的唯一选民社群。还有一些企业在不同社区增设工厂，这些社区、消费者、供货商以及销售人员等都是选民社群。他们都想了解大型企业的发展状况、存在的问题、企业的政策以及企业的规划等。他们有必要知道这些，企业的高管层也应该被他们认识，被他们接受并受到尊重。或许企业高管层更应该多了解这些选民社群之所需、所想、所见，甚至是误解与质疑。

大型企业通常在公共关系上花费巨资。但研究表明，大型企业未能获得公众对自己的充分了解；更糟糕的是，大型企业也未能真正了解社会大众。公共关系部门未能起到高管层"代言"的作用。然而正因为如此，企业就更有必要建立真正的"公共与社区关系"机制，其目标是促进企业理解大众，而不是吸引大众"热爱"企业及其高管层。这就要求企业的高管层能够主动接触并尊重社会大众与选民社群，与他们携手合作；虽然这些大众与选民都是独立的，但他们也会尊重企业的高管层，理解他们的良苦用心。这就意味着企业应该在组织的结构与职能内建立"公共与社区关系"董事会，并使之成为高管层不可或缺的运作机构。

德国工会会员或美国消费者权益保护者都致力于促使董事会代表选民社群的利益，这自然是有道理的，但其错误之处在于它把自己视为唯一的选民社群，实际上它只是众多选民社群中的一类。

具有正常治理职能的董事会必须是能够代表企业基本长期利益的董事会。它必须有能力遵循审核机构与高管层绩效监督机构的原则来履行董事会职能。

然而，企业事实上也需要一个能够为它提供信息、建议、咨询以及沟通的董事会，也就是"公共与社区关系"董事会。如果企业及其高管层不主动创建这样的董事会，那就会被强加一个不恰当甚至是有害的机构，也就是一个具有敌对性质、管控性质、抑制性质的机构，诸如德国式董事会中的工会代表、瑞典式董事会中的政府代表、美国式董事会中的少数群体代表等。这将会进一步削弱董事会的职能。削弱董事会职能尚属小事，更重要的是会损害企业及其高管层的权威，损害它们的正直诚信，乃至削减它们的绩效能力。

需要什么样的机制

很显然，两种不同的机制都是需要的。一是"执行董事会"，负责向高管层提供资讯，提供审核机制以便平衡权力，提供良知以辨明是非，并且扮演咨询与顾问的角色。不仅如此，在企业"权力故障"发生时，也就是企业高管层发生重大危机，或者为高管层成员寻找急需的接班人时，"执行董事会"亦可扮演"候补机构"。

二是"公共与社区关系董事会"，负责为企业尤其是为大型企业，提供接触社会大众的渠道。

没有任何理由可以说明为什么这两种机制在法律上不能合而为一。它们必须分别运作。就公共与社区关系董事会而言，高管层需要讨论社会大众需要什么、他们想要知道与了解什么。就执行董事会而言，高管层需要讨论高管层自身需要讨论的事情，自身需要仔细思考、需要决定、需要理解的事情。可以兼顾这两种董事会之需的办法是：让执行董事会以"特别委员会"，也就是"执行委员会"的身份运作。

有效的董事会确实存在。迄今为止，没有任何董事会能够恰如其分地完成董事会要求的这三项职能。尽管如此，它们依然能够说明有效的董事会所具有的重要性，以及它所能做的贡献。

瑞典斯德哥尔摩银瑞达银行（SEB）旗下的瓦伦贝里公司所拥有的一个精致但非常有效的董事会，就是一个实例。马库斯·瓦伦贝里是在第二次世界大战以后时期领导银瑞达银行的，他坚持必须明确界定银瑞达银行主导下的各集团公司高管层的地位与职能。这就促使他能够建立强有力的董事会，这些董事会在各自集团公司的事务中贡献巨大。第二次世界大战后，瑞典的经济获得巨大增长，尤其是瓦伦贝里公司的发展，一定程度上归功于瓦伦贝里在界定高管层职能的基础上创建有效的董事会的睿智与坚持。

另一个例子是美国的默克制药公司。在第二次世界大战前，它只是一家名不见经传的小药厂，如今已经发展成为美国制药工业中的领先企业。这在很大程度上应该归功于该公司一位名叫万尼瓦尔·布什的董事。布什原是美国麻省理工学院（MIT）的一位杰出的科学家，第二次世界大战期间，他出任科学行政事务长官,后来加入默克制药公司的董事会,任兼职董事长,主要负责研究"高管层应该是什么以及应该做什么"等问题。在研究成果中,他指出,公司需要设立一个有效的董事会,既能审核与指导高管层的工作,又能促进公司接触到一些重要的社会群体,比如科学界。这个结论促使默克制药公司制定了长期策略,仅在十余年内,在竞争极为激烈的行业中,该公司脱颖而出,发展成为具有全球领先地位的制药企业。

有效的董事会需要做什么?首先,应该细致思考高管层的职能、董事会的职能与工作。董事会也必须有整体目标与工作计划。除非董事会能够以明确的目标来执行其独特职能,否则它将很难获得绩效。

董事的资质

这就要求我们必须认真思考董事所要具备的资质。今天,一些加入董事会的人,比如与公司有业务关系的银行家与保险业者,可以加入公共与社区关系董事会。金融界是企业的选民群体之一,企业管理层有必要与他们保持接触,促进相互的了解。目前参加董事会的人,只有少数具备加入公共与社区关系董事会或审核与诉求董事会的资质。

例如,已经退休的公司职员不应加入董事会。或许有人认为,把已经退休的公司资深员工排除在董事会之外,会导致公司丧失他们积累的大量知识与智慧。然而,关于促使公司有效使用退休老员工的知识与智慧,不妨学习日本政府的做法,他们授予这些资深贡献者"参事"头衔。同样道理,那些与公司有业务来往的人,无论他们出售的是产品还是服务,比如供货者、律师、咨询师等,都不应成为董事会成员。

那么,谁有资质成为董事会的一员呢?我们只能以审核与诉求董事会为例来回答这个问题。

第一个要求是能力。董事会的成员必须具备资深高管的能力，无论在企业、政府机构，还是在其他机构中，都应该如此。未来的董事的理想年龄是55岁左右，无论男女，愿意放弃作业岗位，成为一位顾问、指导者，并从事企业的良知工作。

第二个要求是，董事会成员必须有时间履行职务。事实上，如果一个人参加的董事会太多，可能最多也就是四五个，那么他就不可能真正做好这项工作。

格奥尔格·西门子在一世纪以前就明了这个道理。他限制自己只加入少数董事会，而且当他认定已经完成原来参加某个董事会的使命之后，就会急流勇退。然而，他的继任者没能记住这个道理——近来有一位德意志银行的总经理竟然参加上百个董事会。无论一个人多么才华横溢，无论他的秘书处如何支持，没有人能够同时胜任超过五个董事会的工作。

这就清楚地表明，有效的董事必须是"专业的董事"。事实上，董事会的成员资格应该被视为"真正一流的全职专业人才"。企业应该支付给他们固定薪酬，而不是给他们认股权或利润分红。

第三个要求，也是最后一个要求，董事会成员应该独立行使董事职务，不受制于企业高管层。这可能暗示着董事会成员有一定的任职年限，任期届满则不具有连任资格。如果董事知道自己在任职五年之后不再连任，那么无论他在任职期间与管理层的关系多么好，他都明白自己无须屈从于管理层。与此同时，董事会成员的任期应该有明确的规定，董事在任期内应该享有合理的职务保障。

至于如何建立公共与社区关系董事会，我们尚不明朗。但我们知道这是一个急需解决的难题。从政治的角度看，这种急迫性更为严重，可以以德国、瑞典、美国以及"欧董会"（Euroboard）的发展为证。值得肯定的是，管理层的传统态度，即反对把公共与社区关系职能纳入董事会的发展，这种趋势已经不再能够维持下去了。即便这种传统态度看似合理，它也不再行得通了。

如今，在很大程度上讲，企业不再需要在"不设董事会"与"有效的董事会"之间做出选择，而是需要在"强加的、敌对的、不适合于企业的董事会"与"能够成为企业的有效机构并能适合于企业需求的董事会"之间做出选择。

9

第九部分

高管层的战略与结构

MANAGEMENT
TASKS, RESPONSIBILITIES, PRACTICES

工厂中的工人与领班，办公室中的打卡人员与秘书，工程实验室中的冶金学家，银行或保险公司中的现场销售人员与分支机构经理，这些人的工作、任务与职责很少受到企业的规模、复杂性、成长、多元性的影响。虽然创新会对组织中的大多数人造成影响，但这种影响也只是在创新转化成为事实之后才会发生。然而，企业高管层的结构、行为、任务与战略，会因为企业的规模与复杂性发生变化而受到影响，也会因为企业的多元性、成长与创新而受到影响。反过来，只有高管层才能制定出可以引导企业成长、多元性或创新的战略决策。与公司的基本结构相关的管理策略，目前几乎无人问津。然而，与人们热衷讨论的财务策略、产品发展策略、市场营销策略相比，管理策略显然重要得多。最重要的是，企业的规模、多元性、复杂性、成长与创新，这些不仅是为高管层提供管理的挑战与机会，也是对高管层提出了管埋的要求。

第 53 章 | CHAPTER 53

论企业的适当规模[1]

物体的面积与体积的定律——规模与复杂性——为何规模的变化是"量子跳跃"——规模与策略——规模与复杂性作为高管层的任务

物体的面积随直径的平方增加，物体的体积随直径的立方增加。当物体的直径从 2 增加到 3 到 4 时，物体的体积就会从 8 增加到 27 到 64，而物体的面积只从 4 增加到 9 到 16。

这个几何基本定律对管理学意义重大。它意味着企业的规模、结构与策略都是息息相关的。不同的规模要求不同的结构、不同的政策、不同的策略以及不同的行为。企业有适当的规模，也有不适当的规模。这条定律还意味着，企业的规模有一定的限度，超出这个限度，生产率就会下降，并最终导

---

[1] 这里借用 J. B. S. 霍尔丹 1928 年关于生物有机体论文的相同标题，该文认真细致地讨论了规模、职能与结构之间的关系。

致企业无法管理。最后，这条定律还意味着，规模的变化并非连续的，而是在成长到一定程度时，企业会经历一个"进化式飞跃"，也就是实现"真正的转型"。

英国生物学家达西·汤普森把物体的面积与体积变化定律应用在生物有机体上。㊀汤普森的实验证明，当昆虫成长到超出一定程度时，昆虫的硬壳就不再能够支撑其体重，因而昆虫就会需要一副骨骼。汤普森的实验还表明，生物的大小也有一定的限度。如果大象的体型长得太大，那么象腿必须足够粗壮，以便能够支撑大象的体重，否则象腿就会抬不起来。

社会组织结构可能过于庞大而且复杂，因而无法就其规模大小制定一个简明的量化公式。㊁然而，就组织结构而言，社会的"体积"增加比社会的"面积"增加快得多。所以，社会组织"体重"的增加速度也会快于支撑结构的增长速度。结果，社会组织规模的变化不仅是"量变"，而且是"质变"，因此一定会导致"适当的规模"与"不适当的规模"，即有的规模所要求的结构适合于绩效与职能的正常运作，而有的规模所要求的结构并不符合或者并不合适于绩效与职能的正常运作，甚至成为绩效与职能正常运作的障碍。此外，组织规模也有一定的限度。有的组织规模过于庞大，因而无法正常运作，加伦特与普罗特罗所研究的"巨型大学"便是其中的例子。

物体的面积与体积变化定律暗示着规模与复杂性之间存在着不可逃避的关系。组织成长越大，组织中的大部分体积脱离外界的环境就越远，因

㊀ 见达西·汤普森的《论成长与形体》(*On Growth and Form*, Cambridge, 1917)。
㊁ 首先试图探讨社会结构"规模定律"的是 J. A. 加伦特与 J. W. 普罗瑟罗发表于 1972 年 1 月 28 日《科学》(*Science*, Vol. 175, No: 4020) 的论文《大学的规模研究：成长的结果》(*Weight Watching at the University: The Consequence of Growth*)。两位作者的结论是：一旦一所大学注册学生超过 1.5 万人甚至 2 万人，大学就会因规模过于庞大而无法实现教育学生、管理学校的效能。

此，它就越需要专门且复杂的机制来供应组织生命的必需品。复杂性也有一定的限度，一旦超出特定限度，无论组织结构设计如何周全，都不足以支撑其复杂性。

例如，人的身体的大小已经达到的进化限度，与人的大脑大小有关。如果大脑越来越大，或越来越复杂，那么大脑所需的氧气供应将会导致高血压，长期维持大脑的这种状态，人将无法存活下去。

在社会组织中，企业规模的快速成长必然会导致企业组织结构的复杂性呈现不成比的增加，从而形成越来越多的专业化机构。这样，应对"内部"事务的各种机构就会应运而生，即为应对日益增加的组织体积所需提供信息与指挥的机构，以及为"反馈"企业"内部活动"所取得远程结果的外部机构就会增多。无论是物质身体还是社会组织，其体积越大，维持"内部"机构生存与运作所需的能量就越大。再次强调，这不仅是"量变"，而且会迅速转化为"质变"。

交互关系也很重要。组织越复杂，就越需要更大规模的结构原则加以组织。组织规模的大小决定组织结构的复杂程度。反之，组织的复杂程度又决定组织的规模大小。物体的面积与体积变化定律暗示着从一种规模到另一种规模的变化，或者从一种复杂程度到另一种复杂程度的变化，都不是连续的。这是一种"临界"现象，存在着某种必须发生转型的临界点。

高等动物的骨骼不是从昆虫的硬壳进化而来的。只有人类的老祖先，也就是原始的灵长类动物的大脑发展到比自身需要还要大得多时，他才可以进化到能够直立行走、制造工具以及使用火的程度。

当规模或复杂性超出特定程度时，量变就会形成"量子飞跃"——不仅是"量"的增加，也是"质"的转变。无论公司规模发展多么庞大，亨利·福特都坚持亲自经营，不使用管理层与管理者，这正是他的失败之处。

管理是一种"进化式跳跃"。管理不是从企业主进化而来,正如骨骼不是从昆虫的硬壳进化而来一样。

当人们谈论"授权"（delegation）时,他们大都认为管理者所担负的职责只是高管层的一部分职务,或者只是董事会的一部分职务。实际上,他们未能明白"授权"的真正意思。"授权"意味着授权者可以收回已经授予的任务。然而,高等动物的细胞不能把大脑的职能收回来。大脑的职能不是被授予的,它自己拥有自治职能。

同样道理,只要设计得当,任何管理工作都不是被授予的,而是具有自治职能的自我权力,管理工作是一种"进化式跳跃"的结果,而不是现有工作的延伸。

规模与策略

规模本身对策略具有重大影响,策略又会对规模产生重大影响。小型组织能够做大型组织未能及之事。小型组织因其结构简单、规模较小,因而能够做到快速反应,行动灵活,以及能够集中使用资源。然而,大型企业也能做小型企业可望而不可即之事。大型企业能够把资源投入到长期研究规划中去,这远非小型企业的力量所能及。"何种策略合适于相应的规模呢?"这个问题对高管层而言极其重要。

但反过来,不同的策略也要求不同的规模。一个试图在大市场中占领先地位（更不用说世界市场的领军地位）的企业,它必须是大型企业。然而,如果企业的目标只是想在大市场中占据某个特定而有限的需求,那么这样的企业最好保持较小的规模。

劳斯莱斯公司就是这种企业的典型实例。它曾在世界最大市场之一,也就是全球汽车市场中,以规模小、盈利高而独领风骚,在相关领域无人能够与之竞争，但它至多只能发展到中等规模㊀。

现在有些"大型"企业实际上是一些中小型企业的"邦联"（confederation），这些企业都有各自的策略与市场，因此，规模与策略之间的关系更加复杂化。事实上，这种企业需要细致思考如下两个策略：一是适用于组成各个中小型企业的"小业务策略"，二是适用于整个企业的"大业务策略"。这样，企业的复杂性就会成为主要因素。

无论是一般员工还是管理者，企业的规模与复杂性对他们个人的影响并不大。机械操作工、打孔机操作员、记账员、热处理专家、工厂经理等，不管公司的规模大小、结构简单还是复杂，他们都做同样的工作。最初受到规模与复杂性问题影响的是企业的中级管理层，尤其是那些高级专业人士。虽然规模与复杂性对他们造成影响，但他们对企业的规模与复杂性的决策并无影响，在实践上也无须承担责任。

尤为重要的是，规模与复杂性是高管层的问题，因而要求高管层必须做出决策。

公共服务机构也会受制于规模与复杂性的规律。因为公共服务机构也要面临"适当规模"与"不适当规模"的困惑（比如前文提到的大学规模问题）。这项规律也适用于企业内部的"行政服务人员"。"良知活动"（conscience activity）所要求的规模宜小不宜大，甚至可以由一个人负责（这点在前文第42章中讨论过）。在特定功能领域，比如在市场营销或人力资源管理中从事教育与创新的工作，其规模最好小点。否则，内部的复杂性将会迫使最能干的员工沦为"行政人员"，而无法成为名副其实的教师或创新者。在组织内部的行政服务机构中，规模与结构应该不断调整，以适应所需要的策

㊀ 当然，这只是指劳斯莱斯公司的汽车业务。然而，1971年，劳斯莱斯公司在飞机业务上却导致公司破产。这个事例表明了规模与策略之间的相互关系。因为，劳斯莱斯公司试图在世界喷气飞机领域中占领先地位，但它受制于企业的规模太小与资金不足。在飞机引擎市场中，劳斯莱斯公司的确处于"规模不适当"的尴尬处境。

略，并为工作的目标服务。尤为重要的是，应该对行政服务机构的规模与复杂性加以管理，否则策略与目标都会受损。

高管层首先必须知道，它的公司是什么规模。高管层还必须知道自己的企业应该是什么规模。高管层还必须知道自己的企业规模是"适当的"还是"不适当的"。高管层必须知道自己的组织结构是否适合于公司的规模与复杂性。高管层还必须知道在不同的规模与复杂性的企业中，自己的职责应该是什么。

高管层需要把企业的规模与复杂性和企业的策略联系起来，高管层可能就当前状况做出断定，企业无法实现其策略。高管层甚至可能按照当前状况断定企业无法生存下去，因为企业的规模并不适当，而且已经不可救药。高管层还需要知道，企业应该采取的措施以求应对这些调查结果，以及企业应该采用的策略与行为。因为，与生物有机体不同，像企业这样的社会组织，其规模并不完全由不可控制的力量决定。

企业的规模都有最低限度，但在既定的行业或市场中，如果规模小于某个限度，企业将无法生存。企业的规模也有最高限度，无论企业管理得多么好，但如果规模大过一定限度，从长远看，企业终究难以达到繁荣。然而，在最小限度与最大限度之间存在的幅度很大，因而我们必须把规模与复杂性视为"企业目标"。正如所有其他目标一样，"企业目标"并非都在管理层的"掌控之下"；就此意义而言，"可欲的"也是"可求的"，那些已经"成就的"更是如此。正如所有其他目标一样，为了企业能够获得"适当的规模"，高管层必须认真思考、严阵以待，以及持之以恒地工作。

具体而言，以下五个主要领域需要加以考虑。

（1）对规模的大小进行管理，也就是规模本身对管理的要求。"多大规模才算大呢？""什么是'适当的'规模与'不适当的'规模呢？""企业的规模超过多大就会走向衰退呢？"以及"企业的规模对企业的策略意味着什么呢?"

（2）第二个主要领域是对企业的复杂性与多元性进行管理。"何种程度的复杂才算得上复杂?""复杂到什么程度才算得上'太复杂'?""复杂性所要求的基本条件是什么?"家族企业的限度是企业复杂性论题中的个别问题，值得探讨。比如，"家族企业能够长期运营下去吗?""家族企业的规模能够突破最小限度吗?""家族企业在时间与规模上的限度是什么?"

（3）跨国企业是最复杂的企业组织，就复杂程度而言，跨国企业是探讨复杂性课题的特殊案例，必须专门用一章加以讨论；因为除了规模、市场、产品、技术的复杂性之外，跨国企业还面临文化的复杂性，以及多元政治与政府的关系和多种相互制约关系的复杂性。

（4）第四个主要领域是对企业的变化与成长加以管理。"企业的变化与成长达到怎样的程度，管理层才会调整其管理的特点、结构与行为?""管理层应该做何准备、做何努力，以求应对企业未来的变化与成长，同时又能够规避企业担负目前没有必要且无法获得的职能与复杂性?"

（5）对创新进行管理，本身就是一个主题。与达尔文共同发现进化原理的阿尔弗雷德·拉塞尔·华莱士说过一句很有洞见的名言："人是唯一能够有目的进化的动物，人制造了工具。"这句话的弦外之音是：人与人类社会组织都能"创新"。可以说，人能创造不同的动物。事实上，在一个不断变化的环境中，人类的生存正是依赖他们的创新能力。一个创新的组织应该是怎样的？它的结构又应该如何？它又应该如何加以管理呢？

这些话题将在接下来的各章中分别论述。

CHAPTER 54 | 第54章

小型、中型、大型企业的管理

多大规模才算大呢——没有完全合适的衡量标准——规模是个"结构配置"——管理结构是衡量企业规模的唯一标准——三种类型：小型企业、中型企业与大型企业——小型企业的管理：小型企业需要什么——必须找到各自独特的"生态位置"——建构高管层的任务——促使最高管理者工作有成效——小型企业中的控制与信息——中型企业的管理：三种类型及其独特要求、结构松散的危险、自律之必要——大型企业的管理："非个人关系的"企业、结构之必需、明确性之必需、对"混乱"现象的组织、"老哥们网络"之角色、任务团队之角色——近亲繁殖的危险、排他性"内部晋升"的危险、规模是对高管层的挑战

多大规模才算大呢

没有比知道企业有多大规模更简单的事了。毕竟，大家都知道，街头巷

尾的小杂货铺就是"小型企业",而通用电气公司或德意志银行显然是"大型企业"。然而,事情绝不是如此简单。

1966年,美国政府的"小型企业管理局"(SBA)裁定美国汽车公司(American Motors Company, AMC)是"小型企业",并因此裁定该公司享有以特殊优惠的条件向银行贷款的权利。当时,AMC的规模在美国所有汽车制造公司中名列第63位,也列入全球最大制造公司百强名录。它拥有3万员工,销售额高达10亿美元。然而,政府对它的裁决并非毫无道理。在美国汽车工业中,AMC的确只是一个"侏儒"。它的销售额不及汽车行业中的最大企业即通用汽车公司的销售额的二十分之一。甚至连美国汽车行业中规模略高于AMC的克莱斯勒汽车公司的销售额也是它的七倍有余。AMC在美国汽车市场中所占的份额不到3%或4%。由此可见,AMC的确是小得可怜,甚至小到随时面临倒闭的危险。

当然,AMC在当时就已经不是小型企业,如今它也不是小型企业。这是完全不同的问题,实际上它是一家"规模不适当的"大型企业。然而,这个例子表明,规模不仅是"量",在许多情况下,企业的真正规模并不是很明确。

传统上衡量一家企业规模的标准是员工人数。在行业分析中,美国商务部长久以来把员工人数少于一定数量的企业称为"小型企业",原先拟定以三五百人为准。员工人数的确重要。比如当员工人数上千时,系统化的人事管理就显得必要了。员工过千的企业要求拟定相应的政策与程序。这些事情通常是小型企业所不具备的。然而,有些企业总的就业人数虽然不大,但即使不把它们视为大型企业,也至少应该把它们视为中型企业。有些企业的基本管理要求很小,但员工人数可达到千余人。

一家拥有十几处事务所以及三四百位专业咨询师的管理咨询公司,从员工人数而言,的确是一家小型企业。然而,从管理要求来看,它的确是一家大型企业。20世纪60年代快速崛起的一家跨国广告公司,以及拥有四五千名专业员工分别工作于30多个国家中的普华永道会计师事务所（Price Waterhouse），它们的确都可以算是"巨型企业"。然而，如果它们的规模没有超出可管理的界限，那么即便以员工人数为标准，它们也只能算是中型企业。

还比如有家跨国制造公司，它的总部设在欧洲某一小国，专门制造并销售重型装备与机械工业所需的高精密设备。整个公司的员工只有1800人，分散工作于10个国家中，没有任何办事处或工厂的员工人数多于400人。从事制造工作的员工人数也很少，5个工厂共400人，其余员工都是设计工程师、服务工程师、冶金学家等。这家公司雇用员工数量虽少，却可堪称"大型企业"，并且必须遵循大型企业的方式来运作，因为它的复杂性远超过它的规模。

与此相反，有些企业雇员很多，但实质上是"小型企业"，充其量也只能算为"中型企业"。

举个实例来说，有一家高度专业化的公司，位于美国的主要区域，在保险行业的独特领域中处于领先地位。该公司拥有四五千名在职员工，他们中的大多数人是保险销售员与理赔员。然而，就基本特性而言，该公司仍然是"小型企业"。它只有两个管理层：公司总部的管理层与14个分区的地区总经理。公司给人的"感觉"显然是家"小型企业"。

在汽车行业中，劳斯莱斯公司堪称"小型企业"，年生产汽车只有几千辆，只有为数不多的直销商在全世界销售产品，管理结构也是简单精致。

就衡量企业的规模而言，目前尚无其他标准比雇员人数更合适的了。比如销售额也曾被人广泛应用于衡量企业的规模，但这种做法极易产生误导。一家销售额高达3000万美元的化工企业或许可以算得上"大型企业"，而一家具有同等销售额的冶金公司，却小得难以为继。

标准化工企业的大多数销售额属于"附加价值"。然而，标准冶金公司通常状况下被视为"装配厂"，而不是"制造厂"，三分之二以上的销售额可能实际上只是它从其他企业买进的零部件与物资而已。

如果以销售额来论企业的规模，销售额排名很高的企业有可能实际上只是"小型企业"，充其量也只能算为"中型企业"。

如果以销售额为标准来衡量企业的规模，那么，美国家用产品公司（AHP/ Wyeth）在20世纪50年代就足可以算为"大型企业"了，因为它的年销售额已达5亿美元。然而，该公司的高管层仅由4人组成，并无其他行政服务人员，他们分别是董事长、总经理、财务副总裁、人事副总裁。该公司分设6~8个部门，每个部门在各自领域中的业务规模都很大。然而，这些部门都在从事相同的业务，那就是制造、销售，并通过零售商店配送自己的品牌产品。该公司实际上是以简单的"小型企业"的方式来运作的，并且经营得非常成功。

无独有偶，下面这个例子也是在20世纪50年代，它是美国密尔沃基的A.O.Smith公司，是美国汽车产业中客车车架的主要供应商。客车车架这项业务是该公司的主打业务，销售额约为2亿美元，员工人数超过2万人。然而，就该公司给人的"感觉"及其策略与结构而言，只能算为"中型企业"。它在成本控制、制造、对客户供货配送的日程安排，以及全国各地的工厂配置等诸多方面要求极高。然而，因为产品单一、技术单一、市场单一、客户为数不多，该公司的管理只需要一位执行总裁以及一些职能部门经理或专家。它既不需要严格的监查，也不需要核心的行政服务人员，更不需要任何"大型企业"所需的附属物。

即便是在同一行业中的公司，销售额也不总是能够可靠地反映出企业的规模大小。例如，一家美国的大型橡胶公司，一直以来都是通过自己经营的零售商店来销售其大部分产品的。因此，该公司的销售额是以产品零售价格，尤其是在汽车轮胎的零售价格基础上加以核算的。另一家美国领先的大型橡胶公司却不直接向大众销售产品，它要么把轮胎作为新车零配件销售给汽车公司，要么借助"私人品牌"通过大型石油公司的加油站把轮胎出售给汽车用户，因而该公司的销售额代表了制造价格。在橡胶产业中，制造价格要比终端消费者所支付的价格还少一半。根据销售额核算原则，第二家公司要比第一家公司"小"得多；但根据实际产量与投资回报来看，第二家公司比第一家公司要"大"得多。

即便是"附加价值"也不是完全恰当的衡量标准，因为它只适用于制造企业。对零售业、银行、人寿保险公司以及那些非制造业领域的其他企业而言，"附加价值"是个毫无意义的概念。

我们可以做个小结：规模是指企业的"整体概念"，而不是指企业的某个方面。为了判断一家企业是"大型"还是"小型"，我们必须参考如下多种因素：员工人数、销售额、附加价值（针对适用的企业）、产品种类的复杂性与多元性、从事运作的市场数量、技术的复杂性，等等。同时，我们还要观察企业运营所属产业的结构、企业所占的市场份额，以及其他诸多因素。这些因素中的任何一项都不足以独自发挥决定性作用。

真正能够表达企业规模之"整体概念"的是企业的管理层与管理结构。小型企业最多要求一人管理，这个人除了负责高管层的工作外，无须从事其他任何职能工作。

然而，这也只是告诉我们小型企业的规模"应当如何"，并不足以表明小型企业的规模"就是这样"。一个人负责高管层的全部工作，这样的企业不一定就是"小型企业"，它有可能是一个结构错乱的"大型企业"，亨利·福特的汽车公司就是其中实例。反过来说，一个拥有庞大高管层的企业有可能是"小型企业"，不过它的高管层职务组织混乱。这种例子不胜枚举。

能够非常可靠地分辨出一家企业是小型、中型还是大型，评判标准只有一个。在真正的小型企业中，用不着参阅记录或征询同事，最高管理者就能对组织中负责关键事务的人如数家珍。他知道他们的任务分配状况。他熟悉他们的背景、曾经担任过的职务及其绩效情况。他知道他们的能力与局限性——至少他认为自己了解他们。一般情况下，他还知道将要指派哪些工作给这些人去做。当然，这意味着这个核心团队的人数不宜太多。无论头衔或职称如何，核心团队人数不宜超过 15 人。这是一个人真正能够认识并熟悉的最高数目。

中型企业是我们要论及的第二类企业，就某些方面来说，中型企业是最重要的企业类别。在中型企业中，最高管理者不再可能仅凭一己之力就真正辨认并熟悉企业中的关键人物，因而要求由三四人组成团队。通常状况下，当组织需要提名关键人物时，中型组织的最高管理者会征求自己最亲密的两三位同事，并以集体名义而非个人名义来回答相关问题。在中型企业中，对企业的绩效与成果至关重要的关键人物可能发展到四五十人。

无须与他人磋商，无须参阅图表与资料，顶层高管不再熟悉企业中谁是关键人物、他们在哪里、他们是从哪里来的、他们正在做什么，以及他们可能会去哪里，这样的企业就是"大型企业"。

按照这个标准，那家拥有三四百位专业人员的管理咨询公司即可算是"大型企业"了。正是按照这个标准，20 世纪 50 年代曾拥有 5 亿美元销售额的那家美国家用产品公司（AHP）只能算为"中型企业"。也正是按照这个标准，前文论及的那家跨国精密设备公司，虽然员工人数不多，却可视为大型企业，而且应该按照大型企业的运作模式加以管理。

这个标准既不绝对可靠，也不完全精确。然而，它只是把重点集中于企业规模的唯一真正的特性，也就是企业所需的管理结构上。

小型企业的管理

百余年来，杰出的权威人士一直在提醒人们：小型企业正在不断地被

"巨型企业"所吞噬而行将消失。然而，百余年来的事实一再证明这种说法实属无稽之谈。小型企业的生存状况与一百年前一样运作良好。研究数据清晰地表明，尽管人们听闻企业垄断的可怕预言，以及人们对"经济权力过度集中"的种种恐惧，但自1900年以来，小型企业在其重要性与数量上，都没有发生大的变化，大型企业也是如此。

小型企业与大型企业不是"互相取代"，反倒是"相互补充"。大型企业依赖中小型企业，中小型企业也依赖大型企业。举些典型实例来说，诸如通用汽车公司、大众汽车公司或丰田汽车公司，这些大型制造企业，都必须依赖许多中小型企业的供应商与承包商。它们也依赖一些中小型企业的经销商。像西尔斯、玛莎百货等大型零售公司，以及日本的百货公司连锁店，都依赖许多小型制造商，而这些小型制造商又反过来依赖大型零售企业，以便获取市场。在现代经济中，既没有完全由大型企业组成的经济链，也没有完全由小型企业组成的经济链。不同规模的企业相互依赖、唇齿相依，小型企业常常依赖大型企业的援助，大型企业也依赖小型企业的支持。

小型企业需要什么

不久以前，人们普遍认为，小型企业不必关注或根本不用关注管理。人们都认为管理是"大亨们"的事。在小型企业中，这种声音依然不绝于耳："管理？那是通用电气公司才需要的；我们的企业规模小、结构简单，根本不用关注管理。"然而，这种看法是自欺欺人。与大型企业相比，小型企业更加需要有组织的、系统化的管理。诚然，小型企业无需庞大的中央行政服务机构，在许多领域中甚至无需复杂的程序与技术。事实上，小型企业的确负担不起庞大的行政服务机构与复杂的程序，但小型企业确实需要高度秩序的管理。

首先，小型企业需要策略。小型企业很忌讳被边缘化。然而，实际上小型企业无法摆脱被边缘化的危险。因此，小型企业必须细致钻研出一种能够促使它脱颖而出的策略。借用生物学的术语来说，小型企业必须找到各自独特的"生态位置"（an ecological niche），可以显示其优势，从而能够经受得住竞争。这种独特的"生态位置"可能是指它在某一特定市场的领导地位，可能因其独特的地理位置、特殊的消费需求，或者顾客的价值观等。小型企业的策略可能依赖于某种特长，比如提供独特服务的能力等，也有可能依靠某种独特的技术。

我们可以一家美国小型制药公司的例子来说明这种"生态位置"的意义。巨型跨国制药企业一直在该行业中独领风骚，小型企业通常状况下难以为继，而这家小型制药公司却能够生存下来，且有所发展。它主要专注于眼科医师治疗病人的需要，尤其是眼外科手术的需要，从而为自己建立了一个"生态位置"。在这个"生态位置"中，虽然竞争不少，却能最终确立其强有力的领导地位。

另一个例子是切克出租汽车公司，这家公司只为美国都市生产出租汽车，年产量仅为4000辆。虽然AMC的年产量是切克公司的8倍，但在美国汽车行业中已经处于边缘状态，切克公司却稳坐出租汽车制造行业的领导地位。

小型企业的策略也可以聚焦于某个规模小但至关重要的服务领域，并把它做得精细。有一段时间，当美国的大型超市连锁店的业务很不景气时，美国东部与美国西海岸的一些区域性超市连锁店却生意兴隆。究其原因，都是这些超市的管理者们专心致志于某个领域，并建立优质的服务。比如有一位管理者认为，虽然在提供各类加工的品牌食品方面，自己的超市远不及大型超市，但他深知应该在提供真正一流的肉类与真正有礼貌的服务上下功夫，而这些正是大型超市因规模太大而难以做到的，也是超市顾客最为重视的。

然而，再小的企业也需要战略，而且能够发展战略。

美国各大城市周边地区一般是房地产代理商汹涌而至的地方，他们中的大多数都只是勉强维持生计而已。然而，有一个地区的房地产代理商精心琢磨出一个足以让他获得领导地位的策略，而且发展出一项规模小但利润颇丰的业务。1950年，当他开始经营此项业务时，他对这个地区进行仔细考察，并发现该地区的主导"行业"是高等教育。虽然当地居民早出晚归地到附近的大城市去上班，但其中许多居民是当地比较富裕的教师，他们分散在20多所大专院校中教书，这些院校大多是小型学院，但有几所大学规模相当大。在美国的职业群体中，大专院校年轻教师的工作调动是最频繁的。通常状况下，这些年轻教师在一所大学工作几年后，就会转到其他机构去。该地区的20所大专院校每年要雇用500多名新教师，离职人数也相差无几。这位年轻的房地产代理商决定开发这个市场，并为它提供所需的服务。他也意识到可以用最低的成本直接开发这个市场。因为在每个学年结束前的几个月，各大院校都会准备好将要离职的教师名单以及将要入职的人员名单。当然，每个院校的领导都会为新教师寻找住房而烦恼，他们巴不得有可靠的人为他们承担这项艰巨而麻烦的工作。结果，这位房地产代理商的业务数量是其同行的3倍，而且所用的成本最低。他每年的住房成交量约为500～1000套，生意仍然不大，但他所获得的利润几乎是当地同行的4倍。

诚然，以上这些都是"非典型"例子。因为大多数小型企业毫无策略可言。大多数小型企业不是"投机"企业，而是"问题"企业——小型企业是在"从问题到问题"的过程中生存的。因此，一般的小型企业很难说是"成功企业"。

所以，管理小型企业的第一个要求就是要提出并且回答如下问题："我们的业务是什么？我们的业务应该是什么？"

管理小型企业的第二个要求是：小型企业需要组织高管团队，并建构高管层的任务。小型企业的基本界定标准是：要求最多一个全职的最高管理者，他不应该从事其他任何事情。实际上，在大多数小型企业中，最高管理者也会承担一些部门职责，通常也是理所当然的。然而，这就更加促使小型企业有必要明确为实现企业目标所需的关键活动，并且确认这些关键活动已经落实给能够负责承担的人，否则这些关键活动根本无法完成。

大多数小型企业认为自己对关键活动了如指掌。大多数小型企业也相信自己已经很关注关键活动了。然而，只要稍做分析便可知晓，他们是在自欺欺人。可能大家都在谈论关键活动，但没有人愿意为它们付出代价。人们对这些关键活动视而不见，结果就是不了了之了。小型企业所需人员通常不多，但管理者需要多加思考，多做点组织工作，加上简单报告与控制制度——或许就是一份核查清单，就可以确定有人正在完成这些关键活动。

事实上，这也意味着即便企业再小，也需要一支高管团队。大多数高管团队成员只是兼职参与高管层的管理工作，他们的主要职责还是各自的职能工作。然而，小型企业需要确定整个管理层对关键活动的深刻认识，比如有哪些关键活动、每项关键活动的目标是什么，以及谁负责完成此项工作等；其重要性与其他任何企业无异，有时这种必要性甚至更加突出。

有一家高度专业化的小型企业，专门向郊区住户供应各种维护草坪的产品，比如草籽、肥料、杀虫剂等。该企业中的每个人对企业的关键活动都显得"成竹在胸"——很明显不就是"制造产品"与"销售产品"吗？然而，当有人第一次问及什么是贵企业的关键活动时，结果答案各不相同：有的认为，公司应该研究美国郊区的消费者对草坪的看法以及了解他们维护草坪的方法；有的认为，公司应该研究消费者的期望以及了解他们的价值观；有的认为，公司应该不仅对消费者促销产品，也要对经销商做产品推销；也有的认为，公司应该进行产品包装，以便经销商能够热卖产品，而无须公司主动"促销"；如此等等。没有人感到奇怪，因为事实上这些都是"显而易见的"

关键活动。然而，在这之前，确实没有人愿意花时间去记下这些"显而易见"的关键活动，自然也就没有人负责把这些关键活动付诸行动。实际上，确定关键活动无需太多时间；事实上，把每项关键活动纳入企业的现有结构，并确保关键活动的专项负责人，这也无需太多时间。从那时候开始，该公司取得了快速的发展与成功。他们把公司的发展归功于对企业关键活动的确定以及把它们纳入管理结构之中。

小型企业的资源有限，尤其是优秀人才有限，因而集中使用有限资源极为重要。除非小型企业能够清楚确定关键活动，并委派专人负责，否则有限资源就会分散流失，更谈不上集中有限资源办成事情了。

小型企业特别需要注意促使高管工作有成效。即便他能够免受职能工作的影响而全身心投入到高管层的工作中去，他的负担也会很重。他必须要承受来自各方的无情压力，比如来自主要顾客的压力、来自员工的压力、来自供货商的压力以及来自银行的压力，等等。除非他能够对自己的工作承担责任，否则很难做到人尽其才，才尽其用。

首先要提出的问题是："企业的最高管理者真正擅长什么？""在哪个方面他比企业中的其他管理者做得更好？""在他真正擅长的事情中，哪些是关乎企业生存与成功的关键性与决定性的事情？"正如前文（第50章）论到的那样，在高管团队中，任何成员的职务分配都应该体现出每个人的独特个性。小型企业需要问："哪些关键活动应该由企业最高管理者来承担？"关键活动的分析应该力求避免人情因素，力求做到客观；但在工作分配上，尤其是考虑企业最高管理者所需承担的工作时，应该充分考虑个人的专长。

在许多小型企业中，特别是正在成长中的小型企业，最高管理者通常被公司同仁批评的事情是：他把时间用在不应该做的事情上。如果他们的批评是指最高管理者没有足够关注企业的关键活动，那么，他们的批评无疑是正确的。然而，他们的批评常常是指他把精力用在处理他自己特别擅长的活动上，而忽略其他同样重要的关键活动。比如，如果一家企业的最高管理者精于理财而不擅长解决人事问题，那么我们不能要求最高管理者去处理人事问题，而应该让财务总监去处理财务问题。正确的认识是，擅长理财的最高管理者是企业的主要资产，因而应该让那些更擅长解决人事问题的人来承担人事管理责任以及从事人事关键活动。

小型企业的最高管理者必须有效地组织他的工作，以便他可以全力以赴地执行其他人无法替代的两项任务。一是他必须有时间与公司中的关键员工交流；二是他必须有时间处理"对外"事务，诸如市场、顾客、技术等。他必须确保自己不成为办公文件的奴隶。

小型企业的主要优势之一就是它的最高管理者对企业中的关键人物了如指掌，他熟悉他们的理想、志气与愿望，了解他们的思想与行动的方式，知道他们的优势与局限，清楚他们的工作绩效，甚至了解他们的潜能。这就要求他必须有充足的时间，尤其是要求他利用"闲暇"时间，也就是利用没有具体事务安排的时间，不是用来处理棘手"问题"的时间，去深度了解他们。

同样的道理，他也需要足够的时间处理对外事务。小型企业必须在小而确定的领域内制定策略以便建立其领先地位。这就要求它必须对外部环境保持清醒认识。假如企业想在出租车供应方面占主导地位，就像切克出租汽车公司那样，那么，就要求企业高管有充足的时间与各大城市的监管机构保持联系，因为这些机构的各种规定与要求会决定公司的市场。他还要有时间与出租车车队的老板打交道，或许还要有时间与出租汽车公司的司机和旅客保持联系。

小型企业的大多数最高管理者们会抗议，他们在办公室之外的工作耗时太多。他们总是在旅途中。他们经常必须亲自处理大笔生意，他们经常需要亲自与银行谈判贷款事宜。他们还必须把时间用在许多对外事务上，他们必须花时间去了解市场变化、新机遇，以及影响业务的即时信息。他们还需要花时间思考问题："我们的企业应该是什么？"这或许并不需要花费太多时间，但它要求有系统地、有目的地落实，这在性质上显然有别于日常的例行工作。

最后，小型企业必须拥有自己的控制与信息系统。基于小型企业在人力资源与财力资源上的局限，因而它必须确保把有限的"好钢"用在能够产生成果的"刀刃"上。同时，小型企业获得额外资源的能力也很有限，因此它必须确保自己不会做超出财务能力之外的事情。它必须提前知道在什么时间、什么地方需要追加资金。小型企业承受不住被迫清算与周转不灵的困境。即便企业正处于兴隆状况，通常也要花很多时间才能筹到额外资金。

小型企业还需要熟悉企业环境的重大变化。小型企业的成功依赖它在小型"生态位置"中取得的优越地位。因此，它必须熟悉这一"生态位置"中发生变化的任何可能性。

一般的会计信息虽然必需，但远非足够。小型企业的高管必须熟知公司中每个关键人物的职责所在，知道他们是在为"成果"而努力工作，还是正在忙于"解决问题"。他们必须知道企业的稀缺资源的生产率——也就是企业人力资源生产率，以及资本生产率、原材料与供应品的生产率等。他们必须了解企业业务在顾客中的分配情况，比如企业的业务是否依赖两三个大主顾，其余业务是否分散在数百个小客户那里？如果是这样，那么企业易受影响的程度又是如何呢？

这里，我们应该特别注意小型企业所需的但通常状况下难以获得的金融与经济信息。诚然，今天的小型企业一般情况下都已经掌握了传统的会计数据。然而，少有小型企业熟悉自己公司当前的现金流状况，而能够预见未来现金需求的就更少了。它们全都知道或应该知道各自的应收账款，然而，他们大多情况下不知道各自的顾客、经销商、代理商是否把公司的产品积压在仓库里。所以，它们需要获得有关自己产品的终端市场，也就是从代理商那里购买物品的消费者的信息。

再次强调，小型企业所要的数据无需太多，尤其是无需那些太过精确的数据，而且它们所需的大多数数据并不容易获得。然而，就一般情形而言，小型企业最需要且可应用于管理的数据不是普通会计模式所提供的数据，而是一些能把公司现况及其关键资源的当前部署与可预期的未来发展紧密联系的数据，这些数据既能为企业辨明机遇，又能为企业防范危险。

小型企业担负不起所谓的"大管理"，即小型企业承受不住大量的管理人员、复杂的管理程序以及庞大的数据分析。然而，小型企业的确需要一流的管理。正因为小型企业承担不起复杂的高管层结构，因此它必须把自己的高管层工作建构得恰到好处。

中型企业的管理

从很多方面看，中型企业是最理想的企业，它兼具小型企业与大型企业的优点。中型企业的员工互相熟悉且易于融洽共事。团队协作自行组织而无须特别要求与刻意撮合。每个员工都明了各自的工作任务以及各自应该做的贡献。与此同时，中型企业的资源已经足以支持各种关键活动，在那些要求出色表现的地方，成效显著而且成果非凡。中型企业的规模足够大，因而可以获得任何规模的经济利益。中型企业具有亚里士多德所说的"中等阶级"特质：在商业社会中，中型企业处于最安全、最愉快、最具有生产力的地位。

中型企业也应该是最易于管理的企业。实际上，中型企业只要遵循小型企业的简单管理规则就足够了。然而，中型企业也会面临各自的挑战与问题，因而它也需要遵循各自的管理规则。

有三种不同类型的中型企业。

第一类中型企业是像前文提及的 20 世纪 50 年代的 A.O.Smith 公司的汽车事业部的类型：产品范围狭窄，只有一种技术，拥有一种主要市场。从很多方面观察，这类企业基本上与小型企业类似，但其企业中关键人物的群体较大，最高管理者不可能真正熟悉他们。

第二类中型企业也可以用前文举过的例子来说明，那就是 20 年前的美国家用产品公司。该公司是由一些自治型小企业组成的中型企业，规模上接近大型企业，虽然每个小企业都有各自的生产线与各自的市场，但它们的基本经济特点相同。

第三类中型企业由拥有各自独立市场的独立企业组成，但各个独立企业又互相依存。这类企业的最好例子是日本的小林一三（Kobayashi Ichizo）于 1910 年创建的民营企业——阪急铁道公司，阪急铁道连接大阪与神户两大城市。阪急铁道公司是一家小型企业。后来小林又创建一家房地产公司，在铁路沿线开发出郊区通勤线路。这家房地产公司一举两得——既促进经济效益，又促进铁路交通发展。接着，小林又在铁路的始发站与终点站建立大餐馆，之后又建立了一些大众剧院，以某条支线的终点站创建的女子歌剧院最为著名。随后该公司在大阪车站顶层开设了一家百货公司，最后又造了一些饭店。这些都是独立运营成功的企业。每家企业都能够有效利用各自的优势招揽顾客，所有企业都做到充分开拓，并且增强总公司的"特许经营权"。

虽然"协作"（synergetic）这个词已被广为滥用，但用于形容最后这一类型的企业，却是恰到好处。这种企业的每个业务单位都是真正的企业，它们之间互相依存，又联合建构整个系统，这个系统本身就是企业，而且必须按照企业模式加以管理与衡量。

按照前文提及的标准加以衡量，所有这三种类型的企业都属于中型企业。换言之，在每一类型的企业中，在没有参考组织图与人事资料的情况下，高管团队的确可以知道谁是企业中的关键人物、他们的工作安排情况、他们的背景、他们的优势与局限，以及他们可能的发展方向等。当然，这三类企业也会有不同的问题。

就像 A.O.Smith 公司那样只有单一产品与单一市场的中型企业，它的核心问题是组织结构问题。一般而言，这类企业规模庞大、结构复杂，因而传统的组织职能无法充分满足其管理需要。这类企业组织混乱的症状是职能过于扩张，比如沟通不畅，职能本位主义严重，对新刺激的反应迟钝，只忙于"解决问题"而不做决策，倾向于使用职能专业应对外界挑战而忽略整个企业的方向与绩效。

然而，这类企业又不能按照联邦分权的方式加以组织，因为它并无自治性质的盈亏中心。事实上，这类企业必须把模拟分权的方式应用于建构成本中心，比如制造业。这类企业还经常使用任务团队作为辅助组织原则。

在这类企业中，高管层的结构也是一个问题。这类企业通常需要一支高管团队，而实际上只有一个人担任全职的高管工作。所以，单一产品或单一市场的中型企业必须建立一支高管团队，其成员必须全职或者大部分时间从事高管工作。

这种方式特别合适我所说的"良知"工作。中型企业必须认真思考那些需要做出卓越绩效的领域。在这些领域中，甚至只有在这些领域中，企业应该让少数人（甚至极少数人）专门负责思考、规划、建议，这些人无须从事具体的作业工作。否则，企业就有可能在关键领域丧失其卓越优势，并有逐渐退化的危险，犹如一个中年人沦为碌碌无为的平庸之辈。

联邦型结构的中型企业最易于组织。一般而言，对个别业务的结构设计应用职能原则，对整个企业的结构设计应用联邦分权，此外无须使用其他组织原则。诚然，任务团队也可以使用。但在个别业务单位内部，除了创新之外，任务团队并不是都很重要。

然而，这类中型企业的高管层必须以团队设计为基础，并且可能是相当复杂的设计。因为这类企业通常需要多个高管团队，其中的关键人物必须同时参与多个团队的工作。这类企业需要一支小型的高管团队，除了高管工作之外，这个团队无须从事其他任何工作。

然而，每个自主业务单位也需要高管层，这些自主业务单位的高管层应该是小型的。每个自主业务单位的主管就是它的"高管层"，他必须细致思考自己业务单位的关键活动，并由专人负责这些关键活动。然而，自主业务单位的高管团队也可包括总公司的高管团队成员。例如美国家用产品公司的高管团队有四个成员，他们每个人都同时兼任该公司中的一个或多个业务单位的高管职位。

对那些属于"总公司"应该关注的领域，比如我们的事业是什么、我们的事业应该是什么、我们应该终止哪些过时的业务以及增加哪些新业务、资本的供应与分配、关键人物的配置等问题，应该由总公司的高管团队来负责。当然，总公司的高管团队也会征求各个业务单位主管的意见，但企业的整体利益必须成为决策制定的基础。

然而，对业务单位而言，承担该单位全部责任的领导者理所当然是该单位的总经理，而不是总公司的执行总裁。事实上，总公司的高管层只是扮演各个业务单位主管的"支持者"的角色。

20世纪50年代初，美国家用产品公司的一位高管曾经这样解释说："我们有时会撤换一个业务部的总经理，但我们从不干预他的职权。我们期望他咨询一下我们，征求一下我们的意见，让我们了解一下情况。但到制定有关他那业务部的决策时，他就做了。如果他不愿意制定决策而想要我们代劳，我们别无选择，只能撤换他，不管他的日常工作多么有效。否则我们就无法从事我们高管层的工作了。"

这就意味着经营业务单位的人必须承担向总公司高管层汇报各自业务单

位情况的责任。总公司的高管层也是他们的高管成员，他们有向总公司的高管层提供信息与教育的责任，总公司的高管团队领导人也有向他的团队成员提供信息与教育的责任。

最后，"协作式"的中型企业必须遵循两条轴线加以组织。它是统一的企业、一个系统，因而要求一个坚强有力且统一的高管层，特别需要统一的计划。然而，每个业务单位既享有自主权，又互相依存。

总公司的高管层必须视整个公司为一个单位，并按此整体进行管理。但每个自主业务单位本身也是一家企业。每个自主业务单位必须能够实现自立。这种"协作"系统不能容许某一业务单位只是一个"成本中心"，不能只考虑对相关业务单位所做的贡献，而忽略自己的成果。每个业务单位在各自领域中必须独占鳌头，有明确的业务目标，理解各自的关键活动，有效组织各自的关键活动并产生绩效。同时，所有业务单位又要相互依赖、相辅相成。所以，每个业务单位的主管必须熟悉所有与其他业务单位相关的事务，必须相互关注。

在"协作式"中型企业中，有三种高管团队，这三种高管团队最好都按照各自的规则运作。第一，整个系统的高管团队，这类似于以真正的联邦分权为基础的企业所要求的高管团队。第二，每个自主业务单位的高管团队，这类似于美国家用产品公司的业务单位在几十年前所要求建立的团队。

但是，每个业务单位的主管与总公司的高管层的合作共事，又可形成一个"独特的高管团队"，这是第三种高管团队。这个高管团队必须界定并协调不同企业间的关系，必须仔细思考不同企业间如何相互影响，必须细致考虑不同企业间以何种形式彼此帮助、相互贡献。换言之，这个高管团队必须为各自业务单位负有责任，也对其他所有业务单位的健康与绩效负有责任。

所有这三类中型企业都容易犯同样的"退行性疾病"——松散无力。在中型企业中，高管层必须非常小心：不要把"脂肪"误认为"肌肉"，不要把"营业额"误认为"绩效"。

中型企业特别容易深陷风险投资的陷阱。管理良好的中型企业必定是在其专长领域具有高度竞争能力的企业。在其专长领域中，这样的企业经常无须特别奋斗，也表现得游刃有余；而其他企业在同一领域却举步维艰，甚至经常根本难以为继。因此中型企业会觉得自信满满。与此同时，正是因为过于信赖自己的竞争能力，因而也就不能为人提供大的兴奋点，整个企业"居安思危"的意识比较淡薄。每个人都知道自己应该做的事情，并且切实完成得很好。所以，在中型企业中，员工们经常有做点新事或做些"令人兴奋的"事情的强烈欲望，有某种强大的冒险精神。

中型企业的员工通常相信，只要公司把员工的能力、知识、专长应用得当，一切事情都会迎刃而解。事实上，在运营良好的中型企业中，管理层总想要知道为什么其他企业在那些看似密切相关的领域做得如此不尽如人意。他们总是认为，如果让他们进入这样的新生产线或新市场，那么他们一定能够轻而易举地脱颖而出，建立领先地位。

然而，最难预料的事情莫过于把某个领域的知识与专长应用到另一个领域中去。

中型企业的成功秘诀是"集中力量做事"。日本的索尼公司拒绝超出自己特定的生态位置去从事其他风险投资事业。同时它还清楚地规定了不做边际风险生意的政策。每条生产线、每个市场都必须能够实现自立，必须能够满足各自的高绩效标准。"集中力量做事"的政策促使索尼公司在15年内发展成为世界上最著名的中型企业之一。数年后，也就是20世纪70年代初，索尼公司从一家中型企业逐渐成长为一家真正的大型企业。

在一些领域，中型企业必须达到卓越才能实现目标，那么中型企业最好效法大型企业。这些领域需要实力，需要资源，需要高要求，以及需要长久的绩效。然而，在所有其他领域，中型企业只要做到最低程度（或者较少程度）即可。只要能够在一个相当狭窄，但又显而易见的重要领域中占领先地位，这样的中型企业就已经可以算是成功的中型企业了。中型企业的成功秘密正在于能够维持这种领先地位。如果这种领先地位被削弱，就会导致失败。

或许我们可以说，中型企业是所有企业中最适合进行成功创新的企业规模。但创新工作应该强化企业的团结与联合，而不是致使企业分崩离析。创新应该有利于充分挖掘企业的优势，当中型企业是由一些自主的小型业务单位组合而成时，尤为如此，比如20世纪50年代初期的美国家用产品公司就是其中一例——应该把创新工作引向开发具有高度发展潜力的新的小型企业，但这些新的小企业必须具备相同的基本特点，也就是能够促使中型企业的技能与知识得以充分发挥。中型企业之所以强而有力，正是因为它能够在明确界定的领域中或明确规定的市场中绩效卓越。

在协作式中型企业中，创新的目标应该是开拓公司的"特许经营权"，促使公司产品被市场接受，以及开拓某一领域的特定知识。

总而言之，中型企业要求高管层具有高度的自律，要求高管层愿意全力以赴支持企业在业已成功领域取得更大绩效，对所有其他尚无把握的领域则要求高管层保持自制与紧缩。一个管理良好的中型企业知道"自己的事业是什么以及它应该是什么"，并且能够有目的地、有系统地集中资源，尤其是善用那些能够产生绩效的关键人物的资源，以完成企业的基本使命。

大型企业的管理

小型企业与中型企业基本上可归属于同一类别。企业的成功与否取决于高管团队的绩效，高管团队人数不多，而且团队成员相互熟悉，易于保持个人关系。这类企业的管理目的在于，通过指挥、系统与结构来促进这些直接的、密切的、至交的个人关系充分发挥工作成效。

大型企业的定义是：无论高管团队人数多少，它都已经不再能够亲自熟悉每个关键人物，已经不再能够直接与他们朝夕相处，一起工作，已经不再能够组建一个自律的团队。大型企业必然是个"非个人情感关系的"（impersonal）组织。

一旦企业发展到高管团队已经不再能够亲自接触并直接了解关键人物时，这就表明这家企业已经在事实上达到其规模发展的最后阶段。从那以后，外加的管理需要与管理要求都是因为日益增加的企业复杂性所引发的，而不是因为企业规模日益扩大所引起的。

大型企业必须恰当地组织起正式的、客观的结构。企业必须把相关的人际关系、个人信息以及个人力量的动员方法等纳入结构之中。同时有必要指出，这种结构必须是"非个人情感关系的"结构，是建立在企业的政策、目标、工作与贡献的抽象界定，以及各种常规制度的基础上的。大型企业要求"明确性"（clarity）。

大型企业中的员工已经不再容易互相熟悉。他们已经不再能够根据日常经验来判断其他人的工作内容，以及他人如何完成工作。他们已经不可能直接了解企业的最终成果，因而无法确定自己的工作和努力是否与企业的贡献和绩效保持一致。他们需要知道企业的目标及其优先顺序，他们需要了解企业的策略与目的，他们需要明白自己在组织结构中的位置以及与其他人的关系，否则大型企业就会退化成为官僚机构，重视形式而忽略成果，误把程序当作生产率。

就定义而言，大型企业必须应用一些组织结构，因为大型企业的规模已经大得不能按照职能原则加以组织了。所以，但凡可能，大型企业必须应用

"联邦分权"。当"联邦分权"不能应用时（比如制造工业或商业银行的流程），大型企业必须尝试使用"模拟分权"。当然，大型企业也需要"任务团队"。事实上，在大型企业中，职能部门容易变成"员工之家"而不是"工作场所"，而作为一个任务团队成员或多个任务团队成员的专业人士最有可能做出最大的贡献。

然而，这也要求大型企业必须对管理者的职务加以明确界定。管理者的职务不仅必须考虑管理者所做的贡献与工作安排，而且要考虑管理者的职务在制定决策与策略中的地位、在信息流程中扮演的角色以及管理者的人际关系等。在大型企业中，管理的发展与管理者的培养都是至关重要的。

实践证明，大型企业无一例外地要求数个高管团队。因此大型企业必须要求清楚确认、明确界定、妥当安排高管层的活动。在大型企业中，关键活动始终包含着一些"良知活动"。

为了促进高管层的工作更有成效，大型企业还需要配备第 51 章中论及的"执行秘书处"或"企业研究团队"。否则高管团队就会丧失凝聚力，或者导致在工作协调、在化解管辖权冲突，以及在消除误解上耗时太多。大型企业的高管层职能过于复杂，因而它必须拥有自己的信息、激励、智囊与沟通的机制。

因此，大型企业必然趋向于高度结构化、复杂化、正式化，而且反应迟钝。一般而言，这就意味着大型企业不应该从事小型企业的风险投资业务，至少不应该从事"任何貌似成功却无法发展成为中型企业的业务"。小型企业承受不住大型企业的巨额开销，也经受不起大型企业在正规管理结构、工作说明与行政管理、庞大的员工队伍、正式的规划与预算等诸多方面的管理重负，因为大型企业的运作离不开这些工具。

大型企业的管理层还缺少小型企业的那种敏锐"触觉"。大型企业的高管层不可能了解这种感觉，因而容易做出错误的决策。然而，为了创新，大型企业必须从小业务做起，因为所有的"新事业"都始于"小业务"。因此大型企业必须有能力设立并容忍"创新团队"（详见第61章），既能把它纳入结构之内，又能把它置于结构之外，与此同时，还得保证企业结构的完整统一。大型企业还必须有系统地尝试引进"弹性"（flexibility）机制甚至"混序"（disorder）机制，以免企业陷入规则与程式的泥潭。

大型企业的高管层特别需要与整个组织的员工，尤其是年轻专业人士，建立直接的"面对面"的关系。高管层必须深入整个组织的每个角落，与大家坐在一起，聆听大家的心声，帮助他们把目光汇聚到企业的目标与机遇，而不是局限在各自的职能工作或技能操作上。尤为重要的是，高管层必须知道他们的优势与缺点。

良好的个人关系能为大型企业带来工作"弹性"，而且有益于培养员工相互协作的工作习惯，否则员工会凡事依赖并推给高管层，因为只有高管层有权承担，从而养成僵硬的官僚作风。大型企业内部管理发展的主要职责之一，就是创建优质的个人关系以促进整个企业更具凝聚力。

要做到这点，最好的办法就是让管理者与专业人士一起成长，并在各自的工作中互相了解。当他们身负重任时，他们能认识公司所有领域中足够多的人，在处理紧急事务或需要"非正常渠道"时，他们有能力直接找到"正确的"人。因此，大型企业中的工作团队，其意义远不止于完成组织设计的特定任务，诸如创新工作或特别研发工资之类的。在大型企业中，工作团队成员来自不同的职能领域，他们从事不同的工作，他们以团队方式合作共事，一起提升管理能力。这也是在为未来培养能力。

近亲繁殖的危险

大型企业必须严防对外隔绝与近亲繁殖的危险。在日常工作中，大多数管理者与专业人士并不直接与外界接触。他们只在组织内部工作。然而，面积与体积的变化定律迫使大型企业有必要建立一些专门机构，这些专门机构又会导致原本已经与外界隔绝的机构变得更为孤立。

所以，大型企业中的高管团队成员负有特殊责任——他们要做企业的对外"感觉器官"，他们要成为企业的眼睛与耳朵。如果他们脱离市场、远离顾客，只依赖报告与内部信息，那么他们很快就会丧失感知、察觉并预测市场变化的能力，当然更谈不上去欣赏外界的变化，以及为意外情况的发生做准备了。

如果大型企业的高管层对本行业或本公司以外的知识一无所知，那么他们很快就会丧失理解科技变革与洞察社会变化的能力。如果他们把自己的工作联系局限在企业内部人员，或者局限于同一行业的其他组织人员，那么他们很快就会丧失理解普罗大众行事为人的能力，事实上大多数高管层人员都倾向于如此。那句古老的谬论很快就会应验在他们身上："做事有三种方法——正确的方法、错误的方法以及我们的方法。"的确，大型企业的高管层不应该把自己封闭在组织内部，必须走出自己的企业，走到自己行业之外去。

组织本身也需要注入新的、不同的、外来的观点。只从组织内部晋升人员的大型企业通常会滋生自鸣得意、刚愎僵化以及盲目守旧的恶习。大型企业必须有系统地制定用人政策，吸收外界人士来担任要职，负责重要工作。

如果一家大型企业势必连续从外界招募高管人员，那就等于承认自己已经破产。事实上这也是到了孤注一掷的地步了。新人能否"胜任"工作重整旗鼓，很难确定，成功的几率实则不高。如果新人选择不当，撤换他又很困难，那么整个企业就会深陷"请神容易送神难"的窘迫困境。同时，如果让外界招募来的新人担任较低职务，那么他没有实权施展才华，人微言轻；而当他晋升到足以担当重任以及身处影响力的位置时，他自然就会成为企业内部的人了。

因此，大型企业应该从外界吸引能人来担任中上层管理职位。公司可以制定人才引进政策：在中上层管理职位中留有一定的比例，以此吸引那些不曾在企业工作过，但在其他机构中工作过的人来担任。

除非新的工作要求特殊人才或独特技术以及专业背景，因而迫不得已从外界招募人员，否则新的工作最好还是由内部人员来担任。所谓"新"的工作，自然意味着"困难"且"麻烦"不断出现的工作。因此，组织使用那些绩效能力显著而且为人熟知的人是合适的，而具备这种条件的人只能在企业内部。新的工作始终要求组织方面的信任，因为任何新的工作都需要很长时间才能收获成果。所有新的工作在开始时都会受到来自组织内部的质疑，会被视为"弄潮儿"，甚至会引发争议。只有那些绩效能力得到证实的内部人士才容易被大家接受，因为他们是大家知根知底并信得过的人。

一般而言，从外界招募的新人所担任的工作应该是他所熟悉的，甚至是已经从事过的工作。然而，他应该充分明白，他的工作先是以批判的眼光观察当前工作的执行方式，然后再尝试提出新的不同的方式。他必须充分了解，他的工作先是要提出问题、建议做些改变，然后才逐渐扮演"破坏现行组织规则者"的角色。当然，这是一个令人难受的角色。新人最好在组织能够容忍的范围内循序渐进地推进改革，切不可每次都想搞"轰动效应"的一鸣惊人之举。

高管层必须了解自己团队的实际规模，并且必须采取与企业规模相匹配的策略并建立合宜的结构。大多数管理层成员都相信企业的规模是直观的，可是事实并非如此。许多企业并不知道自己的实际规模，更不用说如何制定与自己企业规模相匹配的策略与结构了。许多小型企业在那些与自己的绩效、成果无关的领域配备了高薪职员，结果导致公司难堪重负。许多中型企业在一些边际活动、边际产品以及边际市场上耗尽人力、财力。也有许多大型企业的高管层麻痹于自己企业是真正的"幸福小家庭",从而深受其害。的确,许多大型企业的高管人员成了自己愚蠢的牺牲品与囚徒。他们还坚信:"我仍然能够知道工厂中每个员工的姓名"或"我办公室的门一直是敞开的"。显而易见的结果是许多大型企业基本上毫无管理可言。也有许多大型企业认为,只需要正式的结构与规则,企业即可正常运作,结果导致他们忽略了直接的人际关系、管理的发展以及对管理者的培养,致使企业沦为拜占庭式的、僵化的组织,弥漫着官僚作风、繁文缛节与阴谋诡计。

管理层不仅必须知道自己企业的实际规模,而且必须知道自己企业的规模是否恰到好处。

CHAPTER 55 | 第 55 章

论企业的不适当规模

规模不适当是企业的严重通病——病因复杂但症状相同——可行与不可行——改变企业特性——美国汽车公司（AMC）与大众汽车公司（Volkswagen）——考妥尔（Courtaulds）与塞拉尼斯（Celanese）——合并或收购——出售与撤资——企业会因为过于庞大而无法管理吗——无法管理的服务机构——跨国企业服务——无法管理的超大行政服务机构——企业规模的适切点——与环境不相协调的大型公司——为何通用汽车公司应该"分家"——与社区不相匹配的大型公司——与经济不相匹配的大型公司——高管层应该对不适当的规模采取适当行动

规模不适当是企业常犯的一种通病，是慢性病，是衰竭性疾病，也是消蚀性病症。

在大多数情况下，规模不适当是可以治愈的，只是治疗过程既不容易，又不令人愉快。得此疾病的公司的管理层通常会拒绝正当的治疗，大多数管理层宁愿选择庸医，从而导致病情恶化，长久以往则病入膏肓。

造成企业规模不适当的原因有很多。

在某些行业中，保持企业的最小生存规模是很普遍的。在当前技术条件下，想要创建"小型钢铁公司"与想要创建"小型军队"一样不可能。要创建"小型石油公司"或建立成功的小型石油化工公司，也一样不可能。在诸如此类的领域中，小型企业甚至是中型企业想要继续生存，必须占据一个特定的生态位置，才能免受同行中巨型企业的挤压。

在某些行业中，大型企业显然也难以为继。美国的大众图书出版业就是一例。在美国出版界，无论是小说类还是非小说类，只要是为普通读者提供的书籍，都统称为"大众图书"（trade books）。除非这类出版公司的规模是小型的或中型的，否则它们显然很难取得成功。当大众图书出版机构超出中等规模时，销售人员增加，来往事务增多，从而导致管理费用、行政开销以及促销费用等水涨船高，企业就会逐渐被边缘化。至于教科书、科技类书籍以及像百科全书与参考书之类的"工具书"（near-books）的出版商，看起来并不受制于规模的大小。

在一些行业中，大型企业与小型企业都可以获得成功，但介于大型与小型之间的中型企业往往显得"规模不适当"。美国国内航空产业就是其中一例。一些飞行主要航线的大型航空公司都具有适当的规模，因而生存不成问题，诸如美国航空公司（AA）与环球航空公司（TWA）等。一些经营"支线"或"通勤航线"的航空公司，比如美国太平洋西海岸的 PSA 公司，虽然该公司的服务局限于某些特定区域，但其飞行班次频繁，因此也能生存下去。然而，区域性的中型航空公司显然无法生存，比如西部航空公司（WAL）或东北航空公司（NE）等。与飞行主要航线的大型航空公司相比，这些中型航空公司的收益太小；与经营通勤航线的小型航空公司相比，它们的规模又显得太大，而且经济效益明显不佳。

企业规模是否适当因时期不同而发生变化。比如自第二次世界大战结束以来，在世界经济中，要成为有效竞争者所需的规模已经发生变化。中等规模已经不再适当了。在20世纪40～50年代，一家大型国际型企业的规模还算是完全"适当"，但到了20世纪70年代初期，其规模已经变得"不适当"了。同时，许多小型规模的企业，或者最多也就是中型规模的企业，却能够在世界经济的独特生态位置中建立特殊的领先地位。成功的跨国企业的规模显然要么"很大"，要么"很小"。

然而，有更多的企业规模不适当，有时是因为它们"不该为而为之"，有时则因为"为之无效"。典型的规模不适当的企业是中型企业，即销售额一般在6000万到8000万美元之间的企业，其中四分之三的销售额来自企业占领先地位的产品与市场，其他四分之一销售额来自实际上并无利润可言的边际产品或边际市场，但企业必须投入四分之三甚至更多的努力与资源到这些边际产品或边际市场中去。基于这类企业的早年成就，它们在主要市场中仍然拥有强大地位。但企业从主要产品与主打市场获取的利润都被那四分之一的边际产品或边际市场吞噬了；企业的资源，尤其是优秀人才，也难逃此劫。结果，企业在原有的市场与产品线中的领先地位不断受到侵蚀，终将难以长久维持下去。

另一个典型例子是，企业为了获取主要产品的订单，不得不以"市场促销"为名抛售价值远超过顾客所付费用的劳动或产品。

20世纪50～60年代，一家著名美国公司的学校设备部，当时在同行中被公认为产品质量的"领先者"。它几乎占学校设备市场60%的份额，至少在新建校舍设备市场尤为突出，其产品远比其他竞争者受人欢迎。然而，公司连年亏损，销售额与市场份额越增加，亏损就越大。为了争取与一所耗资200万美元的新学校签订约6万或7万美元的设备定购合同，从提出建校规划到四五年后学校建成，公司业务人员必须与学校董事会、建筑公司、州政府工程师等多方反复洽谈。这笔 7 万美元的合同最多能够获利 1.5 万美元；然而，为了争取这笔合同，公司必须提供免费咨询服务。即便保守估算，这笔咨询服务费用也高出了最终销售可获取的利润。

乍看起来，有些问题好像是产业结构或市场结构的问题，但实际上是企业管理失败，或是高管层在"适当规模"上认识失误所致。例如，在美国的整个汽车市场上，AMC 显然表现出"规模不适当"的失误。它的年销售额达到 10 亿美元，销售 30 万辆客车，但它竟然只被宣布为"小型企业"，并且还享受政府的特殊财政津贴。与此相比，虽然德国大众汽车公司的销售额要低得多，但它在美国汽车市场的竞争中脱颖而出，成就非凡。

虽然企业的规模不适当的原因并不十分清晰，但其诊断非常简单，因为症状是显而易见的、是相同的。在规模不适当的企业中，必然会有一个或少数几个领域、活动、职能或努力，体现出不成比例的臃肿肥大。有些领域过于庞大，必须投入大成本、付出大努力，从而导致企业不可能取得经济绩效与成果。无论企业创利多少，这些臃肿肥大的领域总会贪婪地吸收这些利润。由于在规模大小、市场比重以及复杂程度等方面不成比例，从而导致企业无法取得任何成果。然而，在一些明显的规模不适当的企业中，规模太小则不能满足要求，也不足以支撑企业的产量、产品线与市场地位。

AMC 的基本问题是销售系统薄弱，根本没有足够的经销商。除了有牢固基础的少数地区，诸如东北与加利福尼亚，该公司的经销商确实太少，无论在销售方面还是服务方面，都严重不足。然而，使 AMC 遭受重创的是销售系统的成本重负。与其他汽车行业巨头，诸如通用汽车公司、福特汽车公司、克莱斯勒汽车公司等处于直接竞争状态时，AMC 基本上销售的是中低档价位的汽车。基于美国汽车销售系统的独特结构，AMC 被迫维持全国性的销售与服务网络。这就要求 AMC 的销售量必须翻两番才能负担得起成本。为了维持市场竞争力，AMC必须像其他汽车"三巨头"那样经常更换汽车款式，为经销商供应市场所需所有款式的全部零配件，以便提供最低限度的服务。然而，在许多地区，经销商并没有足够的销售量用以支撑强大的服务部门。因此，AMC未能吸引与留住那些具有足够资金以及足够销售能力并能够建立领先地位的经销商。换言之，AMC深陷恶性循环的泥潭。为了获取足以维持公司生存的销售量，它必须不断支付超出收益比例的销售成本，以维持市场运作。与此同时，企业的整体收益不足以负担日益加重的销售成本。

另一个例子是一家在业务领域处于领先地位，销售量也不错，但深陷严重困难的公司。该公司所有的销售都集中在每年某个较短时期内，短则几个星期，长则几个月。但为了获得销售目标，该公司必须开展大量的研发工作，尤为重要的是，公司必须持续地提供高质量的技术服务，而且必须把这些技术服务维持在足以支撑销售峰值的水平。换言之，为了获得6个星期的销售，必须维持并支付12个月的技术服务费用。该公司以其优异技术而深感自豪，但它负担不起高额成本。6个星期所能获得的收入与整年维持优质技术服务的成本显然悬殊太大。

以上这些例子充分说明一个道理："规模不适当"是企业的基本问题。这类企业的费用始终与庞大的活动或职能规模成正比。无论就生物领域还是社会领域而言，任何结构的努力与成本都取决于组织的最大器官或组织的最大部分，而收益都取决于实际的绩效与实际的成果。所以，"规模不适当"不足以支撑企业的生存与发展。虽然臃肿庞大的职能部门有时看似"绝对必需"，或者理所当然地觉得"绝对必需"，但实事求是地说，这是企业的"无底洞"，早晚会耗尽企业的一切资源与力量。它像癌细胞一样，永不满足地侵蚀人体，总是无休止地欲求"更多"。这导致"规模不适当"恶化成为企业的顽疾。根治这种顽疾的措施是重建一个规模适当的企业，重建一个能够获得收益并足以支撑必要活动的企业。

可行与不可行

在规模不适当的企业中，管理层的正常反应就是尽力提高销售量，以此来支撑过度臃肿的职能部门。管理层试图通过"增长"计划来实现平衡。

我们再次以 AMC 为例。自 20 世纪 50 年代末以来，该公司曾多次试图提高销售量。1972 年春，AMC 再次宣布颇具野心的计划：招募新的、强大的经销商，努力把销售量提高到每年 60 万辆，几乎是当时销售量的两倍。它再次决定增加销售费用，以便达到销售量的预期扩大目标。这项策略看似可行，但可能性微乎其微。为了把销售量提高到足以让企业维持生存的水平，却致使企业运作成本飙升——正如 AMC 所表现的那样——这正是企业难堪重负的关键所在。最大的可能性是，当这个策略刚刚开始呈现结果时，就因为费用过高而迫不得已放弃。

除了尝试这种策略之外，有些企业可能别无选择。但不得不承认，这是绝望的策略。只有到了万不得已时，才用这一策略。不幸的是，大多数管理层把它奉为唯一可行的策略，而且不管它能够取得成果与否，都反复加以使用。

实际上，这个问题可以有如下三种可用的策略。

改变企业特性

第一种策略，也是最困难的策略，但潜在回报最大，即尝试改变企业的特性。一家"规模不适当"的企业，一定缺少能够维持生存与取得成功的恰当的生态位置。第一种策略正是要细致思考如何改变企业的特性以便突出自己的独特性。

将AMC与德国的大众汽车公司相比就可以看出两者的区别。前者由于缺乏特色而规模不适当，后者因为占据独特的生态位置而规模适当。在20世纪60年代中期的美国汽车市场上，AMC的销售量仍有相当的优势。但它必须向同样的美国客户提供款式相同的汽车，这与"三巨头"即通用汽车公司、福特汽车公司与克莱斯勒汽车公司，形成直接硬拼的竞争态势，因而它必须承担每年改变款式的相同成本。然而，大众汽车公司当时只生产销售"甲壳虫"轿车与小客车。这两种款式的汽车当时都没有与底特律"三巨头"车款形成竞争，而且顾客也都不是购买新车的人。购买"甲壳虫"的人大多是二手车的潜在顾客，小客车当时在美国汽车市场上也尚无竞争对手。大众汽车公司没有提出每年必须改变汽车款式，反而强调车型保持不变，这种做法使它能够以最少的零配件存货以及最小的经销成本，为美国汽车顾客提供优质的服务。

但怎样才能使自己的企业实现从"AMC"到"大众汽车公司"的转变呢？

这里我们举两个例子。它们是来自同一行业，但采取不同策略的两家"人造丝"公司。第二次世界大战后，从尼龙开始的石化纤维迅猛发展，致使它们成为"规模不适当"的企业，它们不得不进行改良，而且都成功实现企业的转型。

在此之前，嫘萦之类的"人造丝"独享殊荣。总体而言，当时的大型化工企业缺少进军这一领域的科技知识。人造丝是由木浆制成的，而在当时，化工企业对木浆知之甚少。在20世纪40年代末之前，石油公司也无意进入这个与石化产业毫不相干的领域。然而，伴随着石油化工纤维的发明，这种状况得以彻底改变。化工企业突然拥有这方面的科技专业知识，并掌握了大规模研发的方法。石油公司完全可以利用石化纤维这条很有吸引力的渠道把自己的产品——原油——推向市场。它们还持有大规模投资的现金流。原有的人造丝公司既不能在大规模研发方面与大型化工企业竞争，也无法在现金流动方面与大型石油公司竞争。因而人造丝公司只能转向生产新的石化纤维，否则就只能灭亡了。

两家领先的人造丝公司，分别是英国考妥尔公司与美国塞拉尼斯公司；在独特的生态位置上，它们实现了各自的转变与重建，并重新取得行业领先地位。这两家企业都恢复了适当的规模，但它们遵循的策略各不相同。

考妥尔公司采取"前向整合"的措施，收购主要客户（也就是纺织业者）的纺织纤维。这套策略不仅为自己的石化纤维保全了市场，而且可以使用其他生产商的纤维，并从中获利。

美国的塞拉尼斯公司基本上维持纺织纤维的生产商的身份，虽然它也收购了一些纺织厂，但不再从事纺织品的生产。它制定了一套策略，旨在促进自己发展成为优先的流通渠道，也就是帮助其他企业（尤其是非美国公司）的石化纤维产品可以这个流通渠道进入美国市场。换言之，塞拉尼斯公司把它的策略建立在自己市场推销的优势上。通过市场推销，把像英国的帝国化工（ICI）这样的非美国巨型公司引进美国市场，并使其研究成果在美国取得市场地位且占领先地位，否则英国化工企业可能成本耗资巨大。

这两家公司本质上都是按照适合于各自经济的方式来开发市场知识。一方面，考妥尔公司的策略可能并不适合于美国。对任何外部供应商而言，美国的纺织工业都太过庞大，而且经营太过多元，以至于它们无法通过收购股权而获得统治地位。另一方面，塞拉尼斯公司的策略在英国也不可行。对主要的非英国的大型石化纤维制造商来说，尤其是对美国的制造商而言，它们宁愿到全世界营销自己的产品，也不愿意接受像塞拉尼斯公司那样成功地开发并应用进口特许加盟的策略。

这两个例子表明，通过改变经济特性来克服企业的规模不适当，这种策略难度极大，风险极高。其风险不只是指所有努力可能付之东流，更大的风险的是，即便努力值得赞赏，但本质上无济于事。其实，最为困难的是，提前预测何种策略能够造就具有不同经济特性的企业，提前预测何种策略只在短期内可行或可能在短期内获得成功，从长远来看，也只会使事情变得更加糟糕。

AMC 也是一个清晰的案例说明。在 20 世纪 50 年代初，该公司首先试图以设计"小型汽车"（compact）来解决规模不适当的问题。小型汽车是当时底特律各大型汽车公司生产的"标准车"的紧凑型，价格更加便宜，更加适合于在交通拥挤的市区中停放，但它也是一款能提供全方位服务的车型，而且能够为美国家庭提供习惯的车内空间。这款汽车一经问世，立即畅销，并为 AMC 获得数年佳绩。然而，这种成果得不偿失，结果致使该公司的情况比以前更加糟糕。因为此款小型汽车对底特律汽车三巨头来说，制造出来完全易如反掌；而且在营销系统、款式设计、工程专长以及生产设备等诸多方面，三巨头远远优秀于 AMC。如此一来，AMC 除了为三巨头创造汽车市场之外，并无斩获，而在这个市场中，AMC 因"规模不适当"而重蹈覆辙。

回顾这些案例便可知道，制造小型汽车对 AMC 而言是个错误的策略。然而，人们也不难看出，这就是为什么 20 世纪 50 年代的 AMC 管理层把制造小型汽车视为扭转企业的不适当规模的方法。

任何公司，在考虑改变企业特性以求调整不适当规模时，不仅必须扪心自问"成功的可能性有多大"，而且必须自问"成功是否能够解决实质问题，是否最终导致企业的情况变得更加糟糕"，换言之，自问"这样做是否能够真正地促进企业长久保持其独特性"。

合并或收购

第二种策略，是风险较小的策略，即通过合并或收购来解决企业不适当的规模问题。事实上，严肃考虑合并或收购是解决企业规模不适当的必要条件。再次强调一下，一般情况下，企业的规模不适当"病症"很难通过自身成长来"治愈"，必须通过"量子跳跃"的方式得以解决。当然，合并与收购可以提供这样的"量子跳跃"。

然而，合并或收购的目的不应该是追求数量的增加。在规模不适当的基础上增加数量无疑是自找麻烦。合并或收购的目的在于尽力找到自己缺失的那部分，并且与已有的部分合并起来，组合成为一个真正的整体。合并或收购的目的在于找到与自己一样深受规模不适当之害的企业——但其受害原因正好与自己相反。如果一家公司因为销售系统庞大或研发能力累赘而困难重重，那么，它应该找一家生产线大而销售系统小或研发能力小的公司合并。同时，这两家公司的生产线能够互相补充配合，也就是应该能够使用同样的销售系统与研究能力。

因此，这种"合并与收购"的策略要求高管层必须理解自己企业为何会犯"规模不适当"的疾病。如果他们能够清楚了解规模不适当的病根，并且能够做到合适的合并或收购，治愈规模不适当的疾病就可指日可待。

出售与撤资

最后一种策略是出售、撤资或有系统地收缩，这也是治愈企业规模不适当的方法之一。一般情况下，这种策略并不合企业管理层的口味，因而它很少被考虑。但这种策略是最有可能走向成功的策略。只要合适，管理层就应该采用。

如果企业在原有领域中拥有稳定而安全的领先地位，随后扩展到一些边际领域中去，从而导致企业的规模不适当，那么高管层就应该优先采取出售与撤资的策略。如果中型企业在没有占领任何滩头的情况下建立许多"滩头堡"，从而削弱了自己的优势，那么它就应该撤回自己的"部队"，停止"进攻"的努力。它应该承认自己犯了错误。这种策略不仅适用于中小型企业，而且适用于那些处于边际领域而规模不适当的大型企业。

20世纪70年代初，通用电气公司曾把自己的电脑业务出售给霍尼韦尔公司（Honeywell）。该业务当时正犯"规模不适当"的病症。当时它的规模实在太大，除了在主要电脑市场上硬拼竞争之外，并无其他出路。然而，如果它要严肃挑战IBM公司，显然它的规模又太小了。霍尼韦尔公司当时已经发展成为成功的中小型电脑制造商。与霍尼韦尔公司合并业务后组成的新公司，就具备了足够的业务来支持企业的大量研发工作，以及支撑推广电脑业务所需的大量成本与资本投资。在还有人能购买其电脑业务时，如果通用电气公司没有及时把握这个良机，再拖延一两年，就会像它的激烈竞争者美国无线电公司（RCA）那样，只能在遭受巨大损失的情况下被迫结束自己的电脑业务。

J.B.S.霍尔丹1928年在《论适度企业规模》（*On Being the Right Size*）一文中总结说：对生物有机体而言，"规模小"与"规模大"都是毫无意义的。无论小如蝼蚁，还是大如巨象，它们都是高度成功的物种，关键在于"规模适当"。这个道理同样适用于企业。规模大小的精确程度并不是企业成功与成就的标志，管理能力也不是企业成功与成就的标志。规模适当才是企业成功与成就的标志。

企业会因为过于庞大而无法管理吗

有个老问题：一家公司会因为过于庞大而无法管理吗？一家公司可能会发展到太过复杂的地步，这一点无须质疑。事实上，今天有些跨国的集团式企业显然已经发展到了无法管理的临界点了。然而，迄今为止，尚无企业只是因为自身的"规模大"而超出人们的管理能力。时至今日，人们组织与建构管理工作的能力与企业规模的变化保持一致。

然而，这并不意味着企业规模毫无限度，当规模超出最大限度时，企业可能无法管理。就一般情形而言，无论是制造业还是服务业，当前企业的规模都还没有达到最大限度。然而，其他机构显然已经达到了管理能力的限度。

无法管理的服务机构

当前像美国这样的大国的国防机构，便可算为一例。20 世纪 40 年代末，统一美国的三军部队，或者至少对三军部队进行统一指挥，也就是成立美国国防部，这是正确的战略。当时实际上也没有其他选择。但统一指挥的结果是，三军部队形成一个极其庞大的"怪物"，大到无法控制。事实上，据说美国首任国防部长詹姆斯·福里斯特尔在提到 20 世纪 40 年代末美国统一三军部队时曾说："美国三军部队在和平年代的使命就是摧毁国防部。"这虽然是半开玩笑的话，但事实上不无道理。

我们知道，当一家医院的病床超过一千张时，这家医院就不好管理了。一些超大型医院，比如纽约市贝尔维尤医院与金斯县医院，它们各自都拥有三四千张病床，这显然已经"大"得无法有效管理，"大"得无法提供优质医疗服务了。

也有一些企业的规模过于庞大，或者至少显然已经大到逼近管理极限了。这种现象多见于商业服务性质的企业，比如咨询公司、审计公司与广告公司等。

一家大型跨国审计公司，设立 120 个办事处分布于三四十个国家中，拥有五六千专业人员，这样的公司是无法管理的。在这样的公司中，越来越多的高管人员必须花费越来越多的时间从事协调、落实以及整合大批专业人员的工作，而每个专业人员都必须以自己的方式做自己的工作，又必须严格执行专业标准。对于那些在三四十个国家中分设办事处，为多国客户与本地顾客提供服务的超大型管理咨询公司或广告公司而言，它们也同样遭遇无法管理的窘境。

商业服务依赖高管人员以身作则的榜样力量与掌控事态进展的能力。然而，高管人员不可能对分布于多个国家中的6000名专业人员以身作则，高管人员也无法直接掌握400~500项咨询作业或众多的"任务团队"。每个任务团队都只能在没有太多监督的情况下自觉完成各自的工作，又要保证高质量的专业标准。

所以，商业服务公司必须极其严格地对待绝对限度的问题。商业服务公司最好在尚未达到绝对限度时自行分成若干独立而互相竞争的小型公司。这些独立的"子公司"可能会比体态臃肿的"母公司"干得更好。

企业或公共服务机构中的行政服务人员也可能会——甚至是很容易会——因为过于庞大而无法管理，或者无法正常运作。与商业服务公司一样，行政服务人员的工作成效依赖少数高级专业人员的能力、知识与注意力。过于庞大的服务部门会削弱行政服务人员的专业品质，或者会使得机构变得碌碌无为，只在乎机构内部的关切与运转，从而忽略了服务。

以一些大型的集团式企业为例。为了"全方位地"向不同业务与供应不同市场的众多子公司与分支机构提供特殊领域（如制造业）的专业知识，并对它们进行有效领导，这些大型的集团式企业都会设立大型服务机构。比如，有一家大型集团式企业拥有约300个不同的企业。这些企业规模参差不齐、大小跨度很大，从日用品业务（如烤面包店）到高技术产业，甚至是完全从事运输与酒店服务型企业，一应俱全。这家集团式企业的制造企业拥有一个900人的服务部门，因为人数太多，不可能人尽其才，才尽其用，甚至无法做到自治与自我管理。事实上，在这900人中，约有三分之一只管理机构内部事务而无法提供任何"服务"。这个机构的确太过庞大，从而已经深陷无法管理的窘境：无休止的混乱，接踵而至的摩擦，以及不停地开会讨论要做什么、什么时候做、在哪里做、如何做等，而真正提供服务的时间少之又少。当顾客需要他们提供有效的服务时，人手奇缺。要做好这项服务工作，服务人员首先必须深入了解客户所应用的特定制造流程——没有人能够精通300种流程。然而，要做到真正的服务，那么他就必须在一年中花些时间专门为客户解决问题。这家集团式企业拥有300多个客户。按照公司对"制造"这个术语的理解，从装配作业到生产日程安排，"制造"可分解为近20个"作业科目"。假如每年为每个客户提供5天时间的专业服务——这也许是最低需求——照此估算，所需服务人员至少为目前的3倍，费用也会水涨船高。基于目前的现实，这些服务人员就只好记些"备忘录"，撰写"正式简报"，以及写些"生产日程安排原则"之类的理论文章，而这些不过是从管理文献中摘录出来的廉价作品而已。

换言之，服务性机构确实过于庞大。但就各个企业来说，还没有一家企业大到不能管理的程度，就像美国国防部、巨型医院、跨国审计公司、大型集团式企业中的服务机构等那样已经超出可管理的极限。尤其是在"联邦分权"（参见第46章）可以应用的地方，即便是巨型企业，也还在可管理的限度之内。

企业规模的适切点

然而，企业规模存在一定的"适切点"（an optimum point），有些巨型企业可能已经达到了这个适切点，超过这个点，增加的规模不再具有提高绩效的能力，相反会影响整体绩效。换言之，企业的最佳规模可能远在最大规模之下。那些超过适切点的企业最好考虑酌情分解。

最典型的例子是发展了七八十年的美国钢铁公司（U.S. Steel Corporation），号称"钢铁巨人"（Big Steel）。虽然身为美国钢铁产业的巨型企业，但它的绩效一直不如同行中较小的竞争者。若按照绩效来算，无论是从利润率还是从创新的领先性来看，美国钢铁产业中最适当规模的企业当属阿姆科（Armco）、共和（Republic）以及内陆（Inland Steel）等；虽然它们都是大型企业，但在规模上远不及"钢铁巨人"的三分之一。

超大型公司应该自行检查企业规模的适切点，超出这个适切点，企业便不再能够产生规模经济效益，反会导致企业不经济。那么，企业规模发展到何种地步，投资的报酬率就会出现递减呢？当企业规模发展到适切点时，企业将不再继续成长，管理层应该仔细考虑如何建立新的独立的企业，并再次从规模经济中获益，这是对企业员工、股东以及社区负责任。

有一家公共服务机构在这方面做得很成功。大约在1960年，加拿大的多伦多大学（UT）决定把学生人数控制在1.5万名以内。它同时意识到安大略省有继续发展大学的需要。因此，多伦多大学开始规划有系统地创办新大学。在新大学创办的头几年中，多伦多大学为它提供教职员工，为它提供短期的资助与工作指导，当新大学的第一届学生毕业后，便任其自立经营。这些新大学就会显出非凡的活力，位于多伦多市另一地区的约克大学（YU）就是其中一例。它们很快就发展成为独具风格、独特个性以及各具教育理念的大学。安大略省的学生就可以选择不同风格的高等教育了。

然而，在企业界，采取这种策略的公司极为少见。最为接近的案例要数美国新泽西州新布伦瑞克的强生公司（J&J）。这家医疗卫生用品制造公司长期奉行的政策是：只要任何新产品或新市场发展到相当规模后，即可自立成为"新公司"。这种方法可以确保业务单位的规模处于较小状态，而且易于管理。而强生公司自己逐渐成长为真正的大型跨国公司，名列世界生产率最高、利润最多的公司之一。

与环境不相协调的大型公司

然而，企业规模过大的主要问题不是在企业内部，也不是能否管理，而是企业规模与所在环境的相互协调关系。

当企业不再以公司利益、股东利益、员工利益为出发点去经营或者做决策时，这种企业的规模就已经太大了，因为公司的规模制约并损害了公司的行动自由。如果出于对社区的顾虑或者担心社区的反应，从而被迫做些错误的事甚至是做那些管理层明知会损害企业的事，那么这种企业的规模一定是太大了。

通用汽车公司便是一例。就内部管理而言，通用汽车公司的管理显然是出色的。但自 20 世纪 20 年代中期以来，即自从它在美国汽车行业中占领先地位并占美国汽车市场总份额的一半以上时起，通用汽车公司的管理层就知道它已经不能再扩大市场份额了，否则它将遭遇反托拉斯法的困扰。这在很大程度上可以解释为什么通用汽车公司在充分意识到所冒的风险之后决定不与 20 世纪 50~60 年代首次出现的从外国引进的小型汽车竞争。因此，通用汽车公司并无充足的理由试图再次扩大市场份额。实际上，于情于理，通用汽车公司都只应该维持它 60% 以下的市场份额（这已经远高于早期通用汽车公司管理层所认为的合适水准）。结果，通用汽车公司把"低端市场"让给了外国进口汽车，自己则集中力量发展中高档汽车市场。这当然也是汽车市场中利润较高的部分。但这也意味着，即便是在美国本土市场，美国制造的汽车也一样缺乏真正的竞争力，无力维持领先地位。到了 20 世纪 70 年代初，进口汽车成为底特律汽车产业的挑战，威胁到美国的收支平衡，甚至威胁到美国的世界经济地位；那时，汽车市场已被外国汽车所占领，开始是德国的大众汽车，后来便是日本汽车。美国汽车产业试图反攻，但已经时过境迁，积重难返了。

这样的论述并非"事后诸葛"。许多人士，甚至包括通用汽车公司内部人士，早在20世纪40年代就已经清楚地看出这一弊端——当通用汽车公司占据美国汽车市场的半壁江山时，其规模显然已经过于庞大，而且对自己的发展日渐不利。通用汽车公司总部中一些年轻的行政服务人员就曾认真讨论过应该把雪佛兰独立出来成立新公司。实际上，当时雪佛兰本身的规模就已经不小，约占美国汽车市场的四分之一份额，甚至比福特或克莱斯勒所占的市场份额还要大。

然而，当时通用汽车公司的高管层认为，让雪佛兰自立门户是大逆不道的背叛。在太过庞大的企业中，傲慢总会遮蔽管理层的视野。

还有其他一些公司，虽然在规模上远小于通用汽车公司，但就它们的社区环境来讲，还是太大。许多公司及其管理层明知应该做些有益于企业的事情，但他们受制于企业规模与社区相协调的关系，从而不得不放弃。

虽然规模不大，但雇主在特定地区举足轻重，这种情形或许是这类公司的典型特征。任何公司一旦成为它所在社区的主要支柱，那么它的规模就已经太大了。它已经不再能够自由行动了。它只有两种选择：要么成为所在社区的"父母"并且接管社区福利、文化生活以及社区组织，要么沦为"丑怪"、暴君、专制者与恃强凌弱的恶霸。"父母"与"丑怪"之间的界限模糊不清。昨天的"恩人"可能很快沦为今天的"恶霸"。是"恩人"造成的伤害大，还是"恶霸"造成的伤害大，这事大可争论。但无论哪种选择，都没有行动自由。

当任何公司开始谈论说"无论我们多么急切地需要做这事，但迫于对社区可能造成的影响，我们只能放弃"，那么我们可以判定这家公司已经太大了。如果只是为了满足企业管理层的虚荣心与追求权力的欲望，它依然一意孤行地坚持在社区中扩张，那么它不仅会牺牲企业的最大利益，而且会牺牲社区的最大利益。这正是企业管理层对社区信任的背叛。这种公司的规模可能很小，但它的相对规模至关重要。社区中只有一家公司、一个雇主，无论是对公司还是对社区，这都不是健康状态。

类似这种环境中的公司应该立即停止在社区中扩张，以免情况继续恶化。这种做法不是在履行"社会责任"，而是在履行"企业责任"。

开发利用铜或石油等自然资源的公司，很少有选择的余地，因为它必须建设在矿产资源所在地。如果这意味着公司的规模可能过大，那么问题只在于公司应该如何减轻对社区的负面影响。这种情况本身是无法弥补的。阿纳康达铜矿公司（ACM）别无选择，它只能成为蒙大拿州比尤特"规模太大"的公司，因为铜矿就在那里。一些石油公司也没有选择，只能成为波斯湾沿岸阿拉伯国家中"规模太大"的公司，因为石油就在那里。然而，其他行业的公司并没有诸如此类的借口，诸如制造业、销售业、金融业以及服务业等。一旦公司发现所在社区对它过分依赖，从而导致公司的业务决策与业务行为的自由受到严重损坏，它就应该对自己以及对社区承担责任，不但要停止扩张，而且要努力减少（甚至可以逐渐减少）企业与社区之间的相互依赖。它必须采取有效行动，设法把自己的规模缩小到可管理的范围。因为，就社区环境而言，如果企业规模过于庞大，无法与社区环境相协调，那么事实上就是难以管理了。

与经济不相匹配的大型公司

对某种独特经济而言，公司也有可能显得规模过大。为了增强在世界经济中的竞争力以及抗衡许多跨国公司，日本政府与法国政府都曾强迫本国公司合并，比如钢铁公司与化工企业。结果，合并起来的大型公司要在世界经济中以平等条件参与竞争，其规模仍不足够大；而对这些大型企业所在的本国经济来说，它们的规模确实太大了。许许多多的就业岗位依赖这些大型公司，没有任何政府能够允许它们倒闭，或者缩小规模，甚至是裁员。然而，如果说在企业现实中有可以预测的事情的话，那一定是每家企业迟早都会经历困难时期。如果这种情况发生了，除了资助这些公司并最终接管这些因为自身政策而产生的恶果之外，日本政府与法国政府也别无选择。当然，这样做既不会改善它们的窘境，也无法拯救它们，而只是把经济问题转化成为重大的政治问题罢了。同样，罪魁祸首还是傲慢自大，不过这次不是企业管理层的傲慢自大，而是政府的傲慢自大。

企业的规模不适当，无论是对市场以及关键活动而言规模过小，还是对环境、社区与经济而言规模过大，都是高管层必须面对的最棘手的问题之一。企业的规模不适当是不会自动消除的问题，它要求企业管理层勇敢面对、正直诚信、用心思考，以及采取有目的的行动，方能奏效。

第56章 | CHAPTER 56

多样化经营的多重压力

鞋匠，守住你的鞋楦——复杂性的危险——"多样化"：神话与现实——"墨菲定律"与"德鲁克定律"——利顿公司的教训——"资产管理"的谬论——"投资者"与"资产管理者"——超人都是凡人——为什么要多样化——内部压力——"我们需要做点新事"——过度专业化的危险——音乐家的规则——默克公司的例子——"后向整合"与"前向整合"——把"成本中心"发展成为"利润中心"——莱昂斯公司与喜力公司——外部压力——规模太小的经济——比利时的原型——加利福尼亚州的经验——通过市场扩张实现多样化——技术的分支——税法的影响——格蕾丝公司——新兴"大众市场"的投资与就业机会——正确的多样化与错误的多样化——需求：合一的共同核心

"鞋匠，守住你的鞋楦！"这句老生常谈的警言如今依然是不错的忠告。

企业的多样化越少，管理就越容易；企业越单纯，目标就越明确。在这样的企业中，人人都能清楚各自的工作，并且能够看到自己的工作与企业整体成果和绩效的关系，人人"劲往一处使"，所有期望容易得以确定，成果也易于评估与衡量。

企业的复杂程度越低，管理越不容易出错；企业的复杂程度越高，就越难断定出错的地方，也就越难以采取正确的补救措施。复杂性会造成沟通困难。企业的复杂程度越高，管理层次就越多，"特别协调者"就越多，报表与程序也就越多，会议也随之越来越多，从而导致决策制定的时间拖延得越来越长。

然而，长期以来人们广泛相信，在多个领域中"多样化"经营的企业，要比集中经营于某一领域的企业更好。这种认识是纯粹的神话，与真相背道而驰。

20世纪50~60年代，多样化被奉为企业经营的灵丹妙药并得到最广泛的传播。然而，那个年代中大多数取得成功的企业并不是多样化经营，更不用说那些"集团式企业"了。比如美国施乐与IBM公司，日本索尼、本田与丰田，意大利菲亚特，德国大众汽车，英国皮尔金顿玻璃，以及瑞士的制药公司等，所有这些企业都专心致志于一种核心产品、一条核心生产线、一个核心市场、一套核心技术。在瑞典，大获成功的是阿特拉斯公司，一家只专注于钻探坚固岩石业务的公司。除了制造业外，许多杰出的企业所具备的特质都是"集中"而非"多样化"，比如美国的西尔斯、英国的玛莎百货、纽约证券市场中专业投资金融业务的机构［比如帝杰投资公司（DLJ）］，以及只专注于开发瑞典的少数主要工业的斯德哥尔摩银瑞达银行。此外，还有总部在伦敦的苏富比拍卖行、德国贝塔斯曼出版集团以及美国的普伦蒂斯－霍尔出版公司等，所有这些"成长"的大型企业全都立志于一种明确使命，围绕一项重点，把一个领域做到卓越超群，集中经营一个市场，甚至基本上只拥有一条生产线。

事实上，20世纪50～60年代的经验表明，复杂性是企业竞争的不利因素。虽然那些复杂的企业看似规模庞大、资源丰富，但与高度集中于单一市场或单一技术的小型企业进行竞争时，事实一再表明复杂的企业处于不利的竞争位置。在那些"长期"绩效良好的企业中，堪称"明星企业"的也就是那些高度集中于单一市场或单一技术的企业，如柯达公司、通用汽车公司以及瑞士的制药公司。

同样道理，那些表现杰出的公共服务机构也大都专注于单一使命的机构，而不是多样化的机构。以美国为例，在过去三四十年中，取得非凡成就的公共服务机构是纽约港务局（PNYA）、田纳西流域管理局（TVA）、乡村电气化局（REA），以及早年相对平稳时期的社会保障局（SSA）等。这些机构都是在一个时期只做一件事。然而，20世纪50～60年代出现的"多样化狂热"同时席卷了企业界与公共服务领域。"多样化狂热"导致许多"综合大学"（multiversity）的兴起，只要有人与某个大学的教授签约，校方就愿意（事实上是急切）解决任何问题。"多样化狂热"还导致一些"集团机构"（conglomerate agency）的兴起，比如"向贫穷宣战"（war on poverty），就是一个试图解决人类所知一切社会疾病的组织。"多样化狂热"还导致了一些"环境改造运动"（environment crusade）组织的兴起，它们关注每一个环境问题、污染问题以及技术问题。这些新兴机构消耗了大量预算。它们积极开展各种高智力辩论，与此相比，以前的公共服务机构显得枯燥乏味，只在乎完成各自所烦恼的既定事务。然而，这些新兴的、多样化的集团性质的公共服务机构并没有取得大的成就。

这个道理同样适合于企业内部的行政服务机构。绩效显著者都是那些目标单一、专心致志做一件事情，而且只做一件事的行政服务人员。那些尝试"囊括一切基础科学"的高度多样化的研究实验机构，很少能够获得丰富的研究成果；而那些只专注于一个领域的研究实验机构往往会取得丰硕成果，无论是在抗生素研究领域还是冶金研究领域。

工程师们通常会戏说"墨菲定律"（Murphy's law）——"如果事情可能出错，那么它就会出错。"然而，企业的复杂性适用于另一条定律，我称之为"德鲁克定律"："如果一件事情出错，那么其他所有事情都会出错，而且会同时出错。"假如有事情出差错，就必须深入剖析自己的企业，理解它，接近它。然而，多样性与复杂性意味着一个人不能深度认识自己的企业，无法理解它，无法接近它。

如果企业的复杂性超出了一定限度，它就不再好管理了。如果高管层必须完全依赖抽象的资料，诸如书面报告、图表、数据，而不能够亲自去观察、熟悉并理解企业，去认识企业的现实性、员工、环境、客户以及技术，那么这家企业就正处于"过度复杂且无法管理"的状态之中。只有高管层有能力运用具体的现实来验证企业所收到的衡量结果与信息，即抽象的图表、数据与报告时，企业才处于可管理的状态。

信息系统要尽可能设计得好，尽可能设计得完整，尽可能设计得"实时"。尽管如此，信息系统也只能解答高管层已经提出的问题，只能报告已经造成影响的事件，也就是已经过去的事件，因为人们只会整理与编撰过去的事件，而每份报告都是已经编撰整理好的过去资料。

真正重要的新发展本质上始终是在任何可能报告的系统之外。当这些新发展已经通过数据表达出来时，那就已经不"新"了，或者说已经太迟了。除非人们能够意识到真正相关的事情，除非人们有能力根据个人期望来把握实际情况，否则事件就会把人甩在背后。只有当问题酿成"麻烦"之后，人们才会意识到问题存在，只有在失去机会之后，人们才会意识到机会的存在。

美国的利顿公司（Litton Industries）是第二次世界大战后所有"集团式

企业"（conglomerates）的先驱。创建并领导利顿公司的都是一些具有广泛工业经验的能人。他们创建的休斯飞机公司曾在军用电子设备领域中处于领军地位。利顿公司是"集团式企业"中第一个宣讲通过"监查"（controls）来管理企业的公司，即通过报告、数据以及有组织的信息来管理企业。利顿公司也是"集团式企业"中第一个经历"搬石头砸自己的脚"的公司，它说明了复杂性与多样性的企业所暴露出来的弱点。当利顿公司的高管层发现他们的办公设备业务深陷严重困境时，已经为时过晚。

"资产管理"的谬论

在20世纪60年代并购热潮汹涌澎湃的岁月中，最广为流行的话题是"资产管理"（asset management），但那是最大的谬论。的确有"资产管理"这回事，但从严格意义上讲，那是金融问题。像帝杰等公司就是以此来界定它们的金融业务，包括证券研究、证券投资建议、资产组合管理以及互助资金管理等。每家企业内部都设立相应的资产管理职能。每家企业都必须确认其资产处于正常管理状态，确保资产运用得当并为企业整体成果服务。但对非金融业务而言，资产管理只是一种职能，而不是企业本身。

获得运营业务的资产管理者，当企业关闭或出售冻结了的大量资金与未能兑现利润的部分资产时，他们能够履行有用的职能。但一旦完成这些工作，他们就不知道下一步该做什么了。他们不知道如何管理企业，因而"资产管理"的热潮就在可预知的失败中告终。

"投资者"与"资产管理者"

确实有一种方法可以实现资产管理者所承诺的事，这种方法是指长期的工业投资，而不是变戏法般的资产管理。

可以举一个实例。英国的考德雷勋爵在其家族企业皮尔逊父子公司（S. Pearson & Son）的基础上创建了考德雷集团（The Cowdray）。考德雷集团持有原有公司建筑业务上的股份，还控制伦敦最大商业银行之一的拉扎兹银行（Lazards）以及一些报纸杂志，比如伦敦《经济学人》（*Economist*）。然而，这些企业都分立管理，各具使命、目标、战略与成果。考德雷及其同事都在董事会中任职，确保董事会能够完成自己的任务，也就是负责审核各家企业的基本计划与策略，负责建立一个能够完成自身任务并能够产生绩效的高管层，然而，他们并不"管理"这些企业。尤为重要的是，他们并不装作拥有或管理一家庞大的集团式企业。他们都是名副其实的投资者。的确，在《名人录》（*Who's Who*）中，考德雷自称为"投资公司的执行官"。

类似的案例是德国的弗里德里希·弗立克（?—1972），他是一个"投资者"，他实际控制着奔驰汽车公司、一家大型造纸与化工企业——费尔德米勒·于特尔森公司、一家大型专用机械制造公司，以及一家钢铁公司。虽然弗立克对这些企业的影响力巨大，但他并不管理它们。他是一位"外部投资者"兼努力工作的董事。

位于匹兹堡的梅隆家族同样也是大型且具有影响力的长期投资者，其投资包括海湾石油公司（GOC）、美国铝业公司等，但它从来不标榜自己为"管理者"。梅隆家族与"梅隆集团式企业"双方都受益于彼此的关系。

寻找合适对象投资的投资公司，占据重要地位，提供咨询服务以及召集勤奋且具有工作成效的董事。这种投资公司本身就是一家具有活力的企业。然而，投资公司的实质依然是从事金融业务。

就像相信"资产管理"的谬论一样，相信企业"超人"，能做他人不能做的事，这也是荒谬。这类企业"超人"认为自己能够管理好许多不同领域（有时甚至是几百个领域）的企业，从保险业到电子工业，从汽车租赁行业到便利食品行业，从电脑行业到酒店行业，等等。现实中可能真的存在企业管理"超人"，只是证据并不足以令人信服；无论外界如何鼓吹这样的企业超人，但超人总是会死的；一旦超人不在，人们便无法找到能够取代超人的人。因此，那些鼓吹只有超人才能做的事，终究是靠不住的，也是难以持久的。

没有什么比集中精力做正确的事业更成功的了。如果公司的事业不正确，那么无论如何多样化都无法促使"公司成长"。这比要求一个髋部骨折的人负重 80 磅㊀做 20 英里㊁急行军来恢复健康更加不可能。

为什么要多样化

所有这些应该是非常显而易见的。我们如何解释管理"罗蕾莱"（Lorelei，是德国文学及民间传说中的女妖）的迷惑，追求多样化与复杂性，以及对多样化的崇拜呢？

历史的记录能够为人们提供线索。绩效最佳的集团式企业总是那些能够高度集中资源的、专注于单一市场或单一技术的企业，绩效最差的集团式企业也会有许多高度集中资源的、专注于单一市场或单一技术的企业。第二次世界大战后，甚至更早的第一次世界大战后的美国铁路行业，情况就是如此。

"传统的材料行业"，比如美国与西欧的钢铁，以及各地的铜、煤、铝等产业，也是如此。㊂

㊀ 1 磅＝0.4536 千克。
㊁ 1 英里＝1.609 千米。
㊂ 在本书出版之后，不久将会有一部关于多样化策略与绩效的统计研究专著问世，书名为《组织战略：分析、承诺、实施》（*Organizational Strategy: Analysis, Commitment, Implementation, Irwin,* 1975），由纽约大学商学院的威廉·古思教授撰写，该书是他多年来对多样化策略及其成果的研究报告。古思教授的分析充分地证实了我的独立结论。这些结论在本章以及后续两章中予以论述。据我所知，古思教授的分析是对这一重要课题的首个充分文献研究。

多样化既有内在的原因与压力，也有外在的原因与压力。当企业需要多样化，或者确实可以采取多样化时，企业的管理层必须了解这些原因与压力，并且必须有能力管理它们。

首先是内部压力。

第一，多样化的主要压力是心理压力。不断重复做同样的事，会让人深感厌倦。人们希望做些不同的事情，否则工作就会变得枯燥乏味。

在制药公司中，人们经常听到这样的话："我们的客户、我们的医师越来越厌倦同样的药品，他们使用同样的药品已有三年之久了。他们需要一些不同的药品。"然而，从医师们所写的用药处方来判断，人们看不出医师对这些药品失去兴趣。深感厌倦的倒是药品推销员，当他们每次访问医师时，都必须重复同样的话，因此真正需要"新鲜感"的是药品推销员。

这并非毫无意义。事实上，任何企业都应该保持弹性，也应该尝试新的不同的事情，否则企业的应变能力就会萎缩。企业迟早总是要变革的，一旦企业真正进行变革时，哪怕是最微小的改变也做不到了。

我们可以用第二次世界大战后两家欧洲最大的汽车公司，即大众与菲亚特做些对比来说明企业保持弹性的重要性。大众汽车公司在20世纪50~60年代末的15年间因生产"甲壳虫"汽车而收效甚丰。当然，大众汽车公司深知福特汽车公司在第一次世界大战期间推出的早期"通用车"（也就是所谓的"T型车"）最终失败的命运，但它还是保持"甲壳虫"不变，直到20世纪60年代末，当"甲壳虫"显出非常明显的衰老症状时才停止。然后，大众汽车公司投入大量资金用以开发多种新款车型。迄今为止，尚无哪种车款在市场上获得成功。

在汽车普及的早期阶段，菲亚特公司也生产"通用车"（universal car），也就是著名的"500型迷你车"（Topolino)，绰号"意大利米老鼠"。然而，从欧洲汽车热潮兴起时开始，菲亚特公司就有系统地研发整个系列不同款式的汽车，包括低价位的"通用车"、几乎未做改变的"500型迷你车"后继款型以及中档价格的汽车款式等。在"甲壳虫"汽车取得非凡成就的那10~15年中，菲亚特公司也曾面临被大众汽车公司赶超的危险。然而，当"甲壳虫"开始摇摇欲坠时，菲亚特公司却趁机迎头赶上。菲亚特公司始终保持创新能力，同时及时为顾客提供多样选择，当顾客的收入与消费欲望提高时，他们便会选择更大、更好的汽车。

集中经营的优势总是伴随着过度专业化的危险。每一种产品、每个流程、每一项技术、每个市场，终究都会过时。销售额可能依然存在，甚至会继续上升，但利润率消失了。同样，昨天的专家也会面临过时消亡的危险。

就像任何习惯一样，尝试不同的新事情的习惯必须通过不懈地练习才得以保持，否则做不同事情的能力就会萎缩；或者正如曾经具有高度创新能力的纺织工业那样，不久就会消失殆尽。多样化经营不只是心理的必要性。保持多样化经营的能力也是经济生存的需要。

然而，必须小心谨慎，不要让多样化退变为分裂。制药公司有新产品让销售员推销，这种需要很容易变成生产并扩散许多毫无意义的药品的借口；结果不仅会使顾客混淆不清，也会激怒他们。美国医学界之所以对制药公司提出严厉批评，很大程度上是因为许多制药公司假借"做些新事情"之名，制造出许多毫无意义的新药品。

正确的规则是很久以前由音乐家们制定出来的。任何有成就且地位稳固的钢琴演奏家理所当然地都会在他每年的演奏节目单中增加新的保留曲目。每隔几年，他总要演奏一些与他成名曲目不同的、具有独特风格的、令人耳目一新的曲目。这就迫使他必须重新学习，在原有的、熟悉的曲子中聆听新的灵感，从而促使他成为更加优秀的钢琴家。同时，钢琴演奏家也深刻意识到，每当增加一个新曲目，就意味着必须筛选并减少一个旧曲目，以确保整体节目总量保持不变。客观地讲，即便是最伟大的钢琴家，能够出色演奏的上好乐曲也只有一定数量。

如何把这一"音乐规则"应用在企业中呢？让我们以一家美国制药公司为例加以说明。这家公司就是默克制药公司，它多年来有系统地进行研发并引进新的药品。

与其他制药公司一样，默克公司也深知药品推销员需要"新产品"。但它并没有花太多时间与精力在现有产品的改进上，而是每年集中精力在治疗方面取得重大突破的真正的新药品的制造上。结果，药品推销员不仅拥有新产品可与医师交流，而且的确体现出药品的"真正的多样化"，而不是停留于"药品的扩散"。同时，默克公司悄然停止生产那些已经不占市场领先地位的过时药品。从 20 世纪 40 年代末开始采用这种策略以来，默克公司从原来名不见经传的，而且几乎是边缘化的专利药品经销商，一举成为美国最大的、最成功的、最具有创新能力的制药企业。

"后向整合"与"前向整合"

第二，在上一章中，我们讨论过，多样化经营的另一个压力是企业的规模不适当。当企业扩展到新的领域时，多样化可以弥补企业规模不适当的缺陷，虽然这不是唯一的补救办法，却是补救办法之一。只要用得恰到好处，那就是正确的补救办法。在这种情形下，多样化就会成为企业最好的策略。

与企业规模不适当的问题密切相关的是，要么必须"后向整合"，就是整合到经济链的早期阶段，比如经销商整合制造业、制造业整合采矿业；要么必须"前向整合"，就是企业朝着市场方向整合。

销售额达 100 亿美元的西尔斯是当时美国同行业中的最大零售商，也是美国最大的制造商之一。西尔斯所售商品中有一半以上是由它拥有控股权或全部股权的制造商生产的。西尔斯所采取的这种"后向整合"通常被理解为它想要控制供应来源。然而，更合适的解释是，在20世纪二三十年代初，当西尔斯首次成为零售巨头时，除非与供应商们建立持久关系，否则它们就不愿意为西尔斯承诺供应货源。对大多数供应商，尤其是对那些成功的供应商来说，西尔斯迅速成为它们的主体客户，也是它们通向市场的主要渠道，甚至是唯一渠道。供应商如果不坚持与西尔斯建立比长期合同更有保证的持久关系，那就太愚蠢了。比如如果没有获得西尔斯承诺的明证，供应商们就很难从外部获得资本或信贷。除非西尔斯也对供应商们做出承诺，否则聪明的供应商们对西尔斯的承诺也会显得犹豫不决。西尔斯实行"后向整合"的主要推动力显然在于：不这样做，它就会深陷"规模不适当"的困境。

这种做法在很大程度上同样适用于对原料的后向整合。后向整合的传统解释是担心丧失供应来源。石油产品、纸张以及铝的制造商实行后向整合，因为它们认为基本原料，比如原油、木材、铝土矿有短缺的危险。但这种解释令人怀疑，因为迄今为止，这种短缺危险被证明是不存在的。

成功的后向整合能够造就出更加盈利的企业。

如果一家炼油厂拥有庞大的加油站分销系统，但缺少原油储备，那么它就可以决定实行后向整合以解决原油短缺问题，否则它就会因为规模不适当而难以盈利。从油井到汽车油箱的经济链中，原油生产是最可能盈利的环节，也可能得把石油生产与石油销售结合起来才能盈利，这两者之间的任何单独环节都是支离破碎的片段，不能形成连贯业务。

例如，这与美国最大的石油市场营销商——大西洋炼油公司所实行的后向整合思路相似，它与缺乏炼油技术与市场营销能力的原油生产商——里奇菲尔德石油公司整合。前向整合也应该遵循同样的思路。前章提及的考妥尔公司采取前向整合的方式，通过与纺织生产领域的整合来解决规模不适当的问题，那就是一个很好的例子。

一般情形下，只有通过整合（无论是后向整合还是前向整合）才能解决规模不适当的问题。整合具有复杂性。即便是在同一行业中，企业实行整合，无论是前向整合还是后向整合，这都意味着企业进入了先前从未涉足、毫无经验可循的领域。企业的活动多样化了。企业需要新技能，要求承担新风险。如果在所参与的经济过程中，企业实行整合能够弥补各个阶段出现的成本与报酬的巨大差额，那么这样的整合就是合理的决策。所以，实行整合的着眼点始终应该对企业整个经济过程的成本结构与收益来源有所把握。能够把经济过程中的各个阶段加以有效组合，并从长远出发来调整成本与收益、机会与风险之间的比率达到最佳状态，这就是企业最好的整合。

第三，多样化的另一个内部压力是：企业意欲把内部成本中心转化成为收益生产单位。这种压力是无可厚非的，甚至是值得赞赏的。

莱昂斯公司（J. Lyons & Company）是在19世纪90年代伦敦展览会上承包饮食开始发家的。该公司迅速壮大并开设许多大众化的连锁餐厅，以低价供应优良食品。到1914年，该公司开设的"茶店"已经成为伦敦的地标。然后，在同一市场内，它进一步扩大多样化经营，创建一些大饭店，最有名的有"街角饭店"；建设一些大众化的旅馆；又创办食品工厂，开始只供应自己公司的饭店与旅馆，后来为越来越多的英国消费者供应食品。它发展成为烘烤食物、茶以及冰激凌的主要制造商。为了支持这些活动，莱昂斯公司很早就拥有自己的洗衣店，专为自己的茶店、饭店以及旅馆提供洗衣服务，因为外界很难满足它们质量高，尤其是数量大的洗衣服务。因而它必须发展自己公司的运输车队。洗衣店与运输车队这两项附带业务多年来为企业赢得利益，它们为各种各样的商贸客户与工业顾客提供洗衣服务与货运服务。

然而，即便是从成本中心发展出来的盈利业务，也只有当它适合于公司的整个系统时，才应该保留下来。只有当它与整个企业的使命、策略相匹配，并且只有当它能为整个公司的市场服务或技术开拓做出贡献时，才应该保留下来，否则就会导致公司整体努力的分散。

事实上，应该把从成本中心发展起来的业务分立成为单独的企业，即便它与企业的整个框架搭配融洽，也应该如此。荷兰的领军酿酒公司——喜力公司（Heineken）就是这方面的例子。在多样化经营方面，它与莱昂斯公司有着非常相似的经历，它先是投资餐厅与咖啡馆，后来又投资旅馆业与运输业。然而，喜力公司把这些与制销酒类无直接关系的附属业务独立出来成立公司。喜力公司拥有股权，但不负责管理。

外部压力

多样化经营的更重要、更普遍的原因是外部压力。

（1）第一种外部的压力是，一些企业的经济规模太小，因而成长范围受限。同时，因为经济规模太小，管理层从各个方面对它了如指掌。在经济发展阶段，企业可使用外部技术；但因市场规模太小，不足以吸引其他地方大型公司的关注。在这个发展阶段，资本也必须依赖外部。国外投资者宁愿选择与那些已经建立市场地位并证明具有绩效能力与管理能力的企业合作共事。在这种环境下，企业的成长倾向于采取多样化的经营形式。

实际上，这正是经济发展的重要阶段。

19世纪早期欧洲大陆所有国家中工业化程度最高的国家比利时就是一个典型。比利时在当时创建的模式一直沿用至今：一个具有创业精神与管理能力的集团式企业，通过多样化经营，逐渐发展成为许多不同产业，所有生产活动都在范围有限的国内市场进行。这种模式在半世纪后的日本工业化进程中被重复采用。三四个财阀集团形成管理核心。它们从国外获得技术的能力促使它们跨入许多不同行业，每个行业在很长时期内都维持较小的规模，而且直到20世纪，它们都受限于国内市场。第一次世界大战后，当巴西开启工业化进程时，这种模式也曾出现过。例如第一次世界大战前后，一家名为玛塔拉佐（Mattarazzos）的面条制造厂的出现可能算是巴西的第一家工业企业。它是一家地地道道的巴西公司，没有任何外国公司的背景。30年后，也就是20世纪50年代初，玛塔拉佐发展成为一个巨大工业王国，由各个行业中的许多小型公司组成。印度也呈现出十分相似的发展模式，塔塔（Tata）和比拉（Birla）是印度极具影响力的两家不同的大型企业，它们就是实例。秘鲁与委内瑞拉这些国家目前所呈现出来的工业特点也大致相同，即由一个管理集团在一个小市场中经营大量业务。

第二次世界大战前，虽然加利福尼亚州在政治上很长时间一直属于美国大陆经济的一部分，但其经济发展模式也是如出一辙。直到第二次世界大战，由于地理条件以及远离经济中心的缘故，孤立的加利福尼亚州在许多方面形成一个受保护但范围狭小的市场。

经济发展案例表明，小型经济中的多样化经营可能是最好的模式。然而，这并不是经济发展的"必经阶段"。与比利时相比，瑞士与荷兰在当时都更为贫穷而且人口更少，但它们都没有遵循这一模式。这两个国家很早都已经对外扩展，从而突破了国内狭小市场的限制。在封闭的经济中实行多样化应该被视为过渡阶段的权宜之计。

加州的企业大多是在第一次世界大战后兴起的，主要以购买美国东部、中西部大型企业的技术和商标权为基础，开始时只供应有限的西海岸市场，现在大多数企业都已经成长为全国性企业，有些企业甚至已经成长为规模相当可观的企业，比如在胶纸标签与其他纸制品方面占有领先地位的艾弗里制品公司。其他企业与东部的企业合并成为"全国性"企业。还有一些"区域性"企业，要么销声匿迹，要么萎缩到了无足轻重的地步。

因为在规模小且封闭的经济中，一旦市场扩大之后，多样化就会导致企业的规模不适当。在美国占领日本期间、解散财阀之前，日本就已经超越了这种模式。在第二次世界大战结束后，巴西也超过了这种模式。今天巴西的主要企业都是高度集中型企业，比如巴西的大众汽车公司与巴西最大的食用油公司——桑布拉公司（Sanbra），都是如此。

当经济迅速发展，但经济模式死缠不放，那它不仅会束缚经济的发展，而且会阻碍企业的发展。在维多利亚时代非常适用于比利时的那种小型市场的多样化模式，在进入20世纪之后，这种模式就会导致比利时经济萧条，甚至阻碍比利时新兴企业的崛起。

（2）另一种极为不同的多样化是基于市场扩展的多样化。当今最明显、最重要的例子是跨国公司。我们将在第59章中讨论此话题。

（3）推动企业朝着多样化经营的重要力量是技术。就其性质而言，技术具有分支发展的倾向。技术在开始时只是服务于一种产品、一条生产线或一个市场，但它很快就会发展成为一个完整的技术家族，就会生产许多产品，服务许多不同的市场。

电气工业与化工产业都是在19世纪50～70年代成立的，当时这两个产业只拥有两三个流程，只生产两三种产品，只为两三个市场服务。电气工业先是以发电机与电灯泡为基础，不久又有了电车。现代化工产业有三个根源：开矿与建造铁路所需的炸药、造纸与纺织工业所需的氯气以及纺织工业所需的染料。

在这25年间，这些技术分成许多不同的产品与生产线，供应不同的市场。到1900年时，通用电气公司、西门子公司、德国的赫希斯特公司（Hoechst）、英国卜内门公司（Brunner Mond，也就是英国帝国化工集团前身之一）都已经发展成为巨型的集团式企业。如今，一些主要的电气设备公司与化工企业都已经发展成为所有集团式企业中的联合规模最大的企业，它们经营不同的业务、制定不同的流程、采取不同的生产线、服务不同的市场，甚至远超过国际电话电报公司（ITT）。

这样的多样化并不是事先规划好的，而是从实验室的试管中或机械设计师的绘制图板上发展出来的。技术衍生新技术,如此运行便形成了多样化。

这些技术不仅对材料领域即"工艺"领域发挥作用,而且对社会技术与社会服务等领域发挥作用。

就其提供的服务而言,今天美国的商业银行的确堪称集团式企业。它的多样化或许已经超出了可管理的程度。所有服务项目都是从其他服务项目中衍生出来的。商业银行的每项服务都是从现有知识中捕获灵感,来提供金融服务,来满足老客户的新需求,来更新原有服务项目以适应新顾客,来培养企业服务的新能力。

(4)多样化的另一个外部因素,也是经济学家们很少考虑的一个因素,那就是现代税法的推波助澜。

从实践的角度来说,每个发达国家的税法都积极鼓励公司应该把资金重新投入到公司,而不是还回投资者。政府并不认为把资本还回投资者是资本归还行为,反倒认为这是利润分配行为,因而要依法纳税。所以对投资者和对公司来说都是如此,把公司原来业务已经不再需要的资金用于多样化经营,显然更加经济。

最典型的例子是最早采用多样化经营策略的 W. R. 格雷斯公司(W. R. Grace & Co.)。该公司在南美洲西海岸的一些小国家中从事运输、贸易与小型制造业,原来是一家小型公司,后来逐步发展成为美国的大型化工企业之一。

每逢欧洲战事频繁,拉丁美洲就会出现大量的现金积余;因为在战时,拉丁美洲的原材料与食品的价格就会飙升,但人们赚得的钱无法用于购买发达国家的商品。所以,格雷丝公司在第二次世界大战结束时就积存了一大笔资金,而实行多样化是避免资金被收税者掠取的唯一方法。

这很可能是个极端实例。就小规模而言,税法方面的考虑是促使许多公司采取多样化经营策略的原因;尤其是在那些尚处稳定或行将衰落的老企业，对它们来说，把多余资金投到现有业务中，显然意义不大，甚至毫无意义。

发达国家的税法禁止以任何方式把多余资金还回投资者。比如美国税法规定，只有在对整个企业进行清算时，才准许把资金退还投资者。这项税法有力地推动了经营的多样化。通用汽车公司没让雪佛兰事业部分立，在某种程度上也是当时税收制度的缺陷。当然，税法不是为此目的而设计。但事与愿违。在目前的所有国家中，税法在促进产业集中、促进集团式企业的出现以及促进企业规模的扩大化等方面所造成的后果几乎与税收政策所要达到的目的背道而驰。

（5）多样化经营的最后一个主要压力，我称之为"新市场"的兴起。这些新市场就是以投资与资本形成的"大众市场"以及以工作与就业形成的"大众市场"。这一内容可详见我的文章《新市场与新企业家》(The New Markets and the New Entrepreneurs)，收录于我的《人、思想与社会》(Men, Ideas and Politics) 一书中。

与老式资本家截然不同的是，大众市场的投资者也是"顾客"。对他们而言，哪家公司有价证券的"价值"适合他的期望，那就是他们想要的"产品"。同样道理，为了工作与就业，今天受过教育的年轻人也是大众市场的顾客。雇主所提供的工作岗位与就业机会，其"价值"只要符合他们的期望，那就是他们所要购买的"产品"。因而新兴的大众市场都很重视多样化。事实上，20世纪60年代末出现的集团式企业的成长与接管热潮，在很大程度上就是对这两种新兴大众市场的需求与期望的最初反应。正如通常状况下人们对新问题的最初反应容易误判一样，这也是错误的反应。然而，这些新兴大众市场的需求将会持续下去，并且必须予以满足，因而这方面的需求在很大程度上只能通过多样化才能得以满足。

总而言之，多样化是一个复杂的现象。无论纯粹的集中经营有多么令人满意，但所有企业都必须细致思考它们是否需要多样化，以及如何多样化。

在诸多促使多样化经营的压力中，有些压力可能是机会，有些压力可能是威胁。有些压力纵容了错误行为，惩罚了正当行为，比如税法。换言之，在公司发展的某些阶段，多样化可能是必要的；在另一阶段，多样化可能是非常理想的；在其他阶段，多样化可能就是一种诱惑，必须予以拒绝。

正确的多样化与错误的多样化

有证据清楚地表明，有正确的多样化，也有错误的多样化。⊖

执行正确多样化的企业，它的绩效能力几乎与那些高度集中、单一市场或单一技术的企业中获取的最高绩效旗鼓相当。然而，坚持错误多样化的企业，它的绩效与那些高度集中于错误业务、单一市场或单一技术的企业的绩效一样低下。两者的关键差别在于，绩效较好的多样化公司都拥有合一的共同核心。

然而，这就意味着多样化不是"要么予以谴责，要么予以提倡"的事。公司的高管层的主要任务就是去决定该公司需要什么样的多样化，需要多大程度的多样化才能把自己的优势充分发挥出来，以及从各种资源中获取最佳成果。

高管层必须先提出问题："为了实现使命、达到目标、确保继续生存、保持繁荣兴盛，企业所需要的最低限度的多样化是什么？"同时，高管层需要进一步提出："企业能够有效管理、能够承受得住的最大限度的多样化是什么？"一般情形下，最优适的多样化存在于这两个极端之间。多样化越靠近所需的最低限度，企业就越易于管理。那些想要更进一步多样化经营的企

⊖ 前文引用纽约大学商学院威廉·古思教授的研究即可证明这一点。

业远比那些想要更多集中经营的企业所承担的责任重得多。

无论"集中经营"多么令人满意，它也必须与"多样化经营"相和谐，否则集中经营就有可能导致"过度专业化"。反之亦然，无论多样化经营多么令人鼓舞，即便在事实上多样化是不可避免的，它也必须为集中经营的可能性留有余地，否则多样化经营就会导致企业分裂与管理混乱。单一性与复杂性都是企业必需的，它们能把企业引向不同的方向。然而，企业不允许单一性与复杂性相互冲突；相反，两者应该联络得当。高管层的任务就是在合一的共同核心的基础上推动多样化；无论是对小型企业、中型企业还是大型企业，高管层的这项任务都是同等重要的。

CHAPTER 57 | 第 57 章

由"多样"构建"合一"

  合一的两种核心：市场与技术——警告：能够界定市场的是顾客而不是制造商——界定市场的风险——企业战略之需——通用汽车公司与英国利兰汽车公司——技术作为合一的共同核心——基本规则——技术必须具有特定性——技术必须与众不同——技术必须是核心技术——为以技术为基础的多样化制定策略——"延伸技术家族"——它过时了吗——它的局限性——行不通的多样化战略与双轴式多样化——"逆周期性"多样化——"金融增效作用"的幻觉——为多样化而多样化——为弥补弱点而多样化——"气质相投"的需要

  只有两种途径能够促使"多样"协调成为"合一"。如果一家企业的业务与技术、产品与生产线以及各种活动都围绕在合一的共同市场中，那么，即便企业具有高度的多样化，它也会保持基本的合一。如果一家企业的业务、市场、产品与生产线以及各种活动都固守一种共同技术，那么，即便企业具有高度的多样化，它也能保持基本的合一。共同的市场与共同的技术为企业的合一提供了首要条件，即整个组织有共同的语言，有益于促进互相理解。

在此两者中，借助市场达到合一比较容易获得成功。

百事可乐公司在购买了一家生产休闲食品的弗里托莱公司（Fritolay）后，仍然维持在其原有的市场中；当然，瓶装的软饮料也是一种"休闲"食品。可口可乐公司在购买了冷冻橙汁的开拓者美汁源（Minute Maid）后，也仍然维持在其原有的市场中。欧洲消费品行业中的两家巨型跨国公司，联合利华与雀巢，都在许多国家从事不同阶段的包装与产品加工业务。但杂货店或超级市场是它们产品的客户。同样，宝洁公司在买进了当地的一家大型咖啡研磨机制造公司后，仍然维持在其原有市场以内。米其林公司（Mechelin）是世界上历史最悠久的橡胶轮胎制造商，事实上，它也是19世纪90年代充气轮胎的先驱者。当它进入导游业时，遵循多样化经营策略，但也还是维持在其原有的市场，也就是汽车驾驶人的市场之内。

只要能在市场中建立真正的合一，即便技术非常多样化，也不会导致企业出现分裂且复杂的多样化。

一家大型制药公司在原有业务的基础上成功地增加了一系列医疗实验室与先进的诊断仪器。这些新业务的技术是完全不同的，但客户是相同的——都是一些私人开业或在医院工作的执业医师。这些医师都非常认真地把处方用药、医务检验以及诊断仪器视为具有同等"价值"的事情。

在寻求合一市场中的多样化时，企业必须清楚知道如下两件事。

第一，决定市场的是顾客而不是制造商。如果制造商还把多样化经营视为相同且熟悉的市场中的另一途径，那是不够的；还必须把顾客视为新的多样化的同一市场的一部分，否则就要承担很大的失败风险。

在20世纪40年代末，美国无线电公司（RCA）可能是美国收音机与电唱机领域的领导品牌。从制造业的视角来看，收音机与电唱机都是"家用电器"。因此，美国无线电公司顺此逻辑把多样化业务延伸到快速增长的厨房电器市场，诸如生产电炉与电冰箱等。该公司显然拥有这方面的工程能力，而且拥有广大的分销网络。然而，尽管美国无线电公司拥有丰富的资源和广为认同的高质量产品，但它没能在厨房用具业务上取得成功，因为对家庭主妇为主的顾客来说，厨房与客厅并不相同。客厅的用具不是"用具"，而是"家具"。美国无线电公司的声誉并不像高管层所自信的那样受顾客青睐。经过几年的努力奋斗后，美国无线电公司被迫把厨房用具业务出售给一家厨房用具制造商——惠而浦公司（Whirlpool Corporation）。在厨房用具市场上，惠而浦公司早已稳占一席之地，多年来一直向西尔斯公司供应电冰箱与电炉。

这点对服务与商品都适用，而且适用于工业市场。虽然通用电气公司是声誉很高的先进电气设备与电子设备制造商，但电脑的买主们并不认为它在电脑制造方面出类拔萃。在技术上，通用电气公司生产的电脑完全具有竞争力，但它没能在电脑市场上建立地位，最终只能放弃。

专业技术完全不足以正确界定"共同市场"，专业技术更可能成为企业合一的基础，从而促使企业实行多样化经营，开拓不同市场。

因为制造商或供应商认定紧密相关的产品，顾客很可能并不认为是同一市场的产品。制造商或供应商认定显然非常不同的产品或服务，甚至连产品的最终用途与终端用户也迥然有别，但顾客很可能把它们归并为同一市场。

与许多零售商店一样，在西尔斯公司的零售商店与商品目录中，数量庞大的各种物品，一应俱全。西尔斯公司还成功地创办了一家意外灾害保险公司，并且在竞争激烈的汽车保险领域中脱颖而出成为领导者。西尔斯公司还创立了一个互助基金，建立了最大的汽车维修中心连锁店，还在不同时期组织读书俱乐部与旅游服务。这一切的共同之处是，这些服务与商品全部都由美国中产阶层家庭购买，他们把这些消费列入各自的正常家庭"预算"中。这正好与西尔斯公司对其事业的定义不谋而合——"成为美国家庭的采购员"。就技术而言，电冰箱与汽车保险风马牛不相及，但它们被同一顾客所购买，而且购买方式非常相同并拥有同样的价值期待。

这些例子说明了界定市场的基本风险。就界定共同市场而言，预测与分析是极其靠不住的工具。既定产品或服务是否能够真实地适合于企业的市场现况，这不容易预测。甚至通过市场调研也很难确知。只有在事后看来，人们才能恍然大悟——为何某种产品貌似完全适合它"本该"有的市场，但竟然没能成功。

可以肯定地说，无论进行多少市场调研或顾客问卷，也难于解释美国的家庭主妇为何不把厨房用具与客厅的收音机列为同一产品范畴。毕竟还是有些公司同时在这两种市场中获得成功，比如通用电气公司、通用汽车公司以及西屋电器（Westinghouse）等。西尔斯公司也在这两个领域中声名远扬。在 RCA 公司倒闭之后，真相大白，只可惜为时已晚。

企业战略之需

第二，只有制定真正的企业战略，在多样化基础上推进市场合一才能成功。如果多样化仅仅是"大杂烩"，那就无法运作。

企业的战略既要界定"包含的内容范围"，也要界定"不包含的内容范围"。在合一市场的基础上推行多样化政策，最早的也是最成功的例子之一是加拿大太平洋铁路公司（CPR）在 20 世纪初建立的"运输公司"。加拿大太平洋铁路公司以铁路为基础，在加拿大建立了许多连锁酒店，并在大西洋与太平洋同时运营大型轮船公司（在第二次世界大战后又创立了一家中等规模的国际航空公司)。然而，促使加拿大太平洋铁路公司的诸多业务拥有合一市场的不是"运输"，而是"旅客"。当然，铁路既要运人，又要载货，但多样化战略应该以旅客为重点。

多样化战略应该包含能够界定整个企业中每个业务角色的计划。与其他任何战略一样，多样化战略必须成为特定业务所设定的具体目的、具体指标以及具体工作安排的基础。

在20世纪20年代初，通用汽车公司由斯隆在合一市场的基础上进行"重组"，实际上应该是"重建"，多样化战略就是他取得成功的原因。斯隆继承过来的通用汽车公司原来就是在合一市场的基础上推行多样化，只是它没有任何战略规划。通用汽车公司包括六个汽车业务部，每个业务部拥有各自的品牌、工程技术、各自的政策、各自的分销网络，但每个业务部都没有明确的任务或身份。这些业务部都是通过金融并购组建而成的，虽然在表面上各个业务部都是主营汽车业务，但在本质上是个集团式企业。通用汽车公司后来之所以成效非凡，应归功于斯隆在战略系统的基础上改造了企业的结构。尽管来自企业内部的反对相当激烈，但他还是顶着极大的风险，将具有相当地位的品牌奥兹莫比尔（Oldsmobile）从原有市场转移到一个更合乎逻辑的新市场。他彻底地改变了雪佛兰汽车的基本政策，竭力进军当时雪佛兰汽车长久以来力图避免的新市场——在这个大众市场，福特汽车公司看似已经固若金汤。他还把原有的品牌奥克兰（Oakland）撤换成全新品牌庞蒂亚克（Pontiac），从一开始就有了明确的市场定位与经营策略。

与斯隆形成鲜明对比的是，在20世纪60年代把许多英国汽车公司合并成为英国莱兰汽车公司（BLMC）那些人，他们保留了许多混杂的汽车品牌。在这些品牌中，一些有自己的明确市场，而另一些则毫无个性与身份可言。在生产设备合理化、零配件与生产流程的互换性，以及有效的成本控制等方面，他们做得显然比斯隆要深入得多——通用汽车公司在后来才着手处理这些问题。然而，当局者迷，旁观者清，在外人看来，他们并没有为企业的合一制定企业战略，甚至连市场策略也没有。

在斯隆重组公司之后两三年，通用汽车公司就发展成为美国汽车工业中的领导者；而并购五年后的英国利兰汽车公司，在市场地位或工作绩效方面并无显著进步，依然是一家集团式企业。

在多样化经营的企业中，每个业务，甚至是每条生产线以及每条销售渠道，都必须有各自的计划、目标与策略。每个业务都必须设立明确的目标，并对照预期的目标来衡量成果。换言之，每个业务都必须按照自主业务的要求加以管理。与此同时，为了收获多样化经营的成果，高管层必须为整个企业制定统一战略、总体设计以及共同使命。必须在"合一"中求"多样"，否则即使有共同市场，也未必能够合一。虽然共同市场提供了合一的可能性，但促使合一成为现实的是管理。

技术作为合一的共同核心

多样化经营成功的第二条轴线是技术。共同的技术可用于多样化的基础以期开拓各种不同市场。

以共同技术为核心来构建市场的多样化，似乎要比以合一市场为核心来推行技术的多样化更为困难。从心理上讲，管理者可能会更尊重和在意不同技术的不同要求。他们是"理性的"。然而，面对不同市场所表现出来的"非理性的"差异，管理者很可能会拒绝甚至感到厌恶。技术方面的专业知识很容易加以辨别，可以通过系统方法来获取，而无须依靠固定模式。但市场方面的专业知识只能依靠"经验"，是"感觉"而不是"事实"，只可"意会"而不能"言传"。

对许多主要工业而言，以技术为基础的多样化是其运作的唯一方式。这些工业是指材料工业或制造工业，比如钢铁、玻璃、铝、纸、钢等。它们都是由制造流程所决定的。玻璃窑所能生产的唯一东西就是玻璃，但玻璃产品能够进入所有可能的市场。

材料工业的经验表明，以技术为基础的多样化并非易事。一般而言，至少从第二次世界大战以来，这些工业的绩效不尽如人意，其中有些企业的绩效非常糟糕。它们都非常强调"市场营销"。其中有许多（详见第46章）企业采用模拟分权设计原则，为特定市场创建"准自治"的业务单位。但它们发现，这并不是成功的捷径。

材料工业是19世纪工业发展的领导者。就产量而言（更不用说资本投资），材料工业目前仍然保持着迅猛增长的势头。但它们的产品已经成为"日用商品"，收益与成本不相上下。追其原因，显然是由于技术决定了市场的内在多样化。

唯一的例外似乎是石油工业。石油工业是唯一专注于市场的材料工业。石油工业的大部分产品是燃料，最终用途极为有限，也就是用于海、陆、空的发动机所用的汽油与柴油燃料，以及发电机所用的燃料。从经济上说，石油工业是一种"市场营销工业"，已经实现了与原材料供应的"后向整合"。

即便是在真正的材料工业中，也只有少数做得很好。这些企业的经验可以说明"什么可以做"和"如何做"。

一家美国的玻璃制造公司——康宁玻璃公司（Corning Glass Works）或许算得上是个杰出例子。该公司涉猎的市场很广，从最先进的具有科学用途的特种玻璃，到五金店与超市中销售的大众市场玻璃器皿，再到电视机的显像管以及其他玻璃制品等。所有这些产品都基于一个共同的技术：玻璃制造。

1971年，康宁公司的销售额为6亿美元，员工人数为3万；与石油、钢铁、铜等材料工业中的巨型企业相比，康宁公司还只是一家相当小的企业，不过在玻璃制造领域，它算得上是一家大型公司了；而且就利润状况与成长速度而言，康宁远比大多数材料工业要好得多。

在材料领域之外，也有一些以技术为基础推行多样化的成功企业。日本京都的立石电机公司（Tateisi Electronics），虽然它不及索尼公司在西方世界那样出名，但它以自己的方式取得了成功。该公司的成长是从工业设备制造开始的，诸如制造控制仪表与转换开关等。立石公司起初获取国外电子公司（主要是美国）技术资质，然后在电子领域中研发自己的技术能力。它成功地开拓了医疗技术领域的多样化，首先设计与制造高度精密的诊断工具，然后设计与制造由电子操纵的假肢。它还进军办公设备市场，生产出一系列台式计算器，如此等等。立石公司的产品市场是多样化的，但其技术是共同的。

"技术"（technology）并不一定指向"科学与工程"，因为"技术"（techne）这个词的希腊文原意是"有用的知识"或"有组织的技能"，而不是"工程"。

像"美洲银行卡"（BankAmericard）这样的银行信用卡，并不是商业银行"发明"的，而且肯定不是"科学"或"工程学"的产物，但银行必须学习困难的新技术。信用卡代表着银行必须在某种"新技术"（techne）的基础上实现真正的多样化。

共同的技术提供共同的语言。共同的技术能够提供竞争力，能够体现市场优势。共同的技术能够促进多样化经营，不会导致企业分裂，反倒促使企业走向合一。

基本规则

如果要使以技术为基础的多样化获得成功，必须遵循如下一些基本规则。

第一，技术必须具有特定性（specific）。技术必须体现应有的"技能"（skill），必须是一项"有用的知识"（techne），而不是一种"理论"。一些老掉牙的"技术"，比如通信或运输，根本算不上是"共同技术"。在美国，大型广播系统无疑属于通信事业，但在管理图书出版事业上并无建树，在出版商业杂志方面的成就上也大受质疑。某综合大学接受美国政府的委托，力图将"知识"与"教学"方面的能力延伸并用于解决城市问题、社会问题以及国际发展问题，结果深陷惨败的困境。

学术领域的学科也不是"共同技术"，因为它们是以理论为中心，而不是以技能为中心，它们也不具备"解决问题"的能力。人们可能在解决问题方面有点"实践成就"，比如企业运营顾问方面的咨询师能运用工具帮助解决客户的问题。然而，人们不能说："我们知道如何解决问题，因此我们能够制造或销售任何存在'问题'的产品或科学。"

大多数企业管理层倾向于把"市场"界定得太过狭窄，他们常常把市场视为"销售我们产品的地方"，而不是将它视为"顾客付费购得的价值"。然而，许多企业管理层倾向于把"技术"定义得太过宽泛。他们认为，技术就是"我们理智所能把握的东西"，而实际上，技术的真正意义是——"我们用高超的技能和优异的特长所能做的事"。

第二，技术必须与众不同（distinct）。技术必须有能力赋予公司产品占据领导地位的特性。

康宁公司正是遵循这条规则才取得了显著绩效，而其他材料工业只是生产一些毫无特色的产品，成果自然差强人意。虽然在普通玻璃餐具的生产上，康宁公司的技术能力与制造能力都不在话下，但它并不涉足其中。玻璃餐具的生产只要求普通的玻璃制造技术。康宁公司制造以及销售的玻璃餐具与玻璃厨具都是基于先进且有专利的技术，比如生产耐热与不破碎的玻璃。当康宁公司进入以设计与艺术为主而不是以玻璃技术为主的领域时，即进入制造通过特别设计并由人工吹制的玻璃工艺收藏品而非实用品时，康宁公司创建了一个完全独立的企业，取名为"斯托伊本玻璃公司"（Steuben Glass）。该公司拥有独立的管理层以及自己的销售系统。斯托伊本玻璃公司获得巨大成功。虽然它的所有权完全属于康宁公司，但它并不由康宁公司管理。

第三，技术必须是核心技术，而非附带技术。这就意味着企业所拥有的独特技术应该对企业产品或服务的多样化起到核心作用。忽略这一规则，必会招致挫折。

银行信用卡业务从逻辑上讲是"银行零售业务"的延伸。然而，事实表明，商业银行家的主要技能只是银行信用卡的附带技能。信用卡业务要求许多新的、非常不同的技能，比如邮寄销售要求高度专业化的技术，信贷控制的要求也是如此。因而许多银行长久以来办理不好信用卡业务。信用卡业务的确招揽了不少顾客，但银行本身损失惨重。纽约的大通—曼哈顿银行（Chase Manhattan Bank）首创银行信用卡业务，但经过几年的亏损之后，它最终还是放弃了这项业务。芝加哥的一些主要银行也有同样的经历。美洲银行（BofA）在接收大通—曼哈顿银行所放弃的信用卡业务后，花了五年甚至更长时间来学习信用卡业务所需的新技能。

就将技术用作多样化的基础而言，美国的造纸工业为我们提供了正反两种方法（或至少是过度冒险的方法），堪称典范。有些造纸公司（大多数是中型企业）把制纸的标准与众所周知的造纸技术扩大应用到新的消费市场，生产并销售新产品，比如化妆纸等。它们大获成功。有一家非造纸业的公司，宝洁公司（Procter & Gamble），在这个领域的某些部分也同样获得成功。比如该公司善用了消费者对市场营销的知识以及在技术与产品方面的多样化，从原本生产油脂、肥皂以及油脂制品等延伸到生产纸尿布等产品。

与此相反，许多造纸公司，尤其是大型造纸公司，斥资数百万美元花费数年时间，试图建立"专业技术"用纸的市场，但没能获得成功；这些专业技术用纸包括照相用纸、无碳复写纸、导热纸或热敏纸、感光纸或导电纸，以及其他专业技术用纸等。这些公司的假设是正确的，因为它们看到了专业技术用纸市场正在快速增长且利润潜力巨大，但它们的错误在于轻信造纸技术是制造专业技术用纸的核心要素。实际上，表面物理学与表面化学才是核心技术，纸不过是附带的载体而已。

造纸工业与银行信用卡的例子说明了一个道理：要预测某项既定技术是否能够成为新的市场、新的生产线、新的服务的核心技术，实属难事。预测某项技术的可应用性比预测某种新产品或新服务是否适用于原有市场难度更大。

第四，为以技术为基础的多样化制定基本策略，正如以市场为基础的多样化需要制定基本策略一样，而且这种基本策略更为复杂、难度更大。

以上所举的这些以技术为基础的多样化的例子，全都涉及新开发的、新增加的产品、服务或业务。虽然技术可以多种方式加以有效利用，但在应用时只能选择其中一种方式。因此，在考虑企业自身"技术"（techne）的多样化时，管理层应该要问："开拓我们的技术的最好方式是什么？"

有一家大型制药公司一直坚守一条严格的规则。每当研究部门研发出具有极大潜力的新产品时，高管层就会召集研发人员与市场营销人员一起探讨如下问题："这项新产品对我们的哪个竞争者来说是理想的发展？这项新发展最符合哪个生产线、哪个市场、哪种专业知识？"该公司的一位资深管理者说："我们不会提出这样的问题，因为我们最不愿意把研究成果出售给我们的竞争者。我们之所以问这些问题，首先是为了迫使我们自己细致考虑：我们应该如何履行诺言，有效使用这项研究成果；我们应该制定哪些策略；我们需要哪些资源；我们最终期待什么结果。然而，在我们提出这一连串问题之后，几乎有一半的结论告诉我们：不要继续独自进行这个项目了。"

"有时，由于我们事先提出了这些问题，我们就会决定放弃那些看似很有发展前途的项目，因为事实证明这些项目并不像人们所期望的那样。结果并没能为医师添加任何抗击疾病的新药物，反倒是满足了科学的好奇心，根本没有治疗特效。然而，我们更加容易得出的结论是：虽然这个项目很有发展潜力，但对我们的公司无益。如果这个项目研发成功，能够生产出抗击疾病的新药物，但它能治疗的疾病范围有限，医疗应用范围也很小，那么这种新产品最适合于该专业领域内的小型企业的生产线。对此类小型企业而言，这种新药品的确算得上主要产品；但对我们公司而言，这会增加业务的复杂性，因为这要求我们在原有的业务与市场之外付出更多的营销努力。也有一些其他情况，研发成果可能是具有很大销售潜力的生产线，但我们还是决定把它出售给其他公司；或者成为这种药品的众多生产商之一，或者干脆完全由其他公司生产。有些新药品的研发生产，我们就是这样做的。比如我们曾经把一些主要用于治疗热带疾病的研发成果出售给其他公司，因为在这领域，我们的市场营销能力有限。我们也曾把一些研发成果转让给其他公司生产，因为这种产品属于只能在特定市场销售的单一药品，比如止痛药。我们没法生产同类药物，而且为了销售这种单一药品，我们需要动用大量的市场营销力量，况且医师们会有许多用药选择。"

"有少数案例，我们决定利用研发成果与其他公司共同创建合资企业。我们通常会选择那些能够制造此类药物的专业技术的化工企业，这样的企业正好弥补我们所缺乏的专业知识。我想不起来有什么案例是我们本该自己经营的研发成果，却把它放弃、出售、转让给其他企业，或者与他人合办。如果要说我们犯下什么错误，那一定是，要么我们把自己太多的研发成果作茧自缚，要么我们不愿承认我们的研发成果虽然激动人心、前途光明，但它并不合适我们公司，要么我们不愿接受我们的研发成果并不适合由我们公司来承担研发与销售的重担。"

然而，这家企业最出色的地方是它在生产线方面的广度，以及在制药工业的主要终端使用市场中所占的领导地位。由于坚守上述政策，该公司能够集中全力研发那些具有重大意义的项目，从而能够从技术资源中获得最大利益。该公司有大约三分之一的收益来自药物与化工产品，该公司只负责研发，但不亲自制造，而是出售、转让或与其他公司联营生产。

为了使用现有技术开发新产品、新服务或新市场，企业管理层必须确认与界定需要何种新技术，或者增加何种技术。这是另一项基本策略要求。

这正是美国大型商业银行在原先投入银行信用卡业务时没能及时提出的问题。它们只看到一些"适用技能"，而没有看到所缺乏的技术。

企业还必须提出的问题是："为了配合新产品、新服务或新市场的发展需要，我们必须抛弃或淘汰哪些旧技术？"

有一家从事草籽的调配与销售业务的小型公司，多年来享誉整个美国。它以高度发展的技术能力测试土壤，并根据测试结果为客户供给调配合适的草籽。该公司后来决定推行多样化经营，在草地培植与草地养护等专业技术（techne）的基础上，开始生产"草地养护产品"，诸如肥料、杂草控制剂、杀虫剂、除莠剂等。它决定放弃公司原有业务的专业技术基础，即原来的土壤测试的专业技术。为了能够使肥料、杀虫剂、除莠剂等产品真正地脱颖而出，该公司必须能够在任何带有公司商标的草籽包装上产生良好的成果。当然，这就意味着草籽必须调配得均匀、恰到好处，至少必须确保在主要的气候地区做到这样。这就需要投入大量的工作来繁殖与测试新的草籽调配。这也是一件高风险的事情。然而，这种新的调配使得公司在肥料与杂草控制剂等技术方面取得重大成功；在十余年中，该公司发展成为一家中型企业，不仅成为同一行业的翘楚，而且在市场上，草籽的销售量也翻了几番。

最后，以技术为基础的多样化通常还要求新的市场营销知识以及新的市场营销策略。

通用汽车公司正是意识到这一点，在多样化经营中采用柴油机车并取得成功，但也正是因为它没能认识到这一点，从而导致在飞机引擎制造上失败。通用汽车公司的电力机车就是在原有技术的基础上发展出来的，也就是从柴油引擎改制来的。通用汽车公司之所以取得成功，并在该领域中占有实质性的垄断地位，是因为它深刻意识到铁路市场的与众不同，需要进行持续而艰苦的工作，需要拟定新的市场营销策略。通用汽车公司在推行以技术为基础的多样化时，还收购了一家小型飞机引擎制造公司，也就是"艾利森公司"（Allison）。通过这次并购，虽然艾利森公司在技术上有所进步，至少在喷气式飞机出现前的早些时候是如此，但总体上说，它并无大的成就。主要原因在于通用汽车公司自认为飞机市场与自己已经熟悉、掌握并积极参与的汽车市场并无多大差别。

"延伸技术家族"

在以技术为基础的多样化中，最具有挑战性的问题或许可以称为"延伸技术家族"，即那些因为技术的固有动力和"分支"倾向而推行多样化的企业。就其源头来说，这些企业拥有一个共同的技术祖先：电力学或化学。然后，这些技术才出现了"分支"。

如今的一些巨型电气公司，比如德国的西门子与AEG、英国与美国的通用电气（GE）、西屋电器、飞利浦公司、日立等，这些企业都是从100年前的共同"电力学"基础上发展起来的。它们一步一步地走向多样化，创建了几乎数不清的企业，进入无数不同的市场，从核子发电机到烤面包机，一应俱全。所有这些进步都与电力学息息相关。然而，对上述许多企业来说，电力学只是次要因素而非主要因素。

同样的道理，现今许多巨型化工企业也是从100年前的化学领域一步一步地发展起来的，而后逐步分支发展成为众多不同的技术、生产流程与市场。德国法本，美国杜邦、孟山都（Monsanto）、联合碳化物以及英国帝国化工等，这些企业的发展都源自非常狭窄的技术。从这些技术先祖那里发展出数十种技术、数十种市场，比如工业用品与日用消费品、纺织纤维与炸药、染料、药物以及食物添加剂等。

这些"自然成长起来的集团式企业"能够存活吗？它们是可管理的吗？它们是最理想的企业规模吗？不久以前，倘若有人提这些问题，那听起来一定觉得很愚蠢。在19世纪与20世纪初，这些以技术为基础相互链接而自然成长起来的集团式企业显然取得了成功。然而，虽然目前这些"延伸技术家族"仍在工业界占主导地位，但不再拥有以前那样的明显优势了。它们周围有许多企业，在"延伸技术家族"中，专注于特定的专业技术领域，经营得很好，许多企业的市场份额正在稳步提升。

或许更糟糕的是，虽然这些巨型企业拥有大型研究实验室以及丰厚的研发预算，但它们在自己的主要技术创新领域中却无善可陈。美国制药公司的销售额从1945年的1亿美元增长到1970年的60亿美元，其中大多数产品在1945年并不存在。实际上，这些新产品都不是美国或欧洲的巨型化工企业所研制的。电脑不是由通用电气公司或美国无线电公司等企业巨头研发的，而是由一些完全不懂电子技术的小型企业研发的，比如IBM公司、旧式打字机制造商雷明顿兰德公司（即Univac的前身），或者是制造开关与简单控制器的霍尼韦尔公司等。即便是在电子工业中，最成功的企业当属德克萨斯仪器公司（TI）或索尼公司等拥有专业技术的企业，它们只专注于研发电子技术中一个极小领域，并不想在电子技术的所有可能业务中推行多样化。

作为企业战略，延伸技术家族可能正在过时。它可能代表着技术发展的过渡阶段，与前一章中探讨的在规模小的、范围局限的经济中推行多样化经营的许多企业的经历相类似。在新兴的重大技术发展的早期阶段，有时只在某一领域或几个领域中利用新知识与新技术是不够的，应该在许多领域同时发展与应用新技术和新技能，这是最理想的状况。超过特定阶段，比如当市场发展到较大规模、技术繁殖与技术分支朝着许多方向发展时，"电气技术""化工技术""电子技术"等就不再是所谓的"共同技术"了。"银行业""零售业"也可能遭遇相似的情形。超过这个阶段，多样化就意味着分裂，甚至达不到生产预期。

这个观点可以在如下事实中得以证明。大多数巨型的延伸技术家族都在某些领域中拥有独特优势并维持领先地位，比如通用电气公司与西屋电器在重型电气设备领域，飞利浦公司在消费型电子技术领域，联合碳化物公司在冶金化工领域，以及杜邦公司在纺织纤维领域，等等。在这些领域中，它们保持活泼的创新能力。这些公司发展相对迟缓，组织相对脆弱，主要原因不是它们"管理不善"（poor management）而是"管理参差不齐"（spotty management），不是因为它们"优秀的"业务太少，而是因为它们涉猎的"不适合的"业务太多。

迄今为止，在主要的延伸技术家族中，只有通用电气公司勇于面对这些问题。至少在20世纪60年代与70年代初，通用电气公司已经从一些领域悄无声息地撤出，比如在消费品与工业用品领域等。在这些领域中，电气技术已经变成了附带因素，而非主要因素。

延伸技术家族已经到达可管理的多样化的极限。把它们凝聚在一起的是"共同历史"，而非"共同任务"。

行不通的多样化战略与双轴式多样化

在没有共同市场或者共同技术的基础上推行多样化，这样的尝试必败无疑。这样强行多样化会导致企业无法管理，也就是说，在一帆风顺时，生意兴隆，但一遇风吹草动，就会深陷困境。

管理这些企业的最佳方式是双轴式多样化,也就是市场轴线与技术轴线同时并举推行多样化。

百余年前,某跨国公司是从生产玉米淀粉起家的。在这项共同技术的基础上,该公司稳步发展并制造出多种工业品,比如黏合剂、胶水、涂料,以及许多消费品。差不多在过去30年中,该公司把生产重心放在消费品的发展上。除了原有以玉米为基础的各种产品外,该公司陆续增加了许多产品,比如浓缩汤与沙拉酱等,这些产品全都以加工食品市场,也就是杂货铺与超市为对象,同时工业用品业务仍然继续进行。无论是从企业成长,还是从利润增长来衡量,该公司在加工食品方面获得的绩效确实可圈可点,而以玉米为基础的各种产品的份额只占加工食品的小部分。与此相比,该公司不仅在工业用品业务方面绩效平平,没能从原先玉米淀粉技术中开发出新的产品,而且未能转入应用新的技术,也就是以石油化工技术或合成技术为基础来制造合成胶、胶黏剂或涂料等。虽然产量很高,也磨碎了许多玉米,但该公司不能占据市场地位,更谈不上大量盈利了。

原因可能不在于玉米淀粉提炼是项"旧技术",因为有些小型但规模可观的竞争者至今仍然采用以玉米为基础的提炼技术,而且以此为多样化的基础,绩效也很好。真正的原因是,以市场为基础的多样化与以技术为基础的多样化,此两者要求不同的管理思路、不同的管理态度、不同的策略以及能够提出不同的问题。要么是管理层的分裂,特别是高管层的分裂;要么是在管理态度或管理观点上厚此薄彼,造成不和。按照两条轴线同时进行多样化的发展与管理,并非不可能,但一定很困难。

"逆周期性"多样化

通过平衡资本商品业务的周期性优势与风险来对抗消费品业务的不同周

期性优势与风险，这就是企业的"逆周期性"多样化，但这种"逆周期性"多样化很少能够成功。

有人认为这两种业务只有在经济周期波动中会表现得截然不同，这种看法并不真实。或者有人认为只有在经济周期波动最不重要的时期，这两种业务才会呈现极端差异；这段时期指的是经济周期波动呈现相对温和而且较为短暂低迷的时期，也就是传统经济周期理论中所说的经济"衰退"时期。有时一些消费品的确比资本商品表现得更有力量。然而，在经济周期波动的紧要关头，也就是在主要商业周期的上升时期与下降时期，这两种业务的表现基本相同。在经济严重低迷时期，消费品业务的销售量可能还会有所进展，但可能会因为蒙受较高信贷损失与较低利润边际而亏损。

"金融增效作用"的幻觉

为了实行多样化，勉强把一家急需大量资金的企业与一家剩余大量现金的企业凑合一起，这种做法同样是错误的。一家健全并正在成长中的企业，很少能够长期拥有剩余现金。

也有例外情况，比如像保险公司那样的投资企业收购急需大量现金的制造业公司；虽然这算是例外，但从其他立场来讲则是有害无益。一些投资公司，像保险公司、储蓄银行或商业银行等，都是信托机构。它们的首要职责是对信托资金加以合理投资，以求增进投保者或存款者的最大利益，完全不受其他因素所左右。如果投资公司是属于工业公司的一部分，那么它可能会迫于压力而从事与存款者与投保者的首要职责不相吻合的投资。信托机构必须不辜负信托人的信任，不能对任何人泄露资金信息，哪怕是有人毫无依据地质疑在职责与权益上存在着这样的冲突，也不能泄露。

金融的"增效作用"（finncial synergism）是子虚乌有的东西。在理论上说得通，但实践上行不通。因为它力求做到"二加二大于四"；而事实上，在企业中，要做到"二加二等于四"都很困难——除了资金外，还需要许多相互"配合"因素。每项工作都需要金钱，所有的经济价值也都需要金钱加以表达，因而金钱是全世界通用的。也正是因为如此，金钱本身只是象征，而不是经济价值与经济现实。然而，在企业推行多样化时，经济现实与经济价值必须互相配合，这就意味着市场、生产率、技术以及管理等都必须配合得当。

20世纪60年代，"金融战略"在英美盛行，这种金融战略实际上就是按照"市价盈利率进行收购"，这甚至比纯粹的财务操纵手段更不可靠。事实上，它就是一场骗局。购买企业不是因为其本身的商业意义，而是因为可以通过股市价格变动而获得即时利益，换言之，就是以较低的市价盈利率去购买较高的市价盈利率的股票，这实际上只是"变戏法"。它能制造出金融的"杠杆作用"：在经济上升与市场繁荣中，这种做法就会提升每只股票的收益与股票价格。然而，杠杆作用总是双向的。在经济衰退与市场低迷时，这种做法就会降低每只股票的收益甚至使股票价格大跌。这种"收购政策"不过是20世纪20年代美国流行甚广但随即在30年代就被宣布为非法的"金字塔式控股"的翻版而已。当时许多公司出售债券购买其他公司的股份。那些把自己公司的股份出售给金融操纵者的人以及那些深陷"收购竞争"困局的公司，他们很快就看穿了这一骗局，并立即把其所得的债券转卖出去。

不是为企业的最佳利益而多样化，不是为提高企业的绩效与成长而多样化，而只是为多样化而多样化，这一定是错误的。然而，人总是会犯"吃着碗里的，看着锅里的"毛病。人们很容易发牢骚说："我们辛辛苦苦在这个行业打拼，资本回报率只有6%；看看别的行业，他们的资本回报率高达20%。让我们到那个行业中找个便宜的企业买下来吧！"然而，任何公司愿意主动出售自己，一定有其深藏不露的理由，更不用说会廉价出售了。其次，收购来的企业很难长期维持盈利。熟悉该企业经营的管理层通常很难留得住，而购买该企业的公司管理层通常并不了解业务，很难做正确的决策，也很难做到人尽其才、才尽其用。

同样道理，如果多样化只是想要借助另外不同的企业来弥补自己企业的缺点与漏洞，那么这样的多样化也会必败无疑。有公司声称："因为我们没有能力管理自己的企业，所以我们最好去经营一家我们更加生疏的企业。"这样的说法显然是大错特错了。然而，确实有一家公司为了改善自身的缺点，而购买另一家看似能够取长补短的企业。事实上，上面的话正是出自这家公司。

前面提及的那家以玉米淀粉为基础的跨国公司，就深知自己在提炼玉米淀粉以外的化工技术上存在弱点，因而它决定购买一家小型的聚合物化工企业，想以此来接收该企业中那些高知识管理人才。然而，那些聚合物化学家们在两年内相继离职——被收购企业的管理层也会这样做。这时，那家玉米淀粉公司才如梦方醒：管理一家自己在技术与市场方面都不熟悉的企业，根本无能为力。

企业必须在自己的优势的基础上推行多样化。只有在确保能够获得更大回报并能够做得很好的领域实行多样化，这样的多样化才会成功。多样化必须是公司久经考验的绩效能力的延伸。企业的管理层无论何时考虑推行多样化，无论是从基础业务发展起来的新企业，还是通过并购的企业，管理层都应该问："如果这家新企业遭遇困境，我们知道如何破解吗？"如果答案是否定的，那最好离它远点。因为任何企业，特别是新企业或者新收购的企业，迟早都会遭遇麻烦，而且麻烦往往来得比人们想象的要早些。到那时，母公司及其高管层就有责任知道应该采取什么行动并确实行动起来。

"气质相投"的需要

关于企业管理的多样性与复杂性,我还有一件事要说。成功的多样化必须具备一个绝对条件:"气质合一"(temperamental unity)。即使多样性已经深嵌到"市场的共同合一性"或"技术的共同合一性"之中,但如果多样化经营、生产线、市场以及技术在它们的价值上不相容,那么多样化也不会奏效。它们必须拥有共同的"个性",我称之为"气质相投"(temperamental fit)。

许多大型制药公司都在推行多样化经营,涉足化妆品与香水行业,但没有一家公司获得成功。在制药领域,没人会真正尊重化妆品与香水。对那些自以为是在执行人道主义的、庄严的、科学的任务的人而言,化妆品显得很"轻浮"。

在第二次世界大战结束后的一段时期中,一家大型电气公司突然发现自己一跃成为某个重要化工领域的先驱。为了给自己的产品提供更好的材料,比如电气设备、家电用具以及电炉顶盖的绝缘体等,该公司进行化学工业研究;令人惊喜的是,该公司收获了重大发明与技术突破。在此基础上,该公司决定开辟特殊化学用品业务,结果全部失败。该公司的一个资深管理者曾对此有过评论说:"我们拥有基本的专利权,但化工企业占据了市场。我们应该出售我们的专利权,让其他企业来生产,而不是把自己变成一家大型化工产品的生产者。"该公司在化工产品业务上的投资比化工企业在获得同等销售额上投入的资金还要多。该公司还任用优秀人才负责化工产品业务管理工作,还继续推进生产研发工作。然而,化工业务的基本"气质"与电气设备制造的机械业务的基本"气质"完全不同,因此无论是在决策制定还是在时间安排上,总不在"同一节拍"上。

西尔斯公司几乎用了20年时间才学会时尚商品的市场营销。西尔斯公司的高管层,从伍德将军一直到基层管理者,他们都坚信应该在时尚商品领域中成为领导者。然而，该公司的所有管理者中，无一人真正尊重时尚商品。西尔斯公司所崇尚的基本"价值"观念是：实用、耐穿、耐久、耐洗。不错，这些都是实实在在的优点，但这些都不是时尚商品在顾客心目中的"价值"观念。只有在整体一代管理层退休之后，西尔斯公司才能发展成为一家成功的时尚商品企业。

企业管理与业务经营都讲究"气质相投"与"价值匹配"，许多集团式企业之所以难以成功，追其缘由，正在于其"气质不相投""价值不匹配"。集团式企业的困难不仅仅在于它们试图统管多样化的市场、技术与产品，更重要的是这种多样性已经超出了管理层所能真正理解与掌握的能力。集团式企业的基本问题还在于它们试图统管具有明显差异的多种"气质""价值"与"个性"的企业。因此在做重大决策时，集团式企业势必会出现错误。

CHAPTER 58 | 第58章

管理好企业的多样性

对成功的多样化进行管理——如何处理"不恰当"的多样化——"局部恰当"的诱惑——多样化的四个工具——基础业务发展与收购——气质问题——方法差异——我们能做什么贡献——以"收购"为目的的"基础发展"策略——抛弃不恰当的多样化——不同类型的合资企业——合资企业的基本规则——成功的危险——谁来管理——当合资企业不再有意义时——家族企业须知

即便是根基最牢靠的多样化战略也偶尔难免会遇到"不合适"（misfit）的情形。毕竟市场延伸或技术扩展能否"恰到好处"，实在难以预计。将来必然会出现"局部合适"的情况——有些多样化虽然取得成功，但它们超出了公司的管理能力；或者有些多样化，只有在公司做它们不能做或不应该做的事情的条件下，它们才可能成功。

对多样化进行管理，必须要求管理者知道如何应对不同的变化。比如，如果有些貌似从现有市场中合理延伸出来的产品、服务或业务，因为消费者与生产者对市场的界定各不相同，结果证明它们并不属于现有市场，这时，管理者应该知道如何处理得当。有些多样化是从自己企业的业务或技术中有机地发展出来的，但不一定合适于统一的共同框架，这就要求管理者知道如何处理随之而来的事态发展。有些多样化发展成功的潜力巨大，从而难以割舍，但如果勉强把它融入自己的业务结构中，又担心会造成分裂与混乱。在对多样化进行管理时，比如在一个原本合一的业务中，管理者发现其技术正在日益分支，并朝着不同方向发展，彼此间的共同性也正在逐渐减少，这时，管理者应该知道如何采取合适行动。有时，最成功的新发展容易超越界限，而且它越是成功，对整个企业的威胁越大，甚至致使整个企业陷入无法管理的危险。

每个管理层都希望听到的好消息是，企业不仅拥有自己的蛋糕，而且可以各得其所；也就是既希望能够保持"不合适"的情形，又希望能够使整个企业处于可管理的状态并产生良好绩效。然而，不幸的是，这样的好消息不可能出现。那些对此壮举跃跃欲试的管理层，很快就会发现自己中了古老谚语的魔咒："在鹊鸟的巢里孵育斑鸠的蛋，到头来只能是'鸠占鹊巢'的恶果。"

如果"不合适"的多样化意味着失败，那么行动的方针就会非常清晰——想方设法摆脱它就是了。

然而，如果有些"不合适"的多样化具有发展潜力甚至具有明显的成功可能，那又该如何应对呢？

具有典型意义的实例是20世纪20年代的通用汽车公司，为了解决汽油引擎"爆震"问题，该公司研发了"防爆震液"四乙基铅。这项发明不仅是科学成就，而且是商业成就。因为引擎"爆震"问题是消费者接受通用汽车产品的主要障碍，故此，斯隆把汽车的高性能与经济性视为通用汽车公司的整个战略。然而，对通用汽车公司来说，四乙基铅是一种"不合适"的多样化产品。它是化工产品而非机械产品。况且，它必须与汽油一起在市场销售，因而它必须拥有汽油分销系统。

广为流传的说法是，四乙基铅的研发人员一直坚持不懈地敦促通用汽车公司购买一家中型石油公司及其加油站，以便推销四乙基铅。但斯隆更加明智，他没有这样做，而是与拥有销售系统的泽西标准石油公司携手共建了一家合资企业——乙基公司（Ethyl Corporation）。这为通用汽车公司赢得了远多于拥有一家大型石油公司所能赚取的利润。乙基公司没有成为大型石油公司的竞争者，而是在世界范围内向大型石油公司供给四乙基铅。实际上，通用汽车公司能从世界上任何地方销售出去的每一加仑汽油中获得利益。但通用汽车公司本身不仅只是做最低限度的资本投资，而且能够确保整个公司维持基本的合一性与可管理性。乙基公司独立经营，由自己的化学工程师与市场营销人员组成管理层自行管理。

当然，建立合资企业只是解决那些具有发展前途或具有成功潜力但又存在"不合适"的多样化的一种方法。然而，无论选择什么样的方法，诸如建立合资企业、直售、转让专利、分拆业务，都必须明确实施自行管理。如果要使那些"不合适"的多样化取得成功，它必须拥有自己的管理层。"不合适"的情形之所以能够出现，正是因为它与整个公司管理层所熟悉、所理解、所管理的合一市场与合一技术格格不入。因而如果"不合适"的多样化具有发展前途或具有成功潜力，那么它就必须拥有自己的管理层——实际上理应如此。

像四乙基铅这样"不合适"的多样化产品是较为罕见的。更加常见的情况是"局部合适"；通常状况下，新产品或新技术会与整个公司不相吻合，因为新产品或新技术的成功需要各自的市场与各自的顾客作为支撑；然而，新产品或新技术也是原来企业的重要供应源，或者也是自己的某些产品的重要消费者。

通用汽车公司必须拥有四乙基铅，以供应顾客需求。然而，没有一滴四乙基铅适用于通用汽车公司。这种情形与上一章提及的那家大型电气公司所研发的一整套新型塑胶化合物所取得的非凡成就大相径庭。这些新研发的塑胶可以广泛地适用于诸多行业与产品。事实上，如果没有如此庞大的市场，那么研发资金与资本投资就会显得太不经济了。大约有90%乃至95%的潜在市场，完全来自原有公司业务之外，但5%~10%（当然是立即可以实现的5%~10%）的市场是用于原有公司产品的零部件。该公司决定自己研发这些新型化工产品。然而，虽然这种新技术的研发大获成功，但该公司毫无收益，因为其他化工企业很快竞相购买原发明者的专利，并从中获利。实际上，对那家公司以及那家具有发展潜力的"明日之星"来说，把新技术转让出去，或者至少与一家大型化工企业合资经营作为基础，那么情况可能会好得多。

如果有些需要多样化的新发展，是为企业现有产品或服务创造一个可盈利的新市场，也就是当现有产品或服务可能成为重要顾客时，管理层应该自问："我们的产品、服务、市场对新发展所做出的贡献是起到重要作用的核心贡献，还是附带贡献？"如果是前者，那么这种新发展就是健全且可管理的；如果是后者，那么这种新发展最好还是独立门户为好。

在多样化中，"局部合适"是最危险的诱惑。一知半解总是比一无所知更为危险。人们往往很容易自己欺骗自己，自以为已经了如指掌；人们还会通常自欺欺人，自以为能对新发展及其成功做出至关重要的贡献。然而，实际上人们所不了解的那部分内容，通常可能成为关键因素，有时甚至起到决定性的作用。

那些进军香水与化妆品领域的制药公司，它们都自认为能在化学与化合物知识领域做出重大贡献。然而，对香水与化妆品来说，关键因素是时尚市场营销、广告促销，以及形象创意；而这三者都超出了制药公司的知识范围，而且与制药工业的价值观念相去甚远。

无论是在精心筹划多样化，还是在对已经成为多样化的领域进行管理，高管层始终应该像前一章中提及的那家成功的制药公司那样提出问题："这项产品、流程、服务、技术或市场更合适于哪些地方？"如果答案是肯定的，或者答案只是"也许"，那就应该追问："我们应该具备哪些能力，才能使之适合于我们的企业？我们可能学会这些能力吗？"我们还可以自问："对企业本身、对不合适的多样化以及对局部合适的多样化来说，最理想的分离办法是什么？"

凡是会导致"不合适"或"局部合适"的多样化，也就是那些会损害甚至摧毁企业合一核心的多样化，那就是（或者正在形成）另一种形式规模不当的企业。管理层必须确保整个企业在管理的合一性、管理的明确性以及对自己的事业与机遇的管理专注上免受这种多样化造成的危害。最低限度的做法是把"局部合适"的多样化建立成为完全独立的全资企业，不再归属原有企业管理。但这是一种投资决策。它必须采用投资本企业以外的任何其他决策的同样标准加以衡量——"这是我们现有资本的最好投资吗？"否则这种做法就是在分散企业的稀缺资源。

如果不是最佳的、很好的投资机会，那么宁可采用出售、转让专利或合资企业等办法实现全部撤资或部分撤资。这样做不仅能使企业获得更大的直接利润，而且能够促使管理层自由地去做那些力所能及的、应该做的工作，并能带来更大的间接成果。

多样化的四个工具

对多样化进行管理，企业的管理层需要如下四个工具。

其中两个工具是促进企业的多样化：一是从头开始发展，通常称之为

"基础发展";二是"收购"。

第三个工具是矫正不健全的多样化,也就是抛弃"不合适"或"局部合适"的多样化。

第四个工具是既要推进多样化,又要摆脱不健全的多样化:合资企业。

基础发展与收购是企业推进多样化与成长的光明大道,主张这两种工具的大有人在。此二者并不是非此即彼,而是可供替代选择。对于特定重要问题而言,此两者甚至可以互补。

常有人说,"收购"比"基础发展"花钱多,但能缩短时间。这种说法不一定正确。有许多"基础发展"比"收购"更加昂贵。同时,与一些专心致志从"基础发展"起来的企业相比,有许多"收购"企业甚至费时更长才能取得成果。

人们很难能够买到一个在市场、产品或人才等方面都恰到好处的企业。为使收购能够真正符合原有目的,可能需要花费很长时间。在此之前,不可能取得原定的收购成果。

也常有人说,虽然"收购"比"基础发展"更加费钱,但它的风险较小。这种说法也不一定正确。大量的收购案例表明,收购是个"昂贵的错误",令人失望的比例很高。我觉得这种比例快接近50%了。"基础发展"的失败率虽然高些,或许在三分之二左右,但其中大部分错误可以在投资金额变得相当可观之前被识破,并及早予以清算。

还有人认为,没有人能够确保"基础发展"的成功。虽然在"基础发展"的案例中,确实很少有令人愉快的惊喜,但我要说,总会有令人惊喜的成果,这是真的。然而,我从未见过,甚至从未听过,"收购"中会避免出现令人不愉快的惊喜。实际上,在"收购"案例中,能够绝对确定的事情是:在收购合同签字的第二天,形形色色的古怪之事就会接踵而来。

可以肯定的是,"基础发展"与"收购"要求不同的方式、不同的气质,要求提出不同的问题，以及面对不同的困难。但此二者的共同之处在于它们都必须以多样化战略为基础。"我们想要成长，让我们做些不同的事情吧！"这种态度对于此二者来说，都不大可能产生成果。如果要想让"基础发展"与"收购"这两种多样化能够取得成功，出发点应该问："我们的事业是什么？我们的事业应该是什么？"

但接下来，二者在本质上就有很大的差别。

事实上，"基础发展"与"收购"的本质差别极大，从而很少有公司同时在这两方面都能够做得很好。总是在收购方面出现"运气不佳"的公司应该停止收购。这算不上是"运气不佳"，而是缺乏收购公司必备的气质。即便是面对那些看似合情合理的收购，也必然会遇到困难、麻烦与问题；而这些自认为"运气不佳"的企业正好缺乏解决这些困难、麻烦与问题的能力。同样道理，那些在"基础发展"方面总觉得"运气不佳"的公司，那也算不上是"运气不佳"，而是它们没有明白新出现的问题，缺少创新能力（这点可详见第61章）。这两种公司都很难有能力弥补自身的缺失。

通用汽车公司与通用电气公司，这两家美国公司的经验可以证实这一道理——这两家公司确实也理解这一要点。虽然通用汽车公司已经数十年没有从"基础发展"出任何东西，但在"收购"方面，它取得了令人羡慕的绩效；比如在数年之内，通用汽车公司把成功的小型柴油机制造厂发展成为电动机车事业部，并逐步发展成为铁路机车行业中的巨头企业。与此相反，通用电气公司则从早期开始就在收购业务方面特别不景气，但它在通过技术创新或市场创新来发展新型企业方面积累了辉煌的成功经验。

无论是"基础发展"还是"收购"，每个管理层都必须具备其中一种能力。因为每家公司，或者至少是超出小规模的公司，都可能需要推行多样化。然而，每个管理层都需要认识到，在这两种多样化工具中，哪一个更适合企业自身的气质、做事方式以及能力。它应该致力于自己能做而且气质相投的领域。拥有很高技能与力量的一只手，强过看似灵巧但技能平庸的两只手。

"基础发展"与"收购"的基本方法从一开始就不一样。在决定进行"基础发展"时的关键问题是："它能够为我们做何贡献？它能为我们提供何种新能力、新强项、新市场或新技术？总结一句话来说就是——它能为我们做什么？"

而在决定并实施"收购"时的关键问题是："我们能为新购买的企业做何贡献？"除非收购公司能够在提升购进企业的绩效与生产成果方面做出积极贡献，否则就不能说这种"收购"已经取得成功。

正是因为通用汽车公司深谙"收购"之道，因而在其收购的企业经营方面能够取得成功。然而，不是非要像通用汽车公司这样的巨型公司才能以"我们能做何贡献"为基础来制定一个成功的收购策略。

在美国的中西部，有家公司也是因为在细致分析"自己能做何贡献"的基础上推行收购策略，在15年内，企业规模发展迅速，从微型到中型，几近大型企业，并获得丰厚的利润。该公司的主要业务是制造并供给机械产品或电子产品的零部件。该公司确实拥有雄厚的制造能力。但它把自己的主要业务定位在有能力在工业产品市场建立与销售流通方面做出贡献。它不断地寻找一些在工业产品的工程与制造方面具有领先地位的成功的中小型企业，而且这些企业主要从事制造业，而不是从事市场营销。一旦找到这类企业，它就会向该企业的管理层提出进行共同研究的建议。如果双方的管理层对研究结果都很满意，并且认为进行有系统的市场营销确实能够提高利润，那么它就会提出收购条件，通常情况下，收购价格就会很慷慨。迄今为止，这种收购方式都容易被对方接受。在15年中，该公司收购了11家中小企业，除了其中一家以外，其他收购来的企业都在很短时间内实现了预期成果。

企业进行"收购"，必须以自己能做出贡献的能力为基础，这种做法有一个非常令人信服的理由。收购者不能想当然地以为被收购企业的管理层会继续留下来为他们工作,即便是收购者请求他们留任,他们也未必愿意留下来。根据以往的经验,他们留下来的几率微乎其微。当收购者必须为被收购企业提供管理层时,麻烦就会随之发生,这时就必须发挥收购者的优势,并且尽可能满足被收购企业的需要。

"基础发展"通常不会遭遇此类问题,这是这种多样化工具最有力的论调。在"基础发展"的多样化工具的应用过程中,人们可以获取所需的才能、技术与竞争力。人们能够在此发展过程中不断学习。在"收购"工具的应用中,人们同样必须拥有这类才能、技术与竞争力。

以"收购"为目的的"基础发展"战略

20世纪30年代,美国施行"新政"后,摩根公司(J.P. Morgan)的银行系统被迫一分为二。其中之一是摩根士丹利公司(Morgan Stanley),它承接了承销与风险投资业务,那是原公司最具名望的业务。另一家公司则沿袭公司原来的名字,继续从事商业银行业务,而那不过是原公司的副业而已。新的摩根公司虽然声名远扬,也拥有全美国最大企业的客户群体,但它缺乏商业银行最需要的重要元素——存款基础;不仅如此,它还缺乏商业银行的知识以及经验丰富的商业银行家。大家都认为新的摩根公司不久就会"穷得只剩下钱",并很快被人遗忘。然而,分家不到十年,摩根公司就接管了担保信托公司——那是当时全美国最古老的、最大的商业银行之一,也是最不景气且死气沉沉的商业银行。合并后的摩根担保信托公司立刻显得生机勃勃、活力十足,并一跃成为纽约领先的生意红火的大型商业银行。虽然该银行下设的分行不多,实际上每个分行本身都是规模很大的银行,但就目前存款总额而言,该公司在纽约银行业中排行第四,从信托与投资业务来看,其地位还要更高。这是通过深思熟虑的多样化战略才获得成功的，也就是实行以"收购"为目的的"基础发展"战略。

在摩根银行系统分解后，负责商业银行业务的摩根公司合伙人亨利·亚历山大就曾意识到，他接手的是一家残缺不全的商业银行；他意识到自己的公司存在"规模不当"问题，无法成功地运作商业银行的业务；不仅如此，它还缺乏存款基础。他还认识到，这些缺陷很难通过企业的成长加以改善，而只能通过合并或收购来弥补。仅靠一己之力不足以对被收购企业做出重大贡献，亚历山大对此也是心知肚明。所以他积极投入系统化的"基础发展"，尤其是挑选一些聪明能干的年轻人，对他们进行商业银行业务培训。在那些年中，纽约银行界中流传着"亚历山大幼儿园"的笑谈。然而，当亚历山大最终展开行动并接管担保信托公司时，他能够分派经验丰富而且业务能力强的摩根公司管理者，去比自己公司规模大十倍的银行的关键部门担任要职，并且能够熟练运用那些经过仔细检验的思想与政策，来激活被收购企业的关键活动。

"收购"之所以能够获得成功，关键在于收购者对被收购者必须有所贡献，"基础发展"可以为"收购"提供基础。因为"基础发展"常常会深陷"困境阶段"，或者会出现"规模不当"的尴尬境况，因而它急需一种"量子跳跃"以便建立一个更大的销售系统、更大的存款基础以及更广的技术。"收购"常常是促进"基础发展"更具有生产力的最佳方法。然而，这首先要求企业管理层必须具备罕见能力，也就是具备同时实施"基础发展"与"收购"的能力。此外，这更要求管理层必须具备明确目的的企业战略。

抛弃不合适的多样化

对那些不合适的、不成功的多样化，企业应该尽快地予以摆脱，免受其害。否则它就会消耗企业的资源，加重管理层的负担。无论是通过"基础发展"还是通过"收购"，任何多样化战略都需要一个系统化的、有目的的政策，来抛弃那些不合适的业务。对那些"不合适"或"局部合适"但又成功的多样化来说，不应该让它们放任自由，而应该让它们脱离管理系统，应该撤资。

西尔斯就是采取这种方法培育了一家它持有并发展最成功的制造公司——惠尔浦公司。当惠尔浦公司制造的全部家用电器都由西尔斯购买并销售时，西尔斯拥有惠尔浦公司的所有权。后来，当西尔斯决定惠尔浦公司也可以对外销售自己的品牌家电时，西尔斯除了留下享有控制权的那部分股票之外，其他股权向公众销售。随着惠尔浦公司的逐渐发展壮大，西尔斯随即把其余的股票全部出售。

运用这种策略的一个理由是：一个正在成长的成功企业，既需要外来资本，又有能力自己获取资本。然而，这样的企业同样需要真正的独立管理。如果这种企业被另外的管理层所控制，而这个管理层在旨趣、愿景和主要关切上都只在乎自己，那么这种企业就不太可能充分发挥潜力。实际上，这种企业已经不再是"孩子"，而是已经长大"成人"了。既然成人，最好应该独立自主。

惠尔浦公司仍然是西尔斯主要家用电器的独家供应商，但它也为西尔斯供应其他家电产品，比如家用取暖器等。惠尔浦公司一直由原来西尔斯的执行主管负责高管层的工作，直到1972年为止。然而，惠尔浦公司之所以能够成长并名列美国前一百名大型工业公司排行榜，主要是因为它的销售商能够有效运用自己的品牌直接向消费者销售产品。这种做法是在西尔斯停止对惠尔浦公司的控制之后才开始的。惠尔浦公司直接从资本市场与信贷市场获取所需资金。

对大多数"不合适"或"局部合适"但又成功的多样化来说，从一开始就应该鼓励它们在管理与财务上实现独立自主。这就好比已经长大的孩子一样，他们需要成立各自的"家"。

这种撤资实际上是"市场营销"问题，而非"出售"问题。问题不是"我们想卖什么，以及要卖多少钱"，问题是"这家企业对谁有'价值'，以及在什么条件下它具有'价值'"。当然，这是一笔金融交易，但这笔交易的关键是要寻找潜在买主，让一种对卖主而言是"不合适的"但对买主来讲是"完全合适"的交易能够成就。卖主为买主提供最佳机遇，或者帮助买主解决燃眉之急。这样，买主就有可能出最高价钱购买。

一家大型印刷公司认定，它主办的一份发行量很大的杂志，充其量只是"局部合适"的多样化产品，因此决定出售它。当初收购这份杂志主要是为了履行印刷合同。这份杂志当时身处困境。在印刷公司管理层精心经营后，它已经走出困境，如今已经相当成功了。然而，印刷公司的管理者们知道，这份杂志需要新的方向与新的策略。但他们自己既不是也不想成为出版行家。他们已经深刻意识到，他们在自己并不真正了解的出版业务上耗时太多。他们还意识到，这份杂志真正需要的是高水平的出版管理。于是他们问道："什么是杂志出版公司的真正价值呢？"他们得出的答案是："如果这是一家正在成长中的杂志公司，那么它最需要的是现金。因为正在成长中的杂志急需大量的现金投资，以求在数年内扩大发行量。"因此紧接着的问题是："在对我们有利的前提下，如何才能满足这家潜在买主的现金需求呢？"他们的答案是："通常状况下 30 天内买主必须付清印刷费用与纸张费用，但我们可以对它的付费宽限到 90 天。"因为除了扩大发行量所需的资金外，印刷费与纸张费就是杂志最大的现金需求。印刷公司很快就找到了一家能够满足杂志资金需求的出版集团。该出版集团欣然购买了这份杂志，而且支付的价格比卖主所预期的还高。他们当然具备这样强大的支付能力。买主通过为自己的需求获取现金融资，从而在成本上也得到好处。而卖主在自己的关键领域收获成倍的增长——因为它获得了买主其他杂志的印刷合同。在这桩交易中，各得其所：卖主承担的风险最小；而在两年内，买主从杂志发行与广告中所获得的利益增加了50%。

有句谚语说得好："在为你的女儿找丈夫时，不要问'谁会成为她最理想的丈夫呢？'而要问'她能成为谁的好妻子呢？'"对那些"不合适"或"局部合适"但又获得成功的或很有发展潜力的多样化来说，这也是一条正确的规则。

合资企业

合资企业是促使"不合适"转变成为"合适"的最灵活的工具，其重要性将会与日俱增。同时它也是所有多样化工具中要求最严格、操作难度最大、最鲜为人知的一种工具。

有几种不同的合资企业，它们的目的不同，特性也各异。

第一种合资企业是将两家不同而且独立的企业的优势汇集一起，组合成为共同拥有的新企业。母公司贡献各自的优势所形成的整体显然不同于各组成部分构成的总和，事实应该如此。

乙基公司是早期的例子。另一个例子是最近的、规模小得多的一家合资企业，1972年由英国海外航空公司（BOAC）与利斯科电脑租赁公司（Leasco）合资创建，这家新的合资公司专门为小型航空公司提供旅客订票系统。这家合资公司把英国海外航空公司为原有订票需求而设计的程序以及流程数据与利斯科电脑租赁公司的专业知识和财务能力整合一起。英国海外航空公司发现了将"成本中心"转化成为"利润中心"的良机。然而，它也深刻地意识到，除非创建一家新的、独立的合资企业，否则那将沦为"不合适"的多样化。这个新的合资企业需要大量资金，而这正是英国海外航空公司力所不能及的。新的合资企业也会帮助英国海外航空公司在高度竞争行业中减少自己业务运作所付出的努力。

第二种合资企业试图对自身无法生存的"不合适"业务进行整合，以此寻求新的出路；它试图实现一个从"规模不当"到"规模恰当"、从"不可行"到"可行"的"量子跳跃"。在这种合资企业中，尽管在比例上存有差异，但所有合伙人所做的贡献基本相同。然而，这种合资企业的整体应该大于各组成部分的总和——很简单，这是因为各组成部分都低于自身所能获得的成效的最低限度。我们可以称这种合资企业为"通过合资联营而形成的聚合体"。

20世纪60年代末70年代初，在英国伦敦因主要经营中期贷款业务而形成的"联营银行"（consortium bank），就属于这种"通过合资联营而形成的聚合体"。这种"联营银行"的主要合伙者是欧美的一些大型银行，也有一些日本与拉丁美洲的银行参与其中。这些银行全都规模庞大且财力雄厚。然而，在这些银行中，就经营中期贷款业务而言，没有一家在财力尤其是市场方面能够与一些美洲银行巨头竞争，诸如美洲银行、大通－曼哈顿银行、花旗银行等。这些美洲银行巨头早就凭借自己在中期贷款业务上的专业优势发展成为跨国金融业中的翘楚。如果这些参加"联营银行"的各家母银行决定与这些美洲银行巨头进行直接竞争，那么它们投入的资源与努力一定会与它们所希望获得的成果大相径庭。然而，如果它们决意退出中期贷款市场，它们便会丧失所有重要客户。

在原材料供应方面也有非常相似的合资企业实例。阿美石油公司（Aramco）是由泽西标准石油公司、加利福尼亚标准石油公司以及美孚石油公司三家美国大型石油公司联合组成的合资企业，主要在沙特阿拉伯共同经营石油的勘探、开采、提炼业务。在20世纪40年代，阿美石油公司建立时就已经知道沙特阿拉伯的石油储量巨大，即便是世界上最大的石油公司也无法单独销售其石油产量。只有联合这三大石油公司的市场营销系统，才能把沙特阿拉伯油田的石油销售的"威胁"转化成为"良机"。

最后一种合资企业的建立是为了获得所谓的"双重国籍"，也就是为了突破政治或文化障碍。

最著名的例子是第二次世界大战后日本企业与西方合作伙伴共同创建的合资企业。这些合资企业通常被理解为旨在把西方人的技术、产品知识与日本公司的市场、语言与文化的知识相调和，日本人自己的解释尤为如此。日本人自己宣称：在异域文化中，西方人是无法进行管理的。然而，也有足够多的实例可以反驳这种看法，事实上，许多西方企业能够成功地经营一些由它们完全控股的日本分支机构，诸如胜家公司（Singer）、IBM 公司、可口可乐公司，以及一些瑞士的制药公司等。毋庸置疑，大多数西方公司宁可选择自己创建或收购由它们完全控股的日本分支机构。它们之所以创建合资企业，是出于政治考虑而不是经济因素。

在日本，合资企业的重要性远非经济上的方便联姻所能比。合资企业可以帮助调和全球经济的冲突现实以及缓解以民族国家为基础的政治体系间的矛盾。合资企业还是化解经济力量与政治力量之间的紧张关系的有效方式。合资企业还在协调跨国公司与小型企业的相互关系中扮演重要角色，这在发展中国家尤为重要（可详见第 59 章）。

合资企业的基本规则

无论创建合资企业的原因如何，必须遵守的规则大致相同。在合资联营之前，所有公司都必须了解这些基本规则。否则无论合资企业如何成功，将来终有悲伤遗憾。事实上，除非所有合伙人及所有合资公司都充分理解并遵循基本规则，否则合资企业越成功，麻烦也就越多。

当然，合资企业也会因为失败而各自深陷困境。那时，合资方都必须清楚知道如何处理，而且合资方的利益也都一致，因为彼此都希望能够解决这些问题。如果合资企业已经无法挽救，那么大家都希望能够全身而退，把损失降到最低程度。然而，当合资企业获得成功时，它也会产生问题。因为合资企业成功时会出现合资方利益不一致的情况，而且通常状况下不易调和。

所以，第一条规则必须详尽地、坦诚地设定三个目标：两个目标针对合资双方母公司，一个目标针对合资企业。必须事先说明清楚，合资双方母公司在目标上很可能存在基本差异，这一点至关重要。如果只是说"我们希望我们的合资企业能够成长、繁荣、盈利"，然后不再有任何作为，那么这无异于自找麻烦，数年内即可见效。

20世纪50年代中后期，赫希斯特公司等德国大型化工企业与美国大型化工企业在巴西创建了数家合资企业，但都因为获得成功而以失败告终。合资企业的创建与经营成功了，但合资双方的母公司在合资企业的发展方向以及政策落实上出现分歧，互不妥协。合资双方的母公司都不知道对方的目标从合资开始时就存在差异。而事实上，双方都自以为它们的目标相同。基于自己的正当利益考虑，德国的大型化工企业把巴西合资企业视为德国研发技术的用户，而且不用支付授权费；同时把巴西合资企业视为购买德国生产的原材料以及中间产品的客户。它们甚至并不希望巴西合资企业发展太快，因为在20世纪50年代初期，德国化工企业的母公司在欧洲的发展急需大量资金周转，承受巨大压力，因此它们并不愿意把有限的资金用以资助巴西子公司的发展。与德国这些母公司正好相反，美国大型化工企业则把巴西的合资企业视为"成长型企业"，它们希望巴西的合资企业能在尽可能短的时期内成长为足够规模的大型企业；同时，它们希望这些合资企业能够快速发展，并成为美国技术与美国原材料以及中间产品的制造商。而那时大量现金对这些美国大型化工企业来说，根本不成问题。实际上，当时美国大型化工企业的确存在着流动资金过剩的问题。所以，当巴西的合资企业开始迅猛发展时，合资双方的母公司发现各自正深陷难以调和的矛盾之中；合资双方的母公司最终不得不清算这些合资企业，由其中一方接管。

即便是事先已经明确规定了目标，合资双方的母公司依然存在意见分歧的危险，而且再次强调，这种分歧通常发生在合资企业获得成功时。合资双方势均力敌，固执的程度通常也不分上下，互不相让，因而没有人能够解决这个难题。所以，必须在合资企业创建时就"约法三章"，规定好消除双方意见分歧或陷入僵局时的相应决策与应对办法。

我认为有必要事先确定好合资双方都尊重的，又有能力解决冲突与分歧的仲裁者或局外人。他的裁决应被视为最终裁决，且对双方都具有约束力。合资企业特别容易犯的一种疾病是玩弄权术。常见的现象是合资企业中的要员喜好挑拨离间，从而导致合资双方的母公司相互内耗。这会制造人人自危的恶劣氛围，从而导致合资企业难以为继。因此，事先规定解决争端的有效办法是合资企业健康发展的基本保障。

合资企业必须拥有自主权。人们之所以想要创建合资企业，其根本原因在于业务、生产线、市场以及关键活动等诸多方面，已经与母公司的结构不相适应。因此必须通过创建合资企业，在真正享有自主权的环境中发展自己的事业，设定自己的目标，拟定自己的策略，实施自己的政策，以及实现自己的使命。

当然，这会把我们引入一个问题："谁来管理合资企业？"

除了"双重国籍"的合资企业之外，"谁来管理"的答案是很明确的：合资企业必须拥有自己的管理层。合资企业并不隶属于任何母公司，它是一家独立自主的企业。虽然具有"双重国籍"的合资企业理当属于合资双方的母公司，但它依然需要自己的管理层。否则，它就应该由母公司中的任意一方来全权管理。合资双方的母公司共同管理合资企业，这种做法不仅不可行，而且只会招致挫败。

在日本，由日本公司与西方公司共同创建并取得成功的合资企业，管理权通常在日本人手中。在这些合资企业中担任管理要职的日本人都是日本母公司的实际高管。他们只是被借调到合资企业中任职，在日本母公司中仍然保留他们的资历地位与晋升资格。也有美国人或其他西方人在这些合资企业中担任要职，他们理当进入合资企业的管理层；然而，实际上他们只是技术顾问，他们也因此常感沮丧与失落。与此相反，在日本，也有几家由日本人与西方人共同经营的合资企业，是由西方人担任管理要职。在这种合资企业中，日本母公司的代表也会感到很沮丧，好像自己成了"外人"。

最后，如果合资企业获得成功，尤其是当它发展成为大型企业时，它就应该脱离母公司的控制，它也不再是"合资企业"了。或许母公司仍然保留部分投资，但它应该全方位地实现独立自主。在资本市场允许的情况下，它至少应该吸收一些外部股东。合资企业也应该自筹资金，或者至少应该具备自筹资金的能力，否则它的成长就会障碍重重。20世纪50年代，通用汽车公司与泽西标准石油公司之所以出售给乙基公司，正是因为它太大、太成功，从而不能再以合资企业的身份继续经营了。

有时，合资企业可能会被分割，与母公司分离，尤其是那种"通过合资联营而形成的聚合体"的合资企业。虽然这是血淋淋的、极其惨痛的事情，但这也可能是正确的做法。

标准真空石油公司（Standard Vacuum）是第一次世界大战期间由泽西标准石油公司与美孚石油公司共同创建的合资企业，主要想在远东地区从事石油的生产、提炼以及石油制品的销售业务。开业之际，泽西标准与美孚两家公司都意识到东南亚的石油市场很大，置之不理显然割舍不下，但过分重视，东南亚石油市场又显得太小，没有发展空间。到了20世纪50年代，事态发生变化，早已时过境迁了。合资双方的母公司在合资企业的目标设定与发展战略上出现根本分歧。因此它们决定把标准真空石油公司一分为二，每家母公司分得各自原有的一半。虽然这样重大的外科手术给这个非常引以为豪的管理团队带来严重创伤，但分开十年之后，泽西标准东南亚公司与美孚石油东南亚公司都茁壮成长为大型石油公司，规模远大于合资经营时标准真空石油公司的规模。

在标准真空发展成为一家成功的大型企业后，如果依然把它维持在一家合资企业的位置上，这种做法显然会阻碍它的成长。即便是具有明确的目标以及拥有自主权的管理层，合资企业依然会被母公司视为实现其目标的工具，而不被视为一家独立自主的企业。一旦企业已经建立并获得成功，这样的做法显然就是政策过失与立场错误了。

我们可以做出预测，在未来的数十年中，多样化的重要性将会更加凸显。"新市场"的压力，也就是投资与资本的大众市场以及就业与成就的大众市场所形成的压力，不断涌现的世界经济体，不断推陈出新的技术动力等，所有这些全都会迫使企业实行多样化。因此企业的高管层必须清醒地意识到多样化压力的极端重要性：应该顺应哪些压力，应该抵制哪些压力，分辨哪些压力有利于加强企业的合一性以及提高企业的管理能力，哪些多样化可能造成企业的分崩离析，从而有能力管理好企业的多样性与多样化。

家族企业须知

行文至此，我们所讨论的复杂性与多样性，都是指企业的复杂性，以及产品、市场与技术的复杂性。然而，还有一种重要的情况，其复杂性不是针对企业结构的职能，而是针对管理结构的职能，那就是"家族企业"。

家族企业曾是常态化的经营模式。如今家族企业依然常见，甚至许多家族企业都是大型企业。然而，至少在发达国家中，如今在可以雇用到专业管理者，以及即使人们未能继承家业与财富也能够获取资本的情况下，许多大型家族企业正在逐渐走向没落。如此说来，家族企业需要做什么呢？家族企业必须做什么才能继续存活下去呢？家族企业的规模大小以及时间跨度又当如何把握呢？

毋庸置疑，当规模超出一定限度时，如果依旧由家族成员组成的管理层来管理，企业将难以为继。当企业发展超过一定规模，即通常状况下超过中等规模时，实际管理的重任必须逐渐从创业家族成员那里，转移到与家族企业少有关联甚至是毫无关联的专业管理者身上。但企业的所有权仍然在这个家族手中。例如，第二次世界大战结束前，日本每家财阀集团的规模都非常庞大，而且结构相当复杂，但这些财阀集团的所有权仍然牢牢掌握在创业家族的手中。虽然许多家族企业愿意而且确实可以自由地招募不同姓氏的管理者，但早在1900年之前，所有财阀集团就已经交由非本家族的专业管理者来管理了。

与日本不同，在欧美的一些大型家族企业中，当企业发展超过中等规模时，创业家族仍然身处显赫地位。比如直到第二次世界大战后，德国西门子公司的创业家族仍然是管理层中强有力的代表，即这个家族势力对该企业的影响持续了百年。美国杜邦公司的杜邦两兄弟与一位堂兄弟，他们在1902年接管了当时濒临破产的老旧黑火药工厂，并着手创建了杜邦公司，直到70年后的今天，杜邦家族在该公司管理层中显赫依旧。然而，无论是西门子公司还是杜邦公司，就职权、影响力以及决策权而言，专业管理者早就享有家族成员的平等地位了（虽然在正式场合与社交礼仪方面，他们的地位不一定平等）。

当家族企业的发展超出一定规模后，如果想要永久生存下去，它必须能够吸引并留住非本家族成员的一流人才——甚至是靠收养子嗣也不行（美国杜邦家族早就采用收养子嗣的办法，甚至做得比日本人还要成功。但不像日本人，杜邦家族收养的子嗣，就是与杜邦家族中的女儿结婚的男人，他们无须改用杜邦姓氏）。家族企业如果要长久生存下去，它必须细致思考（而且越早想明白越好），需要做什么才能让这些家族的"外人"与"统治家族"一起生活、一起工作，相安无事。

规则相当简单，杜邦公司与西门子公司在多年前都曾拟定过规则：只有那些真才实学并具备充分资格担任高管职务的家族成员，才能允许留在企业中。通常情况下，在家族企业中，无论头衔与级别如何，甚至无论职务如何，家族成员都拥有权威与权力的地位。家族成员还拥有直通高管层的内线——作为重要家族人物的儿子、兄弟，甚至是具有联姻关系的亲人等。无论级别如何，他们都身居高管要职。如果这些人不能以自己的真才实学与工作绩效为基础来赢得高管位置，那么他们就不应该在公司中尸位素餐。

某个家族成员的堂兄保罗，或许他真的需要家族的帮助。可是，如果他不具备高管层的才干，那他最好领一份津贴，远离办公室为妙。如果他不在公司任职，他所花费的只不过是一份干薪；如果允许他任职，公司所要付出的代价就会更大：有损人们对整个家族的尊重，降低吸引并留住优秀人才的能力，以及影响那些真才实学的人的晋升机会。

一个缺乏才干但愿意辛勤工作的家族成员，公司或许还可以继续留用。虽然其他人会不太乐意、心存不满，但终归会接受他的工作权利。然而，如果家族成员不愿意勤恳工作，那么无论他多么能干，都不能允许他留在家族企业中，因为他会破坏士气、滋生怨恨，并导致玩世不恭。

1920年，当杜邦公司重整旗鼓并发展成为真正成功的大型企业时，皮埃尔·杜邦就曾意识到，公司应该嘉奖高管层中那些非家族专业人士，以示激励，让他们感到自己也是公司的"主人"。皮埃尔·杜邦顶着其他家族成员强烈反对的压力，力排众议，发明了美国商业历史上第一个"股票期权计划"（stock-option plan）。他坚信，如果不施行这个计划，任何一流的非家族优秀人才都会有备受歧视的感觉。事实证明他的观点是正确的。钱不是最重要的，最重要的是身份与地位的认同。

在家族企业发展超出一定规模后，即便它能够成功地吸引它所需的专业管理者，也未必意味着它能够长久存活下去。整个家族的创业精神也会被削弱。罗斯柴尔德家族（The Rothschilds）已经维持其家族旺盛活力的创业精神近两百年，比历史上任何企业甚至是非企业的朝代都要长久。然而，随着罗斯柴尔德家族企业的不断成长与繁荣，家族成员的独立性也日益增大。家族成员会追求其他事业并为之奋斗。家族成员中愿意献身于家族企业并为之付出艰辛努力的人越来越少，那些真正能干的家族成员尤为如此。罗斯柴尔德家族企业最终成为一家完全由专业人士管理的企业。家族成员中或许还有人留在企业中，但那已是例外而非寻常了。众所周知，罗斯柴尔德家族在任何地方都喜好与皇族争强斗胜。然而，即便是罗斯柴尔德家族银行，如今也有非家族的合伙者。一旦这种情况出现，家族企业就已经不再算是"家族企业"了。

故此，要经营一家成功的家族企业，家族成员必须未雨绸缪，当家族企业发展到非常成功时，就要采取必要措施改变其特性。通常历经两代人的努力，家族企业就能发展到中等规模；那时，创业家族就会成为这家企业的受益人而不是这家企业的老板。如果事先认真规划妥当——就像皮埃尔·杜邦在20世纪20年代初所做的那样——对那些最能干、最辛勤工作的家族成员来说，家族企业的职业生涯仍然是一种挑战。其他家族成员则早就应该成为企业的外部投资者了。

CHAPTER 59 | 第 59 章

论"跨国公司"

第二次世界大战以来的重大社会创新——考验还在后头——如何解释跨国公司——跨国公司不是美国的发明——不局限于大型企业——不局限于制造业——不是对贸易保护主义的回应——共同世界市场——从"跨国公司"到"超国界公司"——世界市场作为"整合者"——经济与主权的分离——"跨文化"公司——将政治多样性与文化多样性整合到管理的合一性中——策略问题——内部力量——企业的整体策略与局部策略的需要——集中力量的必要——高管团队——子公司的管理者及其在母公司中的地位——人人都需要一个家——如何处理管理者的薪酬问题——跨国公司及其环境——跨国公司在东道国中的地位——跨国公司在原籍国中的地位——不是经济问题，而是政治问题——跨国公司与发展中国家——"进口替代品"的蠢事——全资子公司——加拿大的例子——成功的跨国公司所带来的问题——石油开采权——未来的跨国公司——未来的管理结构跨国公司把企业的多样性与复杂性提升到新的水平,并在企业的战略、结构以及行为等诸多方面,对高管层提出了前所未有的新要求。

跨国公司是自第二次世界大战以来最突出的社会创新,要是没有跨国公司,那将是一段毫无社会创新与社会想象力的时期。在一个被民族主义政治狂热践踏得四分五裂的世界中,跨国公司是最重要的非民族主义机构;在一个被政治纷争搅乱的世界中,跨国公司变成了整合世界格局的一种机制。这使得跨国公司的重要性远超出它自身作为企业机构所扮演的角色。同时,这也使得跨国公司成为难以管理而且问题重重的机构。实际上,对跨国公司的真正考验还在后头。如果它不能解决在民族主义高涨的世界中形成跨国机构所产生的内外矛盾,那么,跨国公司就不可能繁荣昌盛。因为跨国公司的出现是第二次世界大战后最具有深刻意义的历史事件,它既是经济与国家主权分离的原因,也是经济与国家主权分离的结果,同时还具有象征意义。

时至今日,世界上依然缺失跨国公共服务机构。目前世界上已有一些"国际机构",但这些机构主要从事协调、规则制定或研究工作,并不涉足具体行动与绩效执行。真正有能力自主行动而不受国家政府支配的跨国公共服务机构只有世界银行(WB)与国际货币基金组织(IMF)。尤其是IMF,从1971年起,它引进"国际提款权"(international drawing right)作为"关键货币"的辅助工具后,更显跨国公共服务机构的特质。当然,世界银行与国际货币基金都反映出世界经济与政治主权相分离的同一现实,而这一现实正是跨国公司崛起的基础。

然而,正如当前世界经济从政治主权中分离出来一样,生态问题也正在经历与政治主权的分离。目前的世界迫切需要一些能够真正具备自主行动能力与执行能力,同时又不受制于任何国界的跨国环境组织。与生产相比(事实上也与生产密切相关),"污染"只是局部现象。然而,与经济日益全球化一样,环境正在逐渐成为全球问题。在解决海洋与海底、空气资源与气候变化、土壤与原材料资源等问题时,"国家主权"日益暴露出其抑制性,而不是愿意成为有效行动的执行者,那些最强大且领土最广阔的国家尤为如此。所以,正如美国国内的企业管理已被视为公共服务机构"管理"的典型与先驱一样,跨国公司可能也会成为未来世界中跨国公共服务机构的典型与先驱。我们不妨可以预测,将来的跨国公共服务机构一定会遭遇目前跨国公司所遭遇到的所有问题与困难,无论内部的还是与各种政治主权相关的,都是如此,主题如民族国家、政府、文化与价值观等。

本章旨在讨论"企业",只使用目前我们所拥有的跨国公司作为例证并加以说明。这样,当跨国公共服务机构出现时,本章所论及的内容也应该能够适用。

如果说跨国主义(multinationalism)是第二次世界大战后最引人注目的经济发展,那么它也是最不被人理解的。有关跨国公司的神话很多。人们大致认为跨国公司是全新的、前所未有的机构,但它也是一种旧趋势的复兴。19世纪就有很多跨国公司。人们对跨国公司的恐惧也不算什么新鲜事。反对"美国人接管"的强烈抗议可以散见于1900年英国的书籍与报纸杂志中。

无论是在美国,还是在欧洲,19世纪的重大科技发明几乎同时引发跨国公司的崛起,即出现了可以跨国生产并销售商品的公司。19世纪50年代的德国西门子公司就是一例。在德国母公司成立之后,英国的子公司与俄国的子公司几乎随即成立。这些子公司在随后数年的发展中几乎超过了德国母公司。制造收割机的麦考密克公司(McCormick)与其英国竞争对手——制造联合收割机的约翰·福勒公司(Fowler),也都是19世纪的跨国公司。胜家缝纫机(Singer)与雷明顿打字机(Remington)也都是在专利获准不久成为跨国公司的。这种趋势在20世纪初加快发展,比如瑞士的化工企业与制药企业发展成为跨国公司。菲亚特公司与福特汽车公司也都在创建之后的几年内就在国外建立了子公司。20世纪20年代,联合利华与荷兰皇家壳牌石油公司就已经建立了如今跨国公司的原型。

20世纪50~60年代兴起的跨国公司浪潮，在很大程度上是延续了第一次世界大战前的发展趋势，而并不是一种全新的发展。它说明了第一次世界大战时期疲软的经济活力与成长能力的复苏。目前的跨国公司甚至在形式上与第一次世界大战前的发展状况相似：母公司在其他国家成立一些全资子公司与分公司。联合利华与荷兰皇家壳牌石油公司都是由英国与荷兰合资的公司，在两个国家中都设有母公司与高管层及其公司总部。就企业结构而言，与新兴的跨国公司相比，它们更像真正的跨国公司。

实际上，在19世纪末与20世纪初的某些地区，跨国主义甚至比今天更加盛行。比如第一次世界大战前总部设在奥匈帝国境内的里雅斯特（Trieste，战后被意大利夺占）的两家保险公司，它们通过分设于世界各地的子公司来承办大量的人寿保险，包括欧洲、拉丁美洲、非洲、中国与俄国等三四十个国家或地区。

另一个传言称，跨国公司完全是或者主要是美国发展的结果。在20世纪50年代，跨国公司的大量发展的确是由美国企业主导的，主要原因在于当时美国的经济与金融力量非常强大，但更主要的原因在于当时欧洲各国政府所采取的经济政策。虽然欧洲已经成立"共同市场"，但欧洲各国政府一直不愿意让本国企业成为"欧洲企业"。除英国外，欧洲各国政府并不赞成甚至阻挠超越欧洲国界的企业并购，甚至组成"利益共同体"也难以达成共识。因此，美国人就乘势利用了共同市场所创造的良机。正如塞尔旺－施赖伯（Servan-Schreiber）在1968年英文版《美国的挑战》（*The American Challenge*）一书中所说的那样：是美国的主动精神将共同市场从良好意愿转变成为经济现实。这话一点也不夸张。

然而，到了20世纪60年代中期，由美国主导的跨国公司发展阶段结束了。此后由非美国企业领导。到20世纪70年代初期，有一半跨国公司业务仍然由总部设在美国的企业做，而其余一半业务则是由总部分设于其他国家的跨国公司来经营管理，诸如荷兰、瑞士、德国、瑞典、法国、英国、日本等国的跨国公司，也有少数拉丁美洲的跨国公司。

到20世纪60年代中期，跨国主义运动已经蔚然成风。非美国的跨国公司发展速度远快于以美国为基地的跨国公司，而且将来的发展肯定会更快。特别需要提及的是，泛欧洲的公司可能会发展成为世界经济的一个重要因素。

另一个流行的神话是，跨国公司的发展仅限于大型企业。在20世纪70年代初期，一个被广泛引用的预测认为，到20世纪80年代中期，全球制造业将会落入300家巨型跨国公司的囊中，每家跨国公司都在全球经营业务，每家跨国公司的销售额都将高达数十亿美元。

事实上，与国内企业一样，跨国公司的规模也各有不同。跨国公司经济力量的集中程度未必比任何国家经济的集中程度大。小型跨国公司的成长可能更快，经营效果可能更好。它们只是没有成为头条新闻罢了。

这类中小型跨国公司在某个小的生态位置中表现出色而且占主导地位。以下举些例子。

一家总部设在瑞士的精密机械制造公司，拥有1800名员工，全球销售总额近5000万美元。该公司在50多个国家经营业务，在十几个国家开设制造厂；而在1960年，它才只有50名员工，在短短的12年中，它发展了30倍多。

无独有偶，一家总部设在美国、具有同等规模的公司，在开始经营跨国业务时，它只在加利福尼亚州南部雇用约100名员工。十年后，该公司的业务遍及30多个国家，在英国、德国、瑞典、巴西开办6家制造工厂，在日本与南斯拉夫开设合资企业。该公司又在化工与冶金交汇衍生出来的技术的基础上建立了自己的领先地位，此项技术精密又严格。

另一家公司，专门供应世界上大多数小型航空公司的飞机零配件、仓库与维修设备，从阿克拉到斐济群岛再到华沙都有客户。还有一家小型的纽约证券交易公司，专门为机构投资者做研究，在伦敦、布鲁塞尔、香港等地拥有办事处与合作伙伴，它在美国之外服务的机构投资客户数量不亚于在美国国内的机构投资客户数量。

这些公司都是小型企业，而且可能一直处于小型企业的规模；但它们与大型企业一样，也是实实在在的跨国公司。

认为只有制造业才是跨国公司，这种观点是个误解。成长最快的是金融业，美国的大型商业银行早就抢在它们的客户之前推行跨国经营了。

在跨国公司的发展中，最引人注目的当属新兴的"国际银行财团"（consortium），即由一些大中型商业银行进行资源整合，组成合资企业，创建跨国性质的"综合银行"（universal bank）。典型的例子是CCB——由德国商业银行、法国里昂信贷银行、意大利罗马银行等组成国际银行财团。其他还有一些国际银行财团，诸如英国、美国、加拿大、巴西、比利时、荷兰、日本、澳大利亚、奥地利、北欧诸国的合作伙伴等。

此外，管理顾问、审计人员、广告代理商等也早在美国制造企业之前就开始经营跨国业务了。早在20世纪40年代末，当西尔斯公司进入加拿大与拉丁美洲时，它就开始跨国经营了。此后，西尔斯公司又于20世纪60年代进入多个欧洲国家。实际上，就对拉丁美洲（比如在秘鲁、哥伦比亚、巴西等地）的经济与社会所产生的影响而言，西尔斯公司各家商店的影响力比其他制造企业在拉丁美洲创建的子公司更大。另外，当英国于1972年决定加入欧洲共同市场时，里昂公司与玛莎百货公司等零售企业比其他制造企业更快成为"欧洲公司"。

以上这些论述是对跨国主义本质的一般解释，基本都是误解。有人认为，跨国主义的产生是对贸易保护主义的一种反应。这些人觉得，公司之所以在国外设厂，是因为它不再能够输出产品。这种解释听似可信，实则根本不符合事实。

20世纪50～60年代既是跨国公司发展最迅速的时期，也是国际贸易发展最迅速的时期。实际上，在这一时期中，世界贸易的经济增长率（大多数年增长率保持在15%左右）甚至比国民经济增长最快的日本还要高。如果贸易保护主义迫使一个国家无法依靠对外出口来实现经济扩张，那么即便是日本也无法实现经济的快速增长。跨国主义发展得最为迅速的行业并非贸易保护主义最严重的行业。例如，在贸易保护主义非常严重的化工产业中，跨国公司的出现相对迟缓；但当制药工业从一开始就占领先地位时，贸易保护主义便不占主导地位；而在贸易保护主义极为严重的钢铁工业中，跨国主义几乎不存在。

然而，关于贸易保护主义不是跨国趋势的根本原因，最有力的证据是欧洲的发展。当欧洲大陆废除贸易保护主义并组成欧洲共同市场时，跨国公司才开始兴起。

有一个普遍的观点认为，跨国公司的发展与贸易限制有关，这种看法也不可信。跨国公司为各国自己的产品开拓出口市场。跨国公司的海外子公司都是各国自己产品的最佳市场，诸如机械产品、化工中间产品，如此等等。

美国的贸易数据清楚地说明了这一点。美国跨国公司最活跃的市场，既不是那些一直正在丧失的出口市场，也不是那些日益重要的进口市场。美国的纺织公司几乎全部都是国内企业。美国的陶瓷行业、平板玻璃制造业、制鞋业也是如此。占美国汽车市场份额越来越大的外国汽车，也都不是AMC在海外的子公司的产品；它们是德国的大众汽车、雷诺汽车以及日本的丰田汽车。然而，在美国的出口中有越来越多的市场份额是由那些积极走跨国主义路线的企业所做的贡献，尤其是把商品通过海外子公司出口。这种情形在

20世纪60年代后期与70年代早期的出口商品中或许能达三分之一强。荷兰、瑞士、瑞典、德国与意大利等国的对外贸易也呈现出同样的情形。

跨国主义与日益扩张的世界贸易是同一个硬币的两面。贸易保护主义绝不是跨国主义产生的根源，两者互不相容。事实上，贸易保护主义的出现可能会成为跨国公司的最大威胁。

共同世界市场

真正需要做出解释的是跨国公司何以会如此爆炸性地涌现，这远比解释美国的经济实力或贸易保护主义重要得多。也就是说，一个真正的世界市场出现了，它不受国家、文化甚至是意识形态的限制或界定，它超越了这些条条框框。这种市场甚至不再是"国际的"（international），而是日益成为以全球共同需求与期望为基础的"非国有的"（non-national）市场。

任何市场都取决于需求。正是需求创造了供给。事实上，正是需求决定了什么是"供给"，正是需求决定了机遇与需要，也正是需求创造了市场的特性。

第二次世界大战之后发生的前所未有的伟大事件是：伴随着财政收入的增加，尤其是在信息交流方面的提升，各国纷纷发展出同样的或相似的需求模式。这是出乎意料的大事。第二次世界大战结束后，当欧洲各国与日本恢复经济活力时，它们就会发展出不同的需求模式，人们对此显然"心照不宣"。当时，人们坚信，只要法国的经济得以复苏，它的期望与需求一定完全不同于美国、日本、苏联、德国，甚至不同于自己的近邻——比利时。这种确定性来自于19世纪、20世纪初期的经验与现实。这种确定性可以解释为何戴高乐与赫鲁晓夫这样截然不同的人都会把"共同需求的出现"（也就是"真正的全球市场"的出现）视为"反常"现象与某种"阴谋"

的证据。

现在我们知道，所有20世纪50年代关于欧洲"可口可乐化"的论调都是无稽之谈。根本不是欧洲变成"美国化"，而是大众市场，也就是借用社会学家们所鼓吹的名词——"后工业化的市场"，首次出现在人们的视野中，美国首当其冲。然而，当类似于美国的这些条件出现在世界各地时，全世界的需求模式都变得大同小异了，尽管其他国家并没有获得与美国相当的收入、流动性以及广阔的信息视野。

这并不必然意味着同样的商品与服务都可拥有全球市场，也不是说某一地区畅销的产品与服务一定在其他地区也会畅销无阻。

一家大型跨国食品加工厂在美国市场推销脱水汤破产的故事，很具有警示意义。这种脱水汤是该公司在欧洲获得成功的主要支柱之一，脍炙人口且发展迅速。当这种脱水汤被引进美国市场时遭遇失败。深受欧洲家庭主妇欢迎的脱水汤，美国家庭主妇未必觉得方便。虽然与罐头食品相比，脱水食品的重量要轻得多，但这对那些习惯开车外购物品的美国妇女来说，意义不大。虽然脱水食物的体积较小，易于储存，但这对那些拥有宽敞厨房的美国主妇来说，吸引力很小。况且这种脱水汤的调制时间较长，调制后的保存时间又较短，又容易腐化发臭，因此即便脱水汤具有重量轻、体积小的优点，但它的确不如罐头汤方便。

然而，所有的家庭主妇都想要便捷，并愿意为此付出代价，这一点并不分美国、欧洲、日本，还是其他地方。

世界经济中出现的需求模式并不是经济学家们所预期的需求模式。顾客一再证明，他们比专家更清楚自己需要什么。

人们对更便捷、更有动力的生活需求很大，也就是人们希望从汽车那里获得这种满足。早些时候，除了极少数非常有钱、非常有能力的人能够获得这种满足之外，其他人只能望洋兴叹。另一种公共需求是人们渴望多一点卫生保健，好使小孩能够顺利长大成人，能够生活在合理的健康状态之中，不受疾病与伤残的威胁。人们有接受教育的需求。人们有接触广阔世界的需求，也就是人们希望通过新闻媒体、电影、无线电、电视机来了解世界的需求。数千年来，人们的知识、视野与愿景，受限于各自所在的山谷与小镇，他们过着同样的生活，互相熟悉、相依为命。人们还有"小小奢侈品"的需求，也就是在事实上可以体现个人已经脱离贫穷囚笼的东西，比如口红、棒棒糖、软饮料，甚至是芭蕾舞鞋等。

如今，这些已经成为非常普通的需求。它们不是以富裕为基础，而是以更加强有力的东西为基础，那就是"信息"。正如马歇尔·麦克卢汉所说的那样：如果这个世界尚未成为一个"地球村"，那么它肯定已经成为"全球购物中心"了。

世界经济变化产生的影响是：从今以后，每家企业，即便是一个很单纯的地方企业，甚至只是在一个小地方经营小生意，也需要确实进行管理，就像一个全球经济运作那样认真管理，而且必须有国际视野。就像位于巴伐利亚州西南部的企业具备"全德国的"眼界那样，或者像密歇根州北部的企业具备"全美国的"视野那样。虽然巴伐利亚州西南部的企业与密歇根州北部的企业只是在各自的"小角落"经营生意，但它们必须了解与把握全国经济的状况。同样道理，从今以后，世界各国的企业都必须了解全球经济的主要潮流与发展趋向。

这种发展不可逆转。虽然贸易保护主义确实会导致世界经济萎靡不振，甚至会致使世界经济运作艰难、濒临崩溃，然而，贸易保护主义不能毁灭共同需求，也不能遮蔽全世界的视野与愿景。基本变化已经不可挽回地发生了。问题不是这种变化能否延续下去，而是能否化险为夷，把它转化成为有利于社会、有利于个人以及有利于工商企业。

跨国公司既是共同世界市场出现的反应，也是共同世界市场的标志。

世界市场作为"整合者"

市场具有整合能力。它能把"资源"转化成为"生产要素"。17～18世纪"商业革命"的伟大成就在于塑造了"国家市场",也就是将"生产要素"整合在一个国家经济中。同理,目前不断涌现的共同世界市场是把生产要素整合到一个全球经济中。

国际经济的传统理论仍然认为拥有"要素成本"的国家占有"相对优势"。只要各国都能生产各自最大优势的商品,那么各国的资源都会得到优化。最典型的例子依然是亚当·斯密提出的"用英国的羊毛交换葡萄牙的葡萄酒"的理论。在这个理论中,每个国家都是一个能够把生产要素整合起来的单个市场,被交换的商品都是制成品。商品是可流动的,生产要素则保持不动。

然而,因为有共同的世界经济作为整合者,国家就不再是生产单位了。世界各地的商品都是相同或者大致相同的。流动性成为新的生产要素。国际贸易原本指着商品贸易或者服务贸易说的,而如今国际贸易逐渐成为生产要素的贸易。

具体而言,19世纪最先进的跨国公司非胜家缝纫机公司莫属了。除了在美国康涅狄格州布里奇波特市设立的原有工厂外,该公司还在苏格兰、法国、俄国、日本以及许多地方创建大型超级现代化工厂。与布里奇波特市的工厂相比,位于苏格兰格拉斯哥附近的克莱德塞工厂的规模更大、成本更低、效率更高。克莱德塞工厂不仅能够生产与布里奇波特市工厂一样的缝纫机,而且能够生产胜家公司所有型号的缝纫机。虽然当时的关税壁垒很低,但克莱德塞工厂只为英国市场提供服务,并生产胜家公司在英国销售的所有东西。

我们不妨把这个例子与现在的跨国公司做个比较。有家大型制药公司向世界 80 多个国家销售药品。它在所有这些国家中销售完整的产品线。它在如下 11 个国家中创建制药厂：美洲的美国、加拿大、墨西哥与巴西，欧洲的英国、法国、德国与意大利，还有南非、日本与澳大利亚。在该公司的产品线上，只有少数几种主要药品由上述国家的 11 家工厂全部生产，其余大多数药品只由一家工厂生产，有的少数药品会由两三家工厂生产，即便是美国的工厂也不生产全部药品。每家工厂都向 80 多个销售公司出售药品，而这些销售公司都从这 11 家工厂中采购药品。药品是由化工中间产品制成的，比如柠檬酸就是制造抗生素的化学基本原料。该公司在美国、墨西哥、爱尔兰、英国、法国、澳大利亚、日本等 7 个国家制造化工中间产品，但并不是所有这些国家都生产全部化工中间产品，而是各有专长。所以，这些国家都向这 11 家制药厂供货，但也有国家将相当部分产品——有时甚至超过一半——直接卖给其他同行与各大化工制品商。最后，研究工作在美国、英国、法国、日本等 4 个国家中进行，巴西的研究实验室在 20 世纪 70 年代中期才开始。这些研究实验室都各有专长。比如法国的研究实验室专门从事中枢神经系统的药物研发，以及从事将人类用药转为动物用药的研究。所有这些研究室研发成功的任何新药，都可以在该公司经营业务的 80 多个国家中的任何一国优先进行化学实验以及市场推广。

制药工业诚然复杂，但整合生产要素而不整合商品交易的，并不只是制药工业。

底特律福特汽车公司设计最成功的"小型平托"（Pinto），引擎来自德国的子公司，变速器来自英国的子公司，大部分电气系统来自加拿大的子公司，成品汽车全部在美国国内由美国福特公司独家销售。无独有偶，在美国出售的大众汽车的主要零配件都来自巴西圣保罗的大众汽车制造厂。

1972 年春，英国政府宣布：所有英国政府机构从今往后一律向英国国际计算机公司（ICL）采购电脑。美国霍尼韦尔公司的英国子公司随即提出抗议，他们指出：虽然霍尼韦尔公司的电脑是美国制造，但在英国制造的零配件远多于英国国际电脑公司的零配件。

在服务领域中，将生产要素整合到共同世界市场中的做法甚至更加深入。

1971年年初，一家美国大型银行为一家日本制造公司提供为期5年、数额1500万美元的贷款。这笔交易在东京进行，由该行驻日本代表负责洽谈，由该行驻伦敦与法兰克福办事处落实成交事宜，贷款集团由分别来自美国、日本、英国、荷兰、瑞典、法国、瑞士、拉丁美洲的8家分行共同组成。大部分贷款资金在德国筹集，因为当时德国的利率最低。这笔贷款的目的是为那家日本制造公司设在拉丁美洲的子公司提供资金。这只是各家参与银行每周必做的一笔常规交易。

迄今为止，大多数跨国公司依然遵循19世纪胜家缝纫机公司的模式，也就是各国子公司为所在国的市场制造产品或提供服务。然而，未来的发展趋势是为共同世界市场整合生产要素。这是顺应市场自身逻辑而形成的趋势。

"跨国公司"这个词是最近才出现的，二十年前还鲜为人知。它适合于19世纪的企业结构，就是胜家缝纫机公司的结构，而不太合适当前的"跨国公司"结构。胜家缝纫机公司是真正的"跨国公司"。然而，那家整合了11家制药厂、7家化工中间产品制造厂、5处研究实验室以及分设80多个国家销售机构的大型制药公司，它已经不再是"跨国公司"（multinational）而是"超国界公司"（transnational）了。比如整合德国、英国、墨西哥与加拿大的工厂，而在美国销售产品的汽车公司；或者整合8个国家的分行资金，而在第9个国家筹集资金，用来资助第10个国家的发展；这样的汽车公司与商业银行都已经不是"跨国公司"，而是"超国界公司"了。对它们而言，国界已经不再是决定因素，国界成了桎梏、障碍、困扰。"非国界共同市场"的现实性才是真正的决定因素。

换言之,"跨国公司"这一词并没有阐明现实,反倒模糊了现实。然而,这一词如今可能已深入人心。即便人们继续使用它,也不应该忘记,所谓"跨国公司"的机会(甚至是问题)并不指它的"跨国性",即在许多国家经营生意,而是指它的"超国界性",也就是以共同世界市场的现实为基础,在需求、视野与价值上具备共同性。

这意味着能够界定新的跨国公司,能够说明其战略并解释其行为的,不是生产因素,而是需求因素。是需求产生了"拉力"(the pull)。在任何情况下,跨国公司都是市场营销事业。

经济与主权的分离

共同世界市场的发展与世界政治共同体的发展并不是平行的。世界经济造成人们对跨国企业需求的年代,正是世界政治体系持续分裂的年代。世界政治体系依然以国家主权的概念为基础。因此,三百余年来,经济与国家主权首次分离。

17世纪以前,经济与主权的分离是正常现象。事实上,在17世纪之前,没有人会认为经济实体与政治实体可以统一。经济活动单位首要是地方性农业社区,诸如中世纪的庄园只是生产大多数自己需要消费的东西。另有经济活动单位是远距离贸易,完全与任何政治体系分离,由贸易城市中的商人往来交易。实际上,这些贸易城市中的商人已经组成了一个"超国界的、密切整合的贸易社会"。1557年,当时主导欧洲政治势力的西班牙王室垮台,这个前所未有的创伤事件导致城市间的商贾社群遭受金融的灭顶之灾,此后一蹶不振。然而,这也向当时新兴的国家统治者们显明了一个道理:为了拥有政治主权,他们必须严控本国的货币与信贷系统以及本国经济(可见于第

27 章中关于重商主义的讨论)。

17 世纪出现的"民族经济"(national economy)理念首次提倡把政治主权融入经济竞争中去,就像政治主权在政治竞争与军事竞争中一样。政治主权与经济的旧式分离的最后余孽——国际金本位制(international gold standard)——也在第一次世界大战后的动荡岁月中灰飞烟灭了。

国家作为经济主权者似乎获得了完全胜利,并在两次世界大战期间成为凯恩斯经济学说的主要信条。然而,在战后时期,出现了与三百年来看似自然规律的大逆转现象,那就是享有自主权的世界经济的兴起,这种世界经济并不是国家经济的总和那么简单。

这种现象最明显的征兆可见于金融领域。1967 年,美国政府竭力阻止美国企业向跨国公司方向扩张,并限制美国资金对外投资(原因有两个方面:一是因为盟国压力,像戴高乐统治下的法国;二是因为对国际收支平衡的忧虑)。然而,世界经济却促使世界上最强大的国家——美国的命令变成一纸空文。因为世界经济立刻创造了"欧洲美元市场"(参见第 7 章),从而取代了跨国公司的融资业务,正是因为有了这个市场,美国公司便能有效利用欧洲资金,并在欧洲进行扩张。

甚至是在重商主义鼎盛时期,也很少有政府会因为经济上实现真正"独立自主"的错觉而深受其害。我们必须意识到,外部世界对任何国家都会产生巨大影响,即便是对政治主权的行动自由进行严格设限的国家,即便是最强大的国家,也在所难免。大多数政府都明白一个道理:"封闭型经济"(autarky)不过是个幻觉(美国政府,尤其是美国国会,常常会成为这种幻觉的牺牲品,比如他们会自以为是地认为美国的经济存在于独立的星球上,美国的政策、美国的规定以及美国的法令可以不顾及外界的经济现实)。然而,300 余年来,国家政策的基本目标一直是致力于削弱外部压力以及把外界力量限制至最小化,这便是构成国家主权的实质所在。虽然跨国公司的出现是基本变化的结果，而不是基本变化的原因，但跨国公司的确是对过去300余年来形成的根深蒂固的信念、固若金汤的政治机构以及思维习惯的直接挑战。跨国公司的出现打破了大多数人习惯遵循的公理——民族国家是人类与社会活动领域中"自然的"组织单位。不仅如此，跨国公司的出现也否定了人们习以为常的观念——每个社会机构的合法性与组织最终都必须以国家统治机构（即国家政府）为基础，尽管这种观念在300年前就被视为异端邪说了，奇怪的是现代人却笃信不疑。

跨国公司之所以如此重要，正是因为它挑战了这些习以为常的公理。㊀ 跨国公司是第一个"非国界的"机构，至少是第一个具有现代意义的机构，其重要性在于把国界视为"事件"与"限制"，而不是把它视为"定义"与"身份"的一部分。在一个有可能被民族主义情绪所毁灭的世界中，跨国公司的确是个重要机构。然而，也正因为其重要性，跨国公司也会成为问题不断、危险重重的机构。

迄今为止，无论是从政治的、社会的，还是从经济的角度来看，人们尚无充足的理论可以说明世界经济的现实性以及解释跨国公司行为的优越性。我们仅有的理论都充斥着"民族经济"思想，即17世纪国家主权理论的衍生。任何人都不会觉得奇怪。"理论"总是在"事件"之后。人们只能把已经发生的事件予以理论化罢了。

然而，这就意味着跨国公司必须探索道路，必须边走边看、边做边学，必须经历实证考验，而不能依赖不变之法，也不能沿袭熟路前进。

这还意味着跨国公司是个异常困难的机构。跨国公司内部困难重重，体现在自身的基本战略、管理结构以及管理关系等诸多方面；跨国公司的外部

㊀ 论及跨国公司的佳作之一是雷蒙德·弗农的《主权深陷绝境》(*Sovereignty at Bay*, Basic Books, 1971)。虽然直截了当地阐述主权深陷绝境，或许有点夸张，但这的确说明了主权正在受到挑战的现实。

困难也不少,比如环境问题、民族国家的关系问题等。跨国公司必须在不同的民族国家中经营业务,因而它不可避免地受到当地民族国家的政治管辖,并无其他方法可以代替。

有人提议,跨国公司可以纳入某种国际机构或超国家机构的管辖范围,比如联合国或欧洲议会等。然而,即便如此,跨国公司仍然是跨文化机构,因为不仅是政治主权具有国家特性,不同的民族也有不同的文化,语言的差异就是显而易见的。随着世界经济的日益普遍,文化差异的问题也会随之凸显。世界经济越是同质化——至少在需求甚至在实际的经济条件上——区域性与文化性的根就会越显得需要。人总要有家,即便是拥有2000间客房的豪华宾馆,也终归不算是"家"。因此,管理好跨国公司,很大程度上就是努力将政治多样性与文化多样性整合到管理的合一性中。

战略问题

跨国公司与其他企业的差别之处是它既要面对内部的多样性,又要面对外部的多样性。它必须在自己的管理组织中构建合一,又必须公正地对待组织内部员工的多样性与国籍多样性,以及关注人们对公司的忠诚程度。它必须创建企业内部的合一性,从而优化共同世界市场中的要素成本与要素优势;同时它还必须与众多的独立的政治主权和平共处,至少避免经常冲突。

前文提到的那家制药公司需要公司的整体战略。它在80多个国家中设立的每家子公司、制药厂、中间产品制造厂以及研究实验室等,也都需要战略规划。每一家分支机构都需要按照自治企业的模式加以管理,设立各自目标、各自的优先顺序与工作规划,以及为各自的盈亏负责。

然而,在这些单位中,没有一个单位是真正自治的,所有单位互相依存。比如拉丁美洲某国的子公司收到该国卫生部的一项提议:为了确保相当可观的市场，需要签订一份为期5年、减价25%的药品供应合同，是否接受以及是否签约似乎完全是该子公司的事。然而，做这样的价格让步，势必引发其他拉丁美洲国家卫生部提出同样的降价要求，但未必能够确保五年的购药计划。再比如由于外部客户即其他制药商对某种产品的需求增加，该公司某个中间产品制造厂因此考虑是否扩大生产设备。这似乎完全是该中间产品制造厂的事。然而，马上就会引来另一个问题：是公司的制药厂享有优先订货的权利，还是新的外部客户有优先订货的权利，或者二者享有平等权利？如果采取第一种办法，事实上是以牺牲中间产品制造厂的优化为代价，来换得制药厂的最优化；如果采取第二种办法，事实上则决定了中间产品制造厂获得比制药厂更加有利的地位。

这些都是战略决策。这些决策会对企业造成长远的影响，而且经常具有不可逆转的影响。这些决策不能依靠"某个高管"独自拍板，而是必须了解当地实情。然而，这些决策也不能仅凭当地情形就做出判断，因为事关整个公司，所以必须由高管层共同制定。只在乎公司整体利益的跨国公司战略，注定徒劳无功。除非能够转化成为每个市场的具体策略，否则整体战略就难以获得成功。然而，采取"分权制"的跨国公司的战略，也就是将每个单位与每个市场都视为一个自治企业，这种战略所带来的成效也注定不高。无论从理论上，还是从实践上，我们都不可能事先预测：到底是从公司的整体利益出发来做战略决策更适合具体情况，还是从各个市场出发来制定战略更合适特定情况。

大型商业银行也存在相似的问题。大型商业银行的优势在于它们能够在世界上任何地方提供金融服务，事实上，这也正是跨国公司存在的理由。不仅如此，大型商业银行的优势还在于它们能够提供"一站式金融服务"(one-stop banking)，即它们能够满足客户的多种金融需求：不论是短期借贷还是长期贷款，甚至是权益资本，不论是美元、马克还是日元，一并俱全。然而，这就要求必须把业务重点放在主要客户的需求上，比如某些大型国际公司。无论是谁负责这一特别领域，比如大型航空公司，其都必须把整个银行视为"同一事业""同一资源""同一资本""同一服务"。与此同时，任何特定市场中的管理者都需要针对性地制定自身的业务策略。例如，日本分行的管理者必须仔细考虑哪些是他们的潜在客户，以及他们需要银行提供何种服务。其必须有能力调动该银行的全球资源来满足特定市场的需要，同时必须建立纯粹的本地化业务。通常状况下，今日的"跨国客户"就是昨日得到满足的"本地客户"。所以，只强调全球性战略，或者只突出本地性战略，都是不够的，必须两者兼顾。永远没有人能够事先预测，这两个战略哪个可能优先，哪个会在特定业务关系中起主导作用。

迄今为止，很少有跨国公司仔细考虑企业战略问题。联合利华可能是个例外。多年来，该公司有系统地为整个联合利华集团在全球各主要产品线的发展做规划，比如食用油、人造黄油、肥皂、清洁剂以及鱼类。菲亚特汽车公司有意识地制定政策，鼓励在东欧共产主义国家中建立由菲亚特公司负责建造，由当地政府主管的国营汽车制造厂。这也是一个例子。最近发生的、尚未真正经过验证的例子是荷兰的飞利浦公司。针对各个主要产品群（共有16个）来制定企业战略，就是根据该公司所在国的特定情况拟定经营策略。就我所知，还没有任何美国公司做过类似的尝试。

然而，每个跨国公司都必须面对企业战略的复杂性，因为它既要保持整个公司的合一，又要顾及各类主要产品与各个主要市场的具体情况。这说明了跨国公司的自身结构就很复杂，它是跨文化的、跨国家的、跨市场的，甚至是多极化管理（multi-management）的。

此外，业务的多样性也会使跨国公司的管理难上加难。

成功的跨国公司基本上都是单一市场或单一技术的公司。比如IBM公司只生产一种产品，制药公司只有一种客户——医师，跨国商业银行只有一种技术——金融业务。索尼是日本公司中最为"跨国化的"公司，它近乎一半的销售额与利润来自日本本土之外；然而，索尼的业务只集中在家用电子产品上，而且只限于相当小的范围之内。再如，总部设于秘鲁首都利马的跨国投资银行——阿德拉投资公司（ADELA），其业务主要集中于拉丁美洲。再者，各种跨国业务服务机构，比如管理咨询、会计、广告等甚至比跨国公司成长得更快。这些跨国业务服务机构也高度集中于各自的老本行，比如"制作"与"销售"等方面。

如果没有基本的企业合一，跨国公司就会分裂成碎片。管理层成员就会丧失互相了解的能力，即便有翻译人员的帮助也无济于事。公司就会迅速退化成为官僚机构，管理层级越来越多，而真正的指导与监管越来越少。无论任何情况，跨国公司都应该坚决抵制多样化的诱惑。集团式跨国企业更是令人厌恶。

高管团队

跨国公司不能只有一个高管团队，而是必须拥有多个高管团队，正如它必须拥有多项企业战略一样。总公司的高管层只是高管团队的一支。跨国公司在各国、各地区的子公司，甚至是各生产线，也都各有高管团队。总公司高管团队成员同时也是一些国家或地区子公司或市场的高管团队成员，但他们不是国家或地区子公司的直接领导者。

关于大型跨国公司的高管层结构问题，迄今为止尚无令人满意的解决答案。然而，有一点是可以肯定的：传统模式不再奏效。

传统模式是"塔式层级结构"（towering hierarchies），管理团队层层相叠。所在国子公司经理一般而言向地区经理报告，而地区经理又向更大地区的经理报告；比如某国子公司经理向欧洲或拉丁美洲大区经理报告，而欧洲或拉丁美洲大区经理又向总公司的国际副总裁报告，国际副总裁向总公司高管层报告。对实际决策人而言，也就是对某国子公司的经理而言，这种层级报告的做法不仅是一种贬低，而且会产生繁文缛节的官僚作风，其主要成果只有决策延误。

代替传统模式的一些方案已经出现，它们确实能够显示出某些优势。

最令人满意的结构或许是联合利华所制定的模式。联合利华的各国子公司向母公司的两个总部中的任意一个报告，伦敦或鹿特丹都可以。然而，每个主要产品群，比如肥皂、鱼类或零售业等，都在总部设立"协调委员会"，通常由特定领域中业务经验丰富的人组成。此外，联合利华在拥有多家子公司的某一主要国家，比如德国，设立"全国董事会"，由曾任该国子公司的资深管理者组成，通常状况下由该国一位杰出人士担任主席。虽然这种结构也很烦琐，但它至少可以确保联合利华在各国子公司的管理者，无论他在哪里，都能够直接向拥有决策权的高管层报告。正常情形下，他不会直接使用这项权力，但他会与"全国董事会"或者产品所在领域的"协调委员会"共商大计。但从组织结构来说，他应该直接向公司高管层报告，他在公司内享有的这种地位也会提高他在公司外部的地位，提高他在本国产业界的地位，以及提高他与本国政府、工会交相往来的地位，如此等等。

然而，即便在联合利华内部，也要保持诸多需要之间的平衡，比如需要把每家子公司视为自治企业，需要把每个自主产品领域视为合一企业，需要把整个公司视为统一单位，尤其是在资金划拨与关键人员调配方面。这在操作上的确很困难，成效也不稳定，甚至容易造成挫败感。至少人们需要花费很多时间去厘清复杂的组织关系以及维持系统的正常运作。

还有其他替代方案。

美国一家大型跨国公司，CPC（玉米制品公司），重组成为五个不同的公司：有两家在美国（日用消费品公司与化工用品公司），欧洲、拉丁美洲与远东地区各一家。每家公司配备一位总裁，总部就设在当地。公司的高管团队由三四个人组成，同时也是各子公司的董事会。董事会成员花同等的时间与子公司的总裁、高管、资深员工一起工作。董事会成员只扮演顾问、参谋与智囊的角色。

在组织结构方面，人们可以总结出来的唯一结论是：在跨国公司中，总公司高管团队成员决不能兼任各子公司的高管团队，尤其不能兼任总公司总部所在地的子公司的高管团队。哪怕公司只有很小一部分的"跨国"业务，高管层也必须确保不要介入任何国家或地区子公司的产品业务。否则高管层就会纠缠于特定领域的管理工作中耗时费力，从而忽略其他业务。

换言之，这就意味着跨国公司的传统组织在结构上存在错失。在传统组织中，高管层既是总公司的高管团队，也通常是国内最大子公司的高管团队，其他所有业务则由公司国际部门管理。只要这种传统组织结构依然存在，它就会损害或削弱公司的绩效；但遗憾的是，这种情况依然相当普遍。

历史早就证实，跨国公司的核心政府不能四处漂移，跨国组织需要一个管理总部。

在西方历史上，"跨国政府"的最佳实例非查理大帝的政府莫属，它在公元9世纪就证明了上述论点。查理大帝的宫廷在皇家城堡之间移来移去。在当时，这是皇帝与帝国境内各地代表保持联系的唯一途径。然而，在前货币时代，宫廷只能依靠土地出产来维持皇家生计。中央政府如此依赖行宫是导致查理曼帝国分崩离析的主要原因之一，在查理大帝死后，帝国便迅速瓦解、各自为王。查理大帝的政府虽然不"晕飞机"，却"晕牛车"，终归受尽苦头。

对管理而言，企业设立固定办公地点是必要的。工作需要花费时间，保持连续性、节奏感以及进度安排。人们需要有组织的、系统化的支持，而这必须在一个固定地方多年经营才能建立得起来。或许只有帝国大臣才能经常各处巡视，如同公司的副总裁经常出差那样。公司的市场研发人员、会计师、人事部经理，甚至是秘书或电脑专家，这些人都是公司中费心费脑的人；如果要让这些人具有生产率，那就必须把他们固定在一个地方。

与此同时，本地决策必须在行动所在地制定。本地决策必须在公司整体战略框架内制定，但如果要使本地决策具有成效，这种决策必须保持"本地性"，而不是"整体性"。本地企业的总部必须设立在本地决策产生效用的地方，比如欧洲或瑞典。本地决策的制定必须对本地环境有充分的认识，必须与当地人合作、与当地机构建立关系，必须符合当地的法律、期望、习惯。最重要的是，决策执行人员必须明白决策要领，因为当地人对整个公司的了解必然非常有限。设在西班牙的工厂经理，或者设在中国香港的分行行长，他们都是通过了解当地的知识、当地的人脉以及当地的活动而获得工作成效。

然而，无论是在拉丁美洲国家中的制药公司的管理者，还是福特汽车公司在德国的发动机工厂的管理者，抑或是大通银行在法兰克福的分行行长，他们都必须对各自公司的整体目标、整体战略以及整体需要了如指掌，以免造成决策失误。他们都必须拥有足够的知识，以免在制定本地决策时，促进了自己业务最优化的同时，却导致了整个公司的次优化。

跨国公司的高管层结构中还存在另一个重要问题。高管层结构不是"机械的"，最重要的是，高管层结构应该是"文化的"。在美国管理层中奉为正确而恰当的高管团队结构，在法国、日本或德国的管理层眼里，可能是很奇怪，并不让人舒服的结构模式。这些法国、日本或德国的管理者们也必须了解各自当地的高管层，必须与他们融洽相处，必须与他们合作共事。所以，跨国公司的高管团队要想获得工作成效，它就必须适应不同国家中的结构，否则就无法成为当地的一部分。跨国公司的高管团队还必须至少在整个公司中保持相容，否则不同的高管团队就难以合作共事。

因此，跨国公司的高管层结构必须建立在最复杂、最困难的设计原则的基础上，那就是本章后半部分要仔细分析的课题——系统管理。

子公司的管理者及其在母公司中的地位

在跨国公司中，比高管层结构更令人困惑的是子公司管理者的职务设计及其职能。

一家在类似于哥伦比亚大小的拉丁美洲中等国家中的大型制药公司，无论母公司是美国的、瑞士的、荷兰的、英国的还是德国的，子公司的管理者在所在国中都必须是个大人物。在他的国家中，他或许就是该国最大制药公司的领导，或许是最大的雇主之一，尤其是受过教育的员工的雇主之一。在这样的国家中，卫生保健应该既是主要的政治议题，又是政府的重大事务，因此担任子公司管理要职者最好具有相当地位。比如在这样的拉丁美洲国家中担任制药子公司的主管，在入职之前，他们曾是该国医学院的院长，有的甚至还曾担任过卫生部长。

药物是现代医学的一部分，也在发展中国家得到有效使用。与培训医师、雇用医生、建立医院相比，或者与在贫穷的边远地区、在城市的贫民窟中发展卫生保健服务相比，获得现代药物显然要容易得多、便宜得多。所以，在这样的国家的医疗卫生体系中，药物所扮演的角色更加重要。

然而，就药品的销售量而言，这些国家中的药物销售量却远达不到一个发达国家中等规模销售区的水平，比如美国的堪萨斯城或英国的曼彻斯特市。那么，在整个跨国公司的组织结构中，这些国家中的子公司的管理者应该如何安排呢？

这是一个传统组织理论无法解决的难题。前面提及的联合利华的组织结构或许最接近解决方案。然而，我们只能认为，唯一的解决方案是：哥伦比亚子公司的管理者既是中等销售区的经理，又是公司高管层的成员；并且根据实际情况来调整他的职务，在很大程度上必须由他来决定即时情况下所要求的对应职务。他应该能够保持与公司高管层的随时沟通，他应该尽可能不使用特权。然而，在重大政策问题上，比如与拉丁美洲各国政府的关系以及涉及拉丁美洲的长期战略等，他应该成为公司高管层可信赖的人物并为公司提供指导以及进言献策。他当然不应该向瑞士巴塞尔或美国纽约的拉丁美洲副总裁报告工作，他也不应该向同一层级或更低层级的人去"请示汇报"自己的日常公务。

再者，只有系统管理的理念才真正合适，尽管它并不十分清晰。普通的组织结构图只会使人更加混淆概念，而不会使人更加明确。

人人都需要一个家

跨国公司管理层的人事政策、人才培养机会、身份地位以及报酬等，也同样存在许多难题。

一家总部设于美国的大型跨国公司，大家公认，整个管理团队中最能干的人是意大利子公司的管理者曼佐尼博士。公司最初认识曼佐尼时，他是美国公司购买的一家中等规模的意大利公司的代表律师。美国公司的总裁对他的印象极好，几年后，当意大利子公司遇到困难时，美国公司总裁就要求曼佐尼接管它。曼佐尼使意大利子公司回归正常，并迅速发展成为意大利同行业中的翘楚。当欧洲共同市场形成时，他做好规划并领导该公司向整个西欧拓展，找到合适的收购对象与合伙人，为新公司寻找管理者，训练并培养他们，并由意大利总部全权管理跨国公司在欧洲的各家子公司。当该公司需要找人接替美国公司年迈退休的管理者时，每个人都自然想到了曼佐尼。没想到，曼佐尼直截了当地拒绝了。他说："我的儿子们正在上高中，我不愿他们移居国外。我的岳父岳母年纪老迈，需要照顾。坦率地说，在美国中西部的一个小城镇生活，我感觉不自在，不像罗马那样到处都是名胜古迹。我知道，我能够胜任你们想要我担任的职务，这项工作的确令人向往，远超出了我的梦想。然而，我依然觉得这项职务并不合适我。"

人人都需要根，需要家。人们有权关注孩子的教育。他们有义务照顾自己年迈的双亲。当他们认为自己不太可能"移居"他乡时，他们或许比公司的人事副总裁的想法更加务实。然而，公司最好还是要找出办法来促使曼佐尼发挥才干。如果像这家公司那样，认为这个人已经"升不了了"，就把他视为"二等公民"，使他脸面全无，他就会离开公司，就像曼佐尼那样，一两年后就离开了这家公司。

那么，跨国公司在建立管理结构时，如何既能做到承认与尊重一个人的根，又能建立一个真正的跨国管理团队呢？

有一个要求是明确的：无论国籍如何，公司要为管理者提供公平的机会。像曼佐尼这样的人，公司必须根据其才干能力提供晋升高管层的机会。剥夺这种机会并把高管职位留给特定国籍的员工，这种做法会导致跨国公司丧失吸引各国优秀人才的能力。

在荷兰、瑞士、瑞典等小国注册的跨国公司，通常会把所有子公司以及分支机构的资深高管职位保留给从母公司开始职业生涯并接受训练的本国人（唯一例外的是美国，总部设在美国的荷兰与瑞士的大型跨国公司，多年来一直晋升美国人为子公司的管理者。这种做法的原因是，这些美国子公司一般情况下都是整个跨国公司中的最大单位，必须作为真正独立的业务实体加以管理）。这样做当然方便很多，比如在信息交流上显得游刃有余。但以美国或英国这样的大国作为原籍国的跨国公司，如果采用同一做法，那可能会适得其反。把跨国公司的总部设在小国或中立国，有些麻烦就可以避免，没有人会在意"瑞士的帝国主义"。

然而，甚至在这些案例中，我们依然可以看出，这种人事政策并不符合这些公司的最大利益。争夺一流管理人才的竞争十分激烈，除非公司能够提供公平的晋升机会，否则优秀的年轻人将不愿入职，更不用说会长期工作下去了。无论公司所属的专业是什么，如果子公司、分支机构只愿意提升本国人担任高管要职，那么公司将无法获得或留住它所需要的管理人才。

跨国公司应该在事业经营的任何国家中为优秀年轻人提供比纯国内公司更多的晋升机会。换言之，它应该充分体现跨文化的美德，否则与管理良好的纯国内公司相比，跨国公司的吸引力就会变小。跨国公司必须尊重每个人的民族之根、对国家的忠诚、本土文化以及尊重每个人对"家"的眷恋之情。

如何处理管理者的薪酬问题

跨国公司管理者的薪酬也存在严重的问题。世界各地的管理者是否都应该按职位来支付同等的薪酬？或者，应该按各地悬殊较大的标准来支付薪资？如果美国人或荷兰人由其母公司派往国外子公司担任管理要职，那么对他们是否应该按公司所在地的标准支付薪资？比如子公司在日本，按照东京昂贵的物价标准，工资就显得太低了，他们是否可以获得相当多的"福利"，诸如供给住房或没有上限的开支？在公司结构内事实上只是小型企业的管理者，例如，哥伦比亚制药子公司的总裁，按照业务量来算，他只是公司的一位中层管理者，但就他在该国中的地位而言，应该算是高管成员，他们的薪酬又怎么处理呢？

再者，有些要求并不容易兼容。最好是让人积极工作，而不必因为晋升受罚。如果人们是按照所工作的国家的现行标准来支付薪酬，那就意味着"晋升"反倒成了"被迫减薪"。

这个问题的最极端案例是被派往欧美工作的一位日本高管。如果按美国或德国的标准来看，这位在纽约或迪塞尔多夫工作的日本高管获得的薪资是很低的，但按照日本的标准来看，他就是闻所未闻的高薪阶层。五年后，当这位功成名就的日本高管被晋升，并回到日本担任高得多的职位时，他的薪酬通常不及原有收入的一半，甚至一半都不到。

然而，如果管理团队中有一位成员，尤其是来自外国的高管成员，他的报酬与其他成员相差太多，那就会导致混乱。

到目前为止，最严重的薪酬问题皆可归咎于跨国公司的基本战略。因为跨国公司的管理者必须既是整个公司高管团队的成员，又是他所在工作单位高管团队的成员，所以，传统的薪酬制度就会显得既不公平，又具有破坏性，那种与高管负责的业务单位的绩效成果直接相关的高额奖金制度更是如此。在最需要团队合作的地方，这种制度会起到破坏作用。

我们可以在跨国商业银行中看见这种最尖锐的矛盾。有个典型例子可以说明这个问题。纽约银行驻日本代表积极开拓业务，并为银行赢得一个新的大客户，但在损益报告中看不出这项绩效。伦敦分行完成全部工作，但在账簿上显示了一项债务。法兰克福分行，只因有一笔盈余的德国马克，这笔交易的所有收益全都登录于该分行的财务报表中。根据传统的奖金政策，公司将会大大奖赏法兰克福分行，惩罚伦敦分行，完全不理东京分行。

所以，按照传统奖金制度，如果把一个人的薪酬与他所在业务单位或地区的成果挂钩，那么这种做法会促使这个人忽略为银行提供最大成果的良机，就是那种可能由其他业务单位或总行完成交易的良机。然而，如果按其他标准支付薪酬，或者依靠个人主观判断，而不是采用非个人的客观标准，同样也不可取。有关跨国公司的薪酬标准问题，目前并无清晰的标准，更不用说实施有效了。

在本书各章中几乎都能找到成功应用方法的例子。然而，关于跨国公司高管的薪酬问题,我至今尚未能够找到一个成功且行之有效的政策。美国公司承认,在跨国公司高管的薪酬问题上,他们与欧洲公司或日本公司一样一筹莫展。我所熟悉的跨国公司中的薪酬政策都需要不断地加以重新研究、重新制定、重新修正。瑞士的一家大型制药公司制定的政策可能算是最成功的了,但该公司坦言:"我们知道,无论我们采取何种方案,最多都只能持续几个月;但至少我们可以尽力让管理者们意识到,根本没有十全十美的解决办法,我们有的只是希望能够'解燃眉之急'的日常应付措施而已。"

要求真正的跨国公司在管理结构、管理职务配置以及人力资源政策上完全超越国家与文化的界限,这既不可能,也不可取。我们所需要的是,在互相冲突的需要与彼此矛盾的要求之间达成可协调的平衡。跨国公司必须既能够促使曼佐尼博士成为美国公司高管层的一员,又能够尊重他留居本国、保持民族文化特色的合法愿望。跨国公司必须既能够为特定业务单位制定整个公司的战略,又能够制定本地公司的策略。跨国公司必须能够根据绩效来支付薪酬,又能鼓励团队合作。跨国公司必须既能做到整个公司的"集权"(centralized),又能做到地方公司的"分权"(decentralized),同时知道何时该集权,何时该分权。

要做到集权与分权的运用自如,需要高管层建立起许多正式的结构与政策,同时需要高管层之间增进互相了解、彼此信任以及经验共享。尤为重要的是,这要求整个管理团队的高度自律。

跨国公司及其环境

实际上,在任何国家中,反对跨国公司的言论,本身都是错谬的,也都是很容易被驳倒的。然而,这种反驳并不足以降服跨国主义的批评家与敌人们,他们也许使用了错误的观点与论据,但他们的敌意直指现实。他们对问题的看法或许错误，但现实问题的确存在。

在一些东道国中，甚至是在一些本身就拥有强大经济实力且高度发达的国家中，跨国公司也遭受攻击。人们批评跨国公司不受所在国的经济、社会以及金融政策的制约，指责跨国公司损害国家的主权与政府等。人们批评跨国公司拥有过多合法权利可以自由决定生产什么，而在就业机会、工业以及经济政策上不合法甚至不受控制等。也有人批评，跨国公司的重大决策，不是由该国的合法权威机构（比如国会或政府）制定与监管，而是以隐蔽且模糊的方式，在遥远的地方由一些既不熟悉所在国实情又不关心该国的人幕后操纵而成。

跨国公司在原籍国也一样受到攻击，并不分强国（包括美国在内）、弱国。跨国公司被视为逃避甚至是颠覆政权的手段，被视为制造超级大国的工具，被视为不负任何责任，却控制了经济政策、就业机会，甚至在很大程度上还控制了非经济领域的政策。总部设于美国的跨国公司不仅被指控"工作输出"，而且被指控利用海外子公司来逃避美国政策。在国外的东道国中，跨国公司也受到激烈攻击，从而挑衅甚至阴谋破坏东道国，比如加拿大或瑞典的国际事务政策等。

用于驳斥跨国公司的论点是完全有效的。无论多么富裕、多么强大，任何企业都没有权力反对一个国家的政府。在任何经济权力与政治权力的博弈中，经济权力总不占上风，至少在20世纪是这样。与任何企业一样，跨国公司存在于国家政府的容许之下。

然而，这一论点并没有触及问题的核心。真正的问题是：跨国公司本质上必须以"非国家"的角度看待经济。它必须把资源（比如制造厂）视为"超国界经济体系"的一部分，而不是把资源视为"国家资产"。它必须根据市场来实现优化，而不是按照国界来达到优化。

这是20世纪的跨国公司与第一次世界大战前的跨国公司的开拓者之间

的真正差别。

在共同世界市场中，跨国公司的功能正是按照经济逻辑来分配生产与市场，也就是在更大范围内，甚至在全世界范围，促进生产与分配的最优化。简而言之，"生产与分配"就是指就业机会、进口与出口、贸易收支平衡以及薪酬水平——把这些综合起来说，就是指经济条件与经济政策的另一种说法。

将跨国公司的经济最优化视为"工作输出"的说法是完全不合理的。所有的研究都已经表明，跨国公司创造了就业机会。如果没有跨国公司海外子公司所制造与销售的产品，原籍国就不可能获得产品的制造与销售。况且，子公司还从跨国公司的原籍国采购装备与供应品。事实上，跨国公司把生产转移到国外，这也是防止混乱与动荡的一种有效力量。要不然我们也可看见另一种情形：比如黑人迁入哈林区、阿尔及利亚人迁入法国、土耳其人迁入德国、巴西东北部的佃农迁入圣保罗市、西西里人迁入都灵，如此等等，大量低技术与低收入的群体迁徙已经造成无法解决的紧张态势。所以，经济学家，几乎是所有的经济学家，都会得出同样的结论：所有对跨国公司的批评与抵制都是因为不明真相。

然而，这样说依然没有抓住重点。跨国公司之所以是个问题，正是因为跨国公司的决策是以经济合理性以及主张经济与国家主权相分离为基础的。

目前没有解决办法。跨国公司之所以是个政治问题，并不是因为它做了什么事情，还是没做什么事情，而是因为国家主权与经济现实不再能够达成一致。跨国公司认为，它自身及其麾下的子公司都是公司所在国的"良好企业公民"，但这种抗议对跨国公司并无补益。当然，跨国公司及其子公司都遵纪守法，至少与所在国的国内公司一样安分守己。然而，如果人们把遵纪守法的"良好企业公民"引申为（通常是如此）跨国公司在各国经营业务，它的思想与行动必须以所在国的经济与市场为重，那简直是无稽之谈。这种说法等于否定跨国公司的全部逻辑，因为跨国公司主张的逻辑是：在世界市场现实中实现资源的最优化。

然而，一再要求跨国公司必须尊重国家主权的现实，也是徒劳无功的。戴高乐曾经就是这样做的，这样做的唯一结果是快速削弱法国经济的全球竞争力。法国后来成为"全欧公司"（European Transnational Company）法案的强有力支持者，这绝不是偶然的事。

确实需要制定新的国际法以解决这种紧张关系。㊀这种法律不仅必须界定各国接受跨国公司的相关条件，而且必须规定各国对跨国公司的限制，诸如所有权，利润的汇出与资本的偿还，商品、人员与资本在跨国公司的多家子公司之间的自由流通等。

最重要的是，这种国际法必须确保跨国公司"去政治化"。如果这意味着除了新国际法规定应该享有的权利外，跨国公司不得使用本国政府的政治实力来实现自身目的，这应该不成问题。就发达国家之间的关系而言，利用政治实力来达到跨国公司目的的做法，早就不再奏效了。就跨国公司的发达且经济实力强大的原籍国与经济实力较弱的发展中国家之间的关系而言，如今的形势已经十分明朗，所谓的"跨国帝国主义"也是无效的。

当智利左派在 1970 年大选获胜之后，美国国际电话电报公司的一位高管对尼克松政府进言：该公司可以帮助在智利制造经济与政治上的动乱，以阻止智利总统就职，并以此挽救国际电话电报公司智利子公司被没收的厄运。公司的高管向尼克松政府一再保证，美国政府不需要采取任何行动，只要保持中立不卷入即可。即便如此，智利政府还是抓住这点大做文章，攻击所有外国企业，甚至国内企业也未能幸免。

今后，任何涉及跨国公司的国际法都必须明确规定，任何干涉他国内政

㊀ 正如杰克·贝尔曼（Jack N. Behrman）多年来非常中肯的争论那样。他是美国前总统约翰·肯尼迪政府前商务部长助理，目前是北卡罗来纳大学国际经济学教授。

的行为都是非法的。无论在哪个国家经营业务，跨国公司的子公司或分支机构都无权从原籍国政府那里获得比私人公民更多的政治支持。

更为困难的是通过立法来解决各国政府对本国企业提供的各种优惠问题。这种优惠条件在多大程度上是允许的呢？比如公共工程与政府采购通常给予本国生产商有限优惠或绝对优惠，这种做法在多大程度上是合法的呢？在跨国公司的时代中，谁又是本国的生产商呢？

在前文引用过的例子中，英国政府规定，政府部门必须优先采购本国所有的 ICL 公司生产的电脑。在这个实例中，"本国企业"就是指所有权属于英国人的企业。美国霍尼韦尔公司在英国的子公司抗议此规定。事实上，霍尼韦尔公司要求以就业机会的数量以及就业地点来判断企业的国籍。当然，就公司的注册地点与法人所在地而言，国际电脑公司与霍尼韦尔公司都是英国公司。就许多产品而言，英国政府也接受霍尼韦尔公司提出的论点。

最棘手的问题是原籍国司法权的范围问题。这也是美国最感到困难的问题。

传统的美国法律或者至少是政府法规认为，美国公司在国外的所有子公司或分支机构都必须在美国法律管辖范围之内。比如，反托拉斯法以及禁止与特定国家贸易的法规。然而，美国的反托拉斯法并没有被世界各国普遍接受为健全的甚至是道德的理念。比如在大多数欧陆国家甚至在日本，人们会把"强制性的卡特尔"（compulsory cartel）视为经济政策的正常工具，而把竞争视为"恶习"而非"美德"。

通过制定共同行为准则来解决这些问题，是规范跨国公司的唯一途径，也是增强经济实力与促进政治和谐的有力工具。跨国公司面临的问题很大程度上是政治问题与法律问题。然而，这些问题也是跨国公司高管层应该认真思考的问题，是高管层的职责与机会所在。否则我们可以预测，各国将会把政治解决办法强加给跨国公司，那将会殃及跨国公司与整个世界经济。

然而，跨国公司很少意识到这项使命。他们都以为，只要没有人谈论这些问题，那么这些问题就会自行消失。显然，这种态度既不明智，也不负责任。

跨国公司和发展中国家

除了不是真正跨国公司的种植业与原油生产或铁矿石开采外，约百分之八十的跨国公司的投资与业务发生在发达国家。同样，除了农产品与原料贸易外，约百分之八十的世界贸易发生在发达国家。

然而，跨国主义的最大贡献与最大问题都在发展中国家。

一方面，发展中国家最迫切需要的莫过于跨国公司了。能够使发展中国家获得最多利益的，莫过于跨国公司了。发展中国家需要资本，发展中国家更需要技术，发展中国家需要市场来销售它们过剩的资源，诸如劳动力和所能生产的产品。

美国的跨国公司对新加坡，以及中国台湾和中国香港做出的最大贡献既不是资本，也不是技术，甚至不是企业经营与管理技能；从种族的角度来看，这些国家或地区大多是中国人，他们在企业经营与管理方面都有丰富的经验。跨国公司对这些国家或地区的最大贡献是确保它们制造的纺织品、圣诞节装饰品、收音机在美国市场卖得好并从中获利。

最重要的是，发展中国家急需获得技能的合适途径，比如工业技能、管理技能、创业技能等。然而，迄今为止，尚无其他机构能够转让技能，而发展中国家的经济发展与社会进步的全部希望都寄托在这些技能上。

另一方面，发展中国家存在基本的国际收支平衡问题。发展中国家引进的资本越多，它就需要越多的外汇为资本运作提供服务。更重要的是，发展中国家还有国家民族身份认同的严重问题。发展中国家通常奉行"民族主义"(nationalism)，但很少有传统的"民族性"(nationhood)。在跨国公司中，发展中国家非常有才干的人，或者至少是很富有的人，容易听命于其他地方（比如伦敦、纽约、鹿特丹或东京）的老板。这就会制造出效忠国家与民族忠贞的问题来，至少在那些努力建立自己国家民族身份认同的人们的心中，的确如此。同时，这种情形还会产生"人才外流"的问题，优秀的人才去为外国雇主工作。面对集中的经济权力，再反思自己贫穷卑微的国家，人们就会产生依赖他人甚至无依无靠的感觉。

秘鲁政府的部长或印度政府的部长认为，发达国家的大型跨国公司到其他国家设立子公司是一大威胁，其实他们不是偏执狂。他们完全知道，尽管跨国公司的子公司对他们国家的经济来说有多么重要，但在跨国公司总部财务主管的眼中，这并不算什么。无论是对秘鲁还是对印度来说，跨国公司的特定子公司，比如美国制药公司设在秘鲁的制药子公司，或是联合利华设在印度的子公司，会对秘鲁或印度的经济产生极大影响，但这些子公司的产值在整个制药公司或联合利华公司的总收入中只是很小的比例。核心管理层在整个跨国公司的决策中不可能把公司的整体利益从属于秘鲁子公司或印度子公司的利益。它可能不是故意损害秘鲁或印度的利益，事实上，它也没有理由非要如此。然而，秘鲁政府部长或印度政府部长或政治家们视为至关重要的事，在跨国公司看来，可能只是无关紧要的事。

另外，跨国公司帮助发展中国家建立起来的经济资产，也会成为当地企业家与当地企业机构的强有力竞争者。在巴西与印度，虽然当地企业家本身已经与一些欧美跨国公司建立合资企业，但他们还吵吵嚷嚷地要求"保护"本国企业免受跨国公司的侵害，要求拥有多数股权，要求当地投资者必须至少拥有控股权，要求封闭某些经济领域，不许跨国公司投资，如此等等。

发展中国家的这种矛盾心态，可以通过南美洲北部与西海岸各国对所谓的《安第斯公约》(Andean Pact)的不同反应而淋漓尽致地表现出来。事实上，该公约要求严格限制跨国公司，把它们限制在某些狭窄的经济领域，并限制它们只能拥有少数股权。

智利与秘鲁甚至要求对跨国公司施加更加严厉的限制。事实上，它们要求在10年或15年内把跨国公司排挤出境。虽然哥伦比亚在该条约上签了字，但留有很大余地；事实上，它公开而明确地表明并不准备履行该公约。委内瑞拉早就拒绝签署该公约。

这些国家对跨国公司的不同态度，主要原因不是意识形态，因为在起草该条约时（1968年左右），委内瑞拉政府甚至比智利政府还要左。真正的原因是拉美各国拥有不同的跨国公司。在秘鲁与智利的外国公司依然从事19世纪的行业，通常以采掘垦殖行业为主，比如铜矿与石油；还有一些"基础设施"建设，比如电力、照明、电话公司等。在这两个国家中，这些公司大多由外国人管理，当地商人既无股权，又无法参与管理。直到第二次世界大战后，哥伦比亚才有跨国公司，主要从事制造业，供应国内外市场。哥伦比亚跨国公司的子公司几乎无一例外地由哥伦比亚人管理，也有许多是与哥伦比亚企业家共同经营的合资企业。最后，委内瑞拉迫切需要跨国制造公司来对抗本国的工业寡头——有少数家族以大型国际石油公司代表或亲信的身份来控制国内一些重要产业。委内瑞拉拥有许多受过高等教育的年轻人，部分原因是委内瑞拉的石油收入丰富，这些年轻人发现，他们的发展机会严重受限于寡头家族企业。虽然这些年轻人大都是强烈的民族主义者，但他们欢迎外国的跨国公司进入委内瑞拉，因为跨国公司能够为优秀人才提供就业机会，而且并不介意他们的家族背景。

这些例子表明，与发展中国家建立正确关系是跨国公司及其高管层的责任。虽然两者之间的紧张关系不能消除殆尽，但至少可以缓和。

例如，明智的跨国公司管理层会避免进入那些必然成为发展中国家沉重外汇负担的行业，或者避免进入那些只靠政府保护，无法自身生存，并容易沦为消费大众负担的行业。

如果产业成本太高，包括原材料、劳动力与资本成本，而且经济运作难度很大，那显然不宜在该地建厂生产。在这种情况下，轻信政府保护的诺言是愚蠢的。

在一些拉丁美洲小国中，许多跨国公司不顾生产要素的不利条件，仅凭政府的保护诺言，建立了制造工厂。在20世纪50～60年代，这些政府为了获得"进口替代品"，几乎什么事都愿意许诺。如今，大多数跨国公司都已经意识到他们做错了。出于保护关税的缘故，它们貌似盈利，但无法把利润汇回国内，因为这会损及该国不稳定的国际收支平衡。以进口替代品为目的来设厂生产，通常会导致该国更加依赖进口，尤其是原材料或机器设备。同时，这样做还会造成外汇需求以便应付资本投资，却无法借助出口来赚取外汇。此外，如果当地政府采取经济整合发展，比如有人提议建立拉丁美洲自由贸易区，那么这些跨国公司就会眼睁睁地看着自己的投资化为乌有。

在任何地方做任何投资都应该确保能够在竞争市场中生存下去。如果新工厂或新企业不能保证在几年内获得竞争力，或者不能保证在不依赖政府保护的承诺下生存下去，那从一开始就不应该建立。

当然，自19世纪美国的老亨利·克莱及其德国弟子弗里德里希·李斯特首次提出贸易保护主义理论以来，这个道理就已经广为人知了。处于"幼儿"阶段的产业的确需要保护，也应该加以保护。然而，这种保护的目的是要让它们健康长大"成人"，实现自立自强。如果达不到这一目的，那么无论保护力度多大，企业迟早都会深陷困境。

也可以说，传统的19世纪全资子公司运营模式并不适用于目前的发展中国家。这种模式不仅起不到鼓励作用，反倒会阻止发展中国家急切需要的本地投资与资本形成，以及不利于发展中国家培养本地的管理者与企业家。然而，本地的子公司必须成为全球经济的一部分，并能够从全球视野来制定企业战略。比如它必须有能力专门为跨国公司的不同工厂与不同市场制造某些主要零部件,也有能力从跨国公司的其他工厂进口那些不适合自己生产的某些零部件。

正如前文提及的,福特汽车公司在墨西哥的子公司就专门为"小型平托"(Pinto)生产电器零配件。它或许根本就不应该制造引擎,反倒应该从福特汽车公司在加拿大、德国、英国等地的工厂进口引擎。

然而,这就引出一个非常困难的问题:如何使当地合伙人的利益,甚至是当地政府的利益,能够与跨国公司的利益协调得当,那又应该由谁来制定最优化的决策呢?

在许多发展中国家和地区,传统的资本投资与管理控制保持一致,这种做法需要重新检测。有些发展中国家和地区能够且应该形成各自的资本。巴西就是一个例子。大体而言,新加坡、中国台湾和中国香港也是如此。这些国家与地区需要技术、管理与进入市场的渠道。它们所需要的可能是管理合约,而不是子公司的股权。

其他一些发展中国家同样需要资本,但它们也需要通过条款规定本国人最终也能参与股权,或者明文规定从一开始就由跨国公司提供资金,而不是投资。否则,随着该国的日益发展,两者之间的关系将难以维系。

最典型的案例当然是加拿大了。加拿大的产业大多数由外国拥有,特别是美国公司,这是"加拿大式"决策与行动的结果。在20世纪30年代经济大萧条后的30余年间,加拿大历届自由党政府急需资金,尤其是有目的地采取既定政策将本国资本引向"基础设施"建设,比如公共工程,同时,把产业投资交给外国公司做。就经济而言,加拿大政府制定的战略取得了辉煌功绩。在1930年,加拿大还是一个贫穷的、尚未工业化的国家;如今,加拿大跃居世界上最发达、最富有的国家之一。然而,就政治而言,结果不尽如人意;因为像加拿大这样的经济强国,股权是不能落入外国"所有"的。

唯一把握这一要点的大型公司是美国电话公司。第二次世界大战后，该公司实际上对加拿大人口最稠密的两个省份（安大略省与魁北克省）的两家电话公司拥有全部股权。后来，它开始有系统地抛售股权，直到目前几乎全归加拿大人持有。但在技术与操作上，它们依然是贝尔系统的成员。

最后，跨国公司必须提前考虑它在发展中国家中获得成功而可能引发的问题，并提出解决预案。由于获得成功，发展中国家将不再是发展中国家，而会像加拿大那样发展成为一个发达国家。至少在两国关系发生变化时，原有的关系就会难以维系。

在石油开采大获成功之后，石油开采权变得难以维持。因为，这首先意味着以往赤贫的国家会因为石油开采而变得富裕。其次，这意味着原来游牧的贝都因人（Bedouins）已经成为技术娴熟的机械师、地质学家与化学工程师。石油开采权在开始时是有道理的，因为石油勘探风险太大而且石油开采成本太高。石油生产国依然需要跨国石油公司，或许会越来越需要，因为石油生产国需要一个非常复杂而且昂贵的全球运输与市场营销系统。然而，在石油生产国与跨国石油公司建立新型关系后，石油开采权不仅会过时，而且会成为两者的负担。

目前，没有一家国际石油公司能够正视这一问题并愿意认真考虑建立新型关系，这是国际石油公司高管层的严重过失，至少对公众来说是这样。

未来的跨国公司

有一点很清楚：未来的跨国公司将不同于如今的跨国公司。

我们目前所拥有的依然是19世纪的"跨国公司"（the multinational），不过我们利用它来完成20世纪的"超国界公司"（the transnational）的任务。换言之，我们如今正处于过渡时期。

关于跨国公司与政治环境之间的关系问题，说行得通的事容易，说行不通的事难。

第一，所谓的"加拿大模式"显然是行不通的。跨国公司必须被纳入东道国的政治现实中，这样可以争取政治主权对跨国主义理念的支持。

如果就这一点作为参考，便可知日本政府的政策显然太过狭隘，日本政府的政策考虑是以害怕外人甚至厌恶外人为基础，而不是以日本在世界的经济地位的自我意识与系统考虑为基础。日本经济的发展也正是出于这种现实主义考虑。日本的政策试图通过经济整合来获得利益，但又不想依赖外国企业，更不愿意接受外国企业的统治。因此，日本政府试图寻找新的经济整合方式，比如合资企业与技术合伙，但从不放弃最终决策权。

然而，日本政策依然固守于19世纪的现实，而不是勇于面对如今的现实。所以，即便在整个世界经济中，日本政策在许多重要领域看起来比由单一决策中心所拥有、所控制与所指挥的独资公司更接近未来的组织结构，但客观地说，日本政策已经不再适合于当前的世界现实了。

第二，由外国资本操控的事业，比如电力、交通运输、电话等基础设施建设，这种19世纪流行一时的模式，如今也不再行得通了。主要原因之一是，在通货膨胀频繁发生的世界中，外国公司很难提供这方面的投资。这些都是资本密集型事业，也是在政治上极为敏感的事业，这些事业的价格在世界各地都由当地政府实际控制。当通货膨胀发生时，当地政府不可能允许外国公司提高电话价格，因为只有当地政府才能解决这一问题。当通货膨胀发生时，外国公司无法筹集足够的资本来维持公司的正常运营，更谈不上扩展服务项目了，因为只有拥有税赋权力的当地政府才能这样做。

第三，像IBM公司那样在世界电脑行业中拥有显著地位，这种情形也难以维系了，因为任何政府都不会让跨国公司超出它们所能容许的限度。IBM公司在人类社会最重要的信息技术的新型社会职能领域拥有近乎垄断的地位。未来，在电脑与信息产业中，其他企业的发展会比 IBM 公司更加迅猛，因此 IBM 公司的统治地位可能会逐渐被撼动。这可能是最理想的解决方案。其他地区的政府，比如西欧国家与日本政府，也可能会成功地组织本地区的电脑企业以达到与 IBM 公司有效竞争的目的。最后，IBM 公司的统治地位也可能因为政府法令而宣告终结。

未来甚至可能出现全新的方法来解决 IBM 公司的问题。IBM 公司也可能会成为第一个真正的"超国界的"公共服务事业。它可以通过与各国政府紧密合作，释放部分股权给当地人士，遵从各国当地法律法规，从而继续保持它在全球该行业的领导地位，甚至依然可以保持垄断地位，并融入各东道国的经济结构与政治结构之中。

然而，无论何种方式，IBM 公司在现代社会最为关键领域中的统治地位必将受到制约。

第四，也是最后一点，如果跨国公司不仔细思考它们在发展中国家获得成功并振兴当地经济所产生的后果，以及没有事先规划好在相互关系中做出令双方都满意的改变，发展中国家可能就不允许它们继续经营。

然而，未来跨国公司与各国政府间的相互关系到底如何，我们只能说，高管层有责任发展出行之有效的关系，尤其是跨国公司与发展中国家的关系。

未来的管理结构

未来跨国公司的管理结构也将有别于今日跨国公司的管理结构。

即便是在发达国家中，跨国公司也必须有能力建立单一结构，既能协调"多中心"（polycentric）的管理需求，又能满足制定共同的企业战略的需求。理由之一是，跨国公司必须拥有必要的弹性，以资本市场各自偏好的形式，去开发最有利的资本市场。

已经有许多以美国为原籍国的跨国公司,其资本由欧洲人持有。然而,欧洲投资者长期以来宁愿购买可转换成股票的债券,也不愿意直接购买投资股权。因此在以美国为原籍国的大型跨国公司的总资本中,近20%是可转换为股票的债券,通常是欧洲货币的债券,主要由欧洲的机构与投资者拥有。

然而,这也可能意味着,在欧洲创建子公司与分支机构,其股票所有权可以直接由欧洲人持有;在巴西建立子公司与分支机构,其股票所有权就会落入巴西人手中;在日本建立合资企业,股票所有权就在日本人手中;其他地方也如法炮制。就组织而言,跨国公司所需要的是系统管理,而且目前正在朝这方面发展。

除非跨国公司能够建立起高度自律、集中指挥,又具有弹性、各成员享有平等地位的联邦组织结构,否则跨国公司将无法解决内部问题以及与政治环境之间的关系问题。唯有这样,一家全球性的制药公司的哥伦比亚子公司的总裁,才有可能既是整个公司高管层的成员,同时又是区域销售经理。唯有这样,他才能根据不同处境的需求以及按照不同的逻辑来扮演两种不同的角色。唯有这样,跨国公司才能适应并采取多种方式与各东道国建立不同关系,比如这里搞合资企业,那里做合伙企业,另一地方则促使当地投资者拥有区域或当地子公司的关键少数股权。而在政府企业占有重要地位、在经济中扮演主角的许多国家中,与当地政府建立伙伴关系是合宜的;在某些发展中国家,签订管理合约则是上选,股权形式反倒不合宜。当然,还有其他许多形式。

同样清楚的是,跨国公司必须建立一个能够在共同世界市场中管理共同资源的组织。其中一项资源是资本,另一项资源是知识。最重要且最困难的资源是管理者与专业人士。除非管理者与专业人士成为整个公司的"全职公民"（full citizens），成为各自社区的重要领导成员，否则跨国公司就难以吸收并留住所需的优秀人才，跨国公司就难以利用它们的最大资产——年轻人都希望融入到更大的世界之中，他们希望去旅行，希望在不同文化中体验生活，希望拥有更宽广的选择。跨国公司能为年轻人实现这些梦想创造条件，而过去的本土企业只能望尘莫及。同时，跨国公司还必须有能力为这些年轻人，尤其是为发展中国家的优秀年轻人提供机会报效自己的祖国，为他们提供为各自的社会、各自的经济做贡献的良机。

同样相当清楚的是，未来的跨国公司必须有能力在同一公司组织框架内、在同一管理团队中，容纳不同的管理传统。在日本，跨国公司必须有能力吸收日本的结构传统、晋升制度和管理方式。在德国，跨国公司必须成为德国的公司——不仅必须按照德国高管层的模式来建立跨国公司的高管层，也就是由一位执行主席来领导高管团队，而且必须满足德国人对高管层成员资质的认定条件。比如德国人认为工程技术是一个人晋升高管层的必备条件（但这种评判标准非其他国家所共享，至少没有达到同样的重视程度）。在法国，无论赞同与否，跨国公司都必须接受法国人的如下观念——强调大学毕业生是社会精英，诸如工业技术大学的毕业生等。法国人传统上认为，一个工业技术大学的毕业生必须先在政府机构中服务，从事与他所学的工业技术教育无关的工作；然后，在45岁或50岁左右，当他们晋升到政府高级职位时，便可直接转到大型企业的高管层。在美国，正如大多数由欧洲人经营的跨国公司长期以来所认知的那样——高管层必须遵循"美国高管层"的规矩。

与此同时，跨国公司必须保持一致性。跨国公司的管理者，即使是中层管理者，也必须有能力理解这些差异，必须愿意接受这些差异，必须学会尊重这些差异。如今，大多数的跨国公司经常会说："我们在芝加哥（或慕尼黑、大阪、埃因霍温）就是这样做的。"未来，跨国公司必须学会说："这是我们要实现的目标，请问在皮奥里亚（或慕尼黑、大阪、阿姆斯特丹），你们是如何做的呢？"

未来的跨国公司将会不可避免地拥有多支管理团队。总公司的高管团队只是管理团队中的一支，但同时又必须成为其他高管团队的成员。其他高管团队的领导者不一定是总公司高管团队的成员。

我们要举的第一个例子就是前文论及的以美国为原籍国的玉米生产跨国公司（CPC）。总公司的高管层由四五个人组成一个团队。这些成员同时是五个子公司高管层的成员。各子公司的总经理兼任该子公司高管团队的执行主席，总公司的高管层成员也是其中成员。当然，总公司的高管层有权撤换子公司的总经理，并有权任命谁担任这五个子公司的总经理。然而，在子公司的业务范围内，总经理是"第一把手"。各子公司的总经理们，尤其是欧洲、拉丁美洲以及远东地区子公司的总经理们，都拥有所在不同国家中的分支机构的自主权。子公司的高管团队又是这些分支机构高管团队的成员，由该分支机构的经理担任"主席"。

这是非常复杂、操作难度很大的组织结构。它不仅要求总公司的高管层脱离日常事务操作的责任，而且要求管理层仔细思考"你的事业是什么，你的事业应该是什么"等诸如此类的问题。这就要求高管层必须"依靠目标与自我控制进行管理"；要求高管层必须发挥良知功能并行之有效；要求管理者具备高度自律的素质，并愿意对上级负责，尤其是要确保总公司的高管层及时获得汇报、信息以及相应的教导；要求管理者必须建立"执行秘书处"或"企业研究智囊"（此点可详见第 51 章）。

还需要高效率的董事会，不仅是总公司需要董事会，重要的子公司也必须设有董事会；既有负责核查与控制的董事会，又有负责公共关系与社区关系的董事会（参见第 52 章）。

然而，关于跨国公司的管理，正如所有的系统管理一样，必须努力建立个人联系,不断努力保持沟通,愿意主动学习,也愿意悉心教导。虽然跨国公司必须建立"管理制度",但不能只靠"制度来管理"。正如美国 NASA 的"系统管理"原型(参见第 47 章)那样,这种组织结构中的高管层必须有充裕的时间与人来往,而且不能只是与高层人员来往。高管层必须确保组织结构中的每一位决策者都知道事情的进展情况,不能只是了解本单位的情况。高管层必须确保基层人员也了解情况,确保他们能够帮助高管层了解情况。这就要求在纽约或巴塞尔的人必须有足够的时间与在圣保罗或悉尼的同事聊天,不是讨论问题,不是讨论他们自己关心的事情,而是把自己视为学习者、倾听者与资源。同样道理,这还要求高管层成员、总公司的高管团队成员,以及所有单位甚至是最小单位的高管团队成员,都必须有足够的时间与各自处境中的重要社群,包括政府官员、政治领袖甚至新闻媒体与大学的喉舌们,保持直接的个人联系。不能指望他们解决世界经济与国家民族主权之间的分歧,但他们有责任让这种关系变得安稳可靠些。

在当今世界,跨国公司是最重要的经济工具。它之所以重要,是因为它反映出世界市场与世界经济的新现实。它之所以重要,是因为它是使现有经济资源得以优化的最有效工具。然而,正是由于它反映出了新现实,而不是过去企业的扩展,因此跨国公司需要新的组织结构、新的整合方法,以及建立新的关系。跨国公司还是个新生组织,因其幼小而容易夭折。如果跨国公司遭遇不测,世界就会变得更加贫穷,最大的受害者将会是发展中国家。然而,发展中国家也最害怕跨国公司,发展中国家最担心跨国公司的强大与自己国家的弱小形成鲜明对比,发展中国家最需要在经济上、心理上的安全感与身份认同。可见,想要让跨国公司兑现诺言,就必须要求高管层的工作产生高品质的创新成果。

第60章 | CHAPTER 60
管理好企业的成长

IBM公司"险些错失良机"的故事——福特公司、西门子公司、美国电话电报公司、西尔斯公司——"身份认同危机"——为何企业不是自动成长的——成长是必然的吗——20世纪50~60年代的"成长热潮"——"成长中的公司"与"成长中的行业"的神话——公共服务机构的成长——成长是企业的生存需要——"零成长"导致的动乱——需要设立成长目标——为成长做必要准备——高管层：监管因素——关键活动的人员配置——需要变革的征兆——最高人物的个人决策及其责任

企业不是自动成长的。"成功"并不一定带来"成长"。当然，企业成长必须要求在正确的时机，把正确的产品或服务投入到正确的市场。然而，这些只是企业成长的前提与必要条件，而不是企业成长本身。

企业是一个社会有机体，正如生物有机体成长一样，企业成长也存在诸

多压力与张力。企业成长具有不连续性。当企业发展到某一阶段后，它必须自我变化。在变化阶段，企业通常也会产生"身份认同危机"，这类似于现代心理学家分析人由青春期转向成人时所产生的那种危机。就人类而言，越是优秀、聪明、干劲十足的人，他所遭受的身份认同危机越严重。

最好的例子就是 IBM 公司"险些错失良机"的故事。

IBM 公司"险些错失良机"的故事

回顾往事，IBM 公司从 1950 年年销售额为 1 亿美元的中型企业，成长为 20 世纪 70 年代初期年销售额高达 80 亿美元的电脑行业巨人，这个巨变几乎一帆风顺，没有遭遇阻力，似乎命定如此成功。实际上，它也经历过一次严重的身份认同危机。它险些错失进军电脑行业的良机。IBM 公司的成长可归功于一次"宫廷政变"，这次"政变"推翻了公司创建人、执行长官、多年来被誉为"数据处理"先知的老托马斯·沃森，此后，公司得以长足发展。

如果有任何公司能够毫无波折地顺利成长，那么，它一定是 IBM 公司。在美国商业历史中，没有其他公司能像 IBM 公司那样做充分、精心的准备与训练，为企业成长指引方向；而且从创业开始，它就决定朝着数据处理方向成长。

在第一次世界大战之前，老托马斯·沃森以购买穿孔卡的专利权起家，随后又购买了计时钟的专利权。不过，把这些专利权商业化，老沃森历经艰难困苦，过程曲折漫长。在第二次世界大战爆发时，IBM 公司还只是一家正在艰苦奋斗中的小型企业，在商业机器设备领域，它的生存空间非常有限。

然而，在 IBM 公司占有一席之地之前，沃森就开始为公司的成长做准备，希望让自己的企业成长为一家大型企业，甚至成长为巨型企业。他为公司取了一个非常崇高而响亮的名字："国际商用机器公司"（International Business Machines，IBM）；而当时，该公司既不是"国际"，也没有真正生产"商用机器"。早在其他美国公司考虑这种事情之前，甚至在阿德里亚诺·奥利维蒂之前，为了树立公司形象，IBM公司设计独特的标识，用独特的印刷体印在产品、出版物以及公司内外通讯上。奥利维蒂继承了在意大利北部一家小型打字机公司，也采用同样方法。沃森提出的口号是"THINK"（思想），并制作成千上万印有"THINK"字样的海报与贴纸，分发给员工与顾客。

沃森很早就培训并组建了一个人才组织。这个组织的人都把自己视为精英人物，就是为管理一家超大型企业做准备的。正如在第20章中已经提及的那样，沃森坚持要求他的员工必须为各自的工作负责，并训练出了一批自豪感强、真才实干的优秀人才。这批人才成为IBM公司日后创建庞大员工队伍的骨干。

尤其重要的是，沃森一而再再而三地加强对员工的训练，所有员工都必须在岗继续进修。那些被认定为"IBM公司业务"的代理人，比如销售员、服务人员以及销售经理，不断接受培训就是他们的家常便饭了。

特别要指出的是，公司对地区销售经理的培训是要把他们培养成为高管人员。这些人都没有接受过技术教育，或者没有技术工作的经验。但是，当公司在20世纪五六十年代从机械用具——穿孔卡分类机的生产商（在许多场合，都是手工操作，或至多只是应用最简单的电力马达）转变为高级电子设备制造商时，正是这些在技术上从未受过教育的人，成为在世界上占据领先地位的电子计算机公司的管理当局。他们是在持续训练中成长的，已经学会了如何去学习。进入70年代时，IBM公司的高层管理团队主要由以前经营穿孔卡的地区经理所组成。

沃森早就看出，IBM公司的未来发展可能是在早些时候称为"数据处理"的领域。他一直坚信，处理大量数据的烦琐工作总有一天会由机器来完成，迅速、可靠，而且成本低廉。

所以，沃森敏锐地察觉到电脑市场将大有作为，而当时尚无其他人意识到这一点。他发现电脑企业的关键不是技术，而是市场营销；重要的不是电脑能够做什么，而是用户可以从电脑那里获得什么。IBM 公司能在电脑领域中迅速崛起并独占鳌头，主要是基于这些敏锐的洞察——这正是老托马斯·沃森的高瞻远瞩。

沃森无疑是个独裁者。他要求企业必须遵循他的规则做事，采用严格的家长制，顺从他狭隘的偏见，他曾因此饱受严厉批评。后继的事实表明，沃森并没有扼杀企业管理人员，更没有使他们损兵折将。尽管他有很多缺点，甚至有些是很严重的缺点，但他早就怀揣明确的目标，并有能力细致考虑公司未来发展所需的政策、基本态度以及整体战略。

沃森几乎摧毁了他等待已久、辛勤付出、刻意创建的良好机会。当电脑终于出现，沃森的梦想成真时，他却突然不想让企业成长了。他犹豫不决。他担心做任何可能有损于公司的穿孔卡业务的事情。当然，他担心电脑会威胁到整个穿孔卡业务。于是，他开始阻挠任何可能取代已有的或潜在的穿孔卡机器的制造发展与销售努力。当然，这就意味着拦阻了所有的电脑研发与电脑销售。现在他突然觉得，那些他曾引以为荣的重要员工，尤其是那支他自己亲自训练出来由地区销售经理组成的骨干队伍，没有人已经做好"准备"担任更大职务，或者承担不同任务。

尤其重要的是，沃森拒绝改变自己的行为。他不想担任大型企业的执行总裁，而是决心继续原有小型企业的老本行。他也不愿意让任何人，甚至不愿意让他自己的两个儿子，分担自己的责任或者参与制定任何决策。他拒绝可能危及他亲自控制公司各项事务的任何事情，他反对可能导致他难以详细了解事态发展的任何事情。他顽固地坚持把公司视为自己的"亲生孩子"，把公司奉为他自己个性的"衍生品"。

根据其他公司的发展经验判断，如果沃森继续担任IBM公司的老板，那么他就会毁掉该公司的成长机会。即便只是延迟几年，也会给公司造成致命的损失。因为到那时候，也就是20世纪50年代初期，第一批重要客户就会购买电脑，而新的电脑公司的领先地位也将确立，重大新兴技术的发展也势必超越电脑初创时期的粗糙模式。沃森领导下的IBM公司在电脑技术上尚处于萌芽稚嫩状态，直到20世纪30年代后期，沃森才启用第一个工程师，而且只是为了应付生产工程的需要，而不是出于产品设计的需要。在这种情形下，IBM公司很难直接跳跃到20世纪50年代早期的"第二代"电脑行列；当时，晶体管已经取代了电子管、电子开关取代了机械驱动器。如果沃森继续留任几年，IBM公司充其量不过是"混"在电脑行业而已，甚至可能"混"得不太好。它肯定不会成为数据处理领域的佼佼者，尽管沃森自己一生努力做准备想要达到这个目标。

然而，似乎是天意所为，当时美国司法部反托拉斯局出人意料地出面干预。正当穿孔卡业务逐渐丧失重要地位时，反托拉斯局以涉嫌垄断穿孔卡市场为名起诉IBM公司。沃森最害怕的事情就是因反托拉斯法案与司法部对簿公堂。在20世纪初，沃森还是个年轻人，反托拉斯诉讼案差点毁了他。在他早年就职于国民收银机公司（NCR）时，因他同事严重干犯反托拉斯法，从而导致他受到牵连成为替罪羊，被判有期徒刑，后因总统特赦而免于牢狱之灾。由于他极度惊恐，他的亲密同事在他的两个儿子率领下，逼他退位让贤。他的两个儿子立即组建公司的高管团队，高管团队随即把公司的重要资源，尤其是沃森训练出来的人才，集中起来运用在新的企业运作上。三年后，IBM公司就发展成为电脑行业的领导者。

IBM公司成长故事的唯一亮点是它的喜剧结尾。许许多多的案例分析表明，成长中的企业一旦遭遇身份认同危机，这家企业通常就会遭受重创。

大量案例分析还证明，无论公司多么急切需要成长，或者宣称它需要成长，错失成长良机的企业仍然很多。还有许多案例说明，许多企业成长受阻、发育不良，钱花了，规划也拟好了，就是没有成果。企业非但没成长，反倒屡战屡败。

很少有公司能够成功逃避这种身份认同危机。

在第一次世界大战期间，福特汽车公司到了必须转为大型企业的关键时期。那时，亨利·福特最亲密的同事兼合伙人詹姆斯·卡曾斯以及他的内弟兼财务顾问欧内斯特·坎茨勒，此二人竭力敦促福特改变公司结构，并力劝福特不要亲自经营公司。然而，福特把这两人赶出了公司。福特汽车公司几乎立即走向衰落。五年后，它被通用汽车公司赶超。又过了五年，到20世纪20年代末，它在汽车行业中第二把手的地位完全被新兴的沃尔特·克莱斯勒抢走了。克莱斯勒显然师从斯隆，一开始就遵循大型企业的组织方式来运作他那羽翼尚未丰满的公司。

我们在第29章中曾经讲过，在西门子公司创建人去世后，他的儿子们拒绝采纳适合于业已形成的大型公司的结构、管理与政策，那时西门子公司也经历类似的危机。如果他们继续留任，西门子公司可能早已不复存在了，至少不会成为像目前这样具有重要地位的大型企业。

美国电话电报公司（AT&T）即贝尔电话公司也遭受过类似的创伤。到19世纪90年代末，AT&T的发展到了一个关节点——它不能再以金融控股公司的身份管理许多地方性的小型电话公司，它必须转变成为一家全国性的大型公司。西奥多·韦尔对此心知肚明。当时韦尔年近50，担任公司总裁并兼任董事长，但该公司的执行高管是由一群波士顿投资银行家组成。当韦尔把自己的计划与建议面呈他们时，他们不仅拒绝听取，而且迫使韦尔提前退休。十年后，由于他们拒绝建立公司所需的管理层，致使AT&T的地位大大削弱，国有化似乎在所难免。这群波士顿银行家最后只好负荆请罪，请求韦尔重返公司接管事务。这一次，韦尔终于全权管理公司。在随后的几年中，韦尔创建了大型公司的崭新结构，使得贝尔电话公司发展成为世界上最大的私营企业。

然而，最有教育意义的例子当属西尔斯公司。西尔斯的公司名称源自理查德·西尔斯，正是他开创性地提出了许多基本政策，该公司如今的成就依然应该归功于这些政策。当该公司从小型企业成长为中型企业时，西尔斯拒绝改变公司的组织结构，也不愿改变他自己。结果，在20世纪初叶，该公司濒临破产，甚至被迫把公司卖给一位芝加哥布商朱利叶斯·罗森沃尔德。罗森沃尔德随即组建高管团队，并按照大型企业的方式重组结构。这才使得本来已经奄奄一息的西尔斯公司重现生机、恢复成长。20年后，罗森沃尔德自己又敏锐地意识到公司及其管理结构需要来一次"量子飞跃"。当时，西尔斯公司已经发展成为大型公司，但它必须准备好发展成为更大的企业。罗森沃尔德转而求助罗伯特·伍德将军。第一次世界大战期间，伍德将军曾负责美国陆军军需补给要务，在管理后勤军需供应上能力超强，工作绩效显著。后来，伍德将军在西尔斯公司最有力的竞争对手蒙哥马利·沃德公司担任销售部副总经理。罗森沃尔德从旁观察他一两年之后，就邀请伍德将军到西尔斯公司来担任最高职位，自己则带着原有的管理团队引身而退了。

这些事例表明，为了企业的成长，高管层必须重视战略，必须做好准备，必须树立理想的行为习惯，以便促进员工专注公司的发展目标。除非高管层愿意改变，否则所有这些都不会见效。即便心怀伟大愿景和坚定心志，不采取实际行动，也只会自寻烦恼，终究一事无成。

成长是必然的吗

20世纪50年代，尤其是60年代，在经济与企业领域兴起了一场名副其实的"成长热潮"（growth craze）。投资者对企业成长梦寐以求，好把资金注入。成长是企业管理层所做的许诺——"每年的销售额增长10%，利润也会增长10%"。企业成长也是经济发展的重点，发展中国家与发达国家都是如此。

企业成长在很大程度上是对20世纪两次世界大战期间世界经济与商业停滞不前的反应。当时，企业已经停止成长。最乐观的看法也不过是期待能够防止经济的继续萧条与衰退。第二次世界大战后，当失望的阴霾逐渐消散时，人们如释重负。各国经济纷纷复苏，公司相继恢复运营，企业呈现出欣欣向荣的健康成长景象。

不过，这种成长热潮很快就过头了。在1940年前，人们相信经济停滞的神话；第二次世界大战后，人们又开始相信经济成长的神话。以高百分比率的速度长期维持经济增长，甚至一直保持增长，这种想法是完全不切实际的。如果企业以高百分比率的速度增长，甚至像大肆宣扬的那样——以每年10%的速度增长，那么全球资源将会很快消耗殆尽。长时期高速度经济增长绝不是经济发展的健康现象。它会致使企业（甚至任何机构）变得极为脆弱，甚至难以管理得当。它也会导致压力，暴露出弱点与隐藏的缺陷，遭遇轻微挫折，就可能酿成重大危机。

即便是从投资者获得资本增益这种纯粹的金融观点来看，"成长型公司"也未必是一项可靠的投资。这样的公司迟早会遇到真正的困难，而且通常状况下是很快就会遇到。这样的公司迟早会遇到巨大亏损，不得不注销大量资本，事实上，它会变得无法管理。这样的公司需要花费数年时间才能恢复元气，才能重新获得成长的能力并产生利润。今天处于高成长中的公司，就是明日的问题公司，很少有逃过此劫者。

"成长中的行业"也具有同样脆弱的特性。的确，一个正在成长中的行业所具有的活力是有目共睹的，因此成长中的行业并不是良好的投资对象，但特别在行的投资者可以例外。在成长中的行业中，有人首先开辟了一个重要的新的经济活动领域，并许诺提供巨大商机。任何进入这个新的经济活动领域的人，都会感觉干得很好。结果，大批新人纷纷涌入这个领域，从而导致这个行业迅速人满为患。于是不可避免地出现了大浪淘沙的"淘汰"潮。原来入行者三四十人，最终能留下来的不过五六人，最多七八人。在这些人中，只有三四人能够保持领先地位，维持数十年。其余三四人则会发展成为不错的中型企业，享有小而独特的地位。其余的都消失不见了。

在这大浪淘沙的过程中，哪些公司会脱颖而出，哪些公司将消失不见，实难预料。即便是行家里手，也很少能够准确预测。决定性因素通常隐藏得很深。最重要的因素是公司管理层必须具备管理好企业成长的能力，以及具备在淘汰过程中调整整体战略的能力，这样才能使公司在发展竞争中立于不败之地。

在20世纪20年代，美国的化工产业成长最为迅猛，甚至首次作为美国主要产业出现，可以算是一个例子。如果一定要挑选出一家优胜企业，那么当时的联合化工公司一定是众望所归。在第一次世界大战期间，该公司就已经发展成为大型公司，在许多重要领域拥有专利权，地位无人撼动。当时如果有人把杜邦公司或陶氏化工公司视为优胜企业，那一定是十分鲁莽的选择。这两家公司在当时充其量不过是在炸药或冶金等边缘领域小有成就的小型公司而已。然而，联合化学公司从未善用自己的优势来成功发展自己的企业，它既没有建立一支强有力的管理团队，又没有制定恰当的战略，结果只有黯然出局。最后，杜邦公司与陶氏化工公司脱颖而出，成为该行业的领导者。㊀

㊀ 当时，连杜邦公司的管理层也不曾把自己的公司视为一个"成长中的公司"。他们决定把公司在第一次世界大战期间赚取的大部分利润投资给通用汽车公司。这个决策在几年后促进了通用汽车公司的改组与发展。杜邦公司之所以制定这项决策，主要是因为杜邦公司的高管层（尤其是总裁皮埃尔·杜邦）坚信他们的公司在自己的行业中不再拥有更多的成长机会。

同样，20世纪40年代末与50年代，在美国制药工业快速成长的早期阶段，也很少有人认为默克（Merck）与辉瑞（Pfizer）会成为制药产业中的优胜者与领导者。当时，默克公司正处于该行业的边缘状态，在药物研发方面尚无明显优势，只勉强经营一些不太出色的专利药品。辉瑞公司甚至在制药行业中名不见经传，因为它一直以来只是为纽约酿酒公司提供酵母粉的一家小型制造商。回顾往事，当然也只有如此回顾，我们才能知道——这两家公司显然都不仅拥有各自成长的战略，而且拥有一个愿意组建大型企业并改变自己行为的管理层。

证券市场最好为成长中的股票以及成长中的行业打折而不是升值，因为成长就是风险。

"成长本身就是目标"，这种观点完全是妄想。公司规模越变越大，这并不值得赞誉。正确的目标应该是越来越好。健全的成长应该是做正确事情的结果。成长本身只是虚名，此外无它。

公共服务机构的成长

在商业世界中，"成长热潮"是一种周期病。比如在过去100年中，成长热潮曾三次席卷美国，分别是19世纪70年代、20世纪20年代（当时欧洲经济深陷"停滞热潮"之中）以及20世纪60年代。然而，在公共服务机构中，尤其是在政府机构中，成长热潮成了永久性的传染病。在第12章中我们曾讲过，这种病症在很大程度上是因为公共服务机构过度依赖预算，结果导致人们把人员多、预算大奉为衡量公共服务机构的绩效、成就以及重要性的唯一标准。

其实，在公共服务机构中，"大"不一定意味着"好"。无论是医院、政府机构、大学，还是企业的人事服务部门、研究实验室，都是这样。

证明服务机构的规模与绩效之间没有必然关联的最好实例是如下两家美国的慈善基金会：洛克菲勒基金会（RF）和福特基金会（FF），在第二次世界大战前后数十年中，这两家基金会的规模都很大。用现在的标准来看，第二次世界大战前洛克菲勒基金会的资金还相当有限，不足10亿美元；相反，当时福特基金会则拥有30亿美元。但因为资金所限，洛克菲勒基金会精简用人，且把资金集中使用于特定领域。结果，该基金会产生的影响力非常大，在医药界与科学界的影响更是如此。相反，福特基金会因为需要使用的金额巨大，不得不去寻找能够吸收最多资金的项目，但它所资助的项目到底能够产生多大的影响，迄今为止仍然是个具有争议的问题。

与企业的成长一样，公共服务机构的成长也必须面对许多要求与困难。更大的预算可以促使公共服务机构承担许多重要的新任务，但也常常意味着基金会需要多做一些完全没有必要做的事。不过，更大的预算还意味着招收更多需要训练、指导、监督、管理的人员，以及业务的复杂性也随之增加。更重要的是，公共服务机构的成长（包括企业内部的服务部门）还意味着高管层必须进行相应的改变。

在第13章与第14章中我们曾讲过，公共服务机构必须严格"控制体重"。人们特别容易把"脂肪"误认为"肌肉"，把"重量"误认为"重要"，把"忙碌"误认为"成就"。然而，管理层还必须知道如何管理好公共服务机构的成长。无论成长中的组织是企业还是公共服务机构，对成长进行管理的方法大致相同。因为，管理好企业或公共服务机构的成长是高管层的挑战与任务，因而要求高管层必须具备制定战略与组织团队的能力。

成长是企业的生存需要

与任何狂热的潮流一样，"成长热潮"也必然会消停。然而，成长依然是企业梦寐以求的目标，事实上也是企业必需的目标。即便是像20世纪70年代初期许多人所预言的那样，经济将会出现"零成长"，即恢复到20世纪20~30年代的停滞状态，企业的管理层也依然必须把握如何管理好企业的成长。因为20世纪20~30年代的经验已经清楚地表明一个道理：经济的"零成长"时期并不意味着经济的稳定时期，而是充满动乱的时期。

在一个正在成长的经济中，发展空间会更加充裕。已经翻越高峰的行业会日趋缓慢并且下滑，但由于整体经济实力很强，故尚能维持很长时间。新兴行业通常成长迅猛。但那些并不知道如何更好成长、更健康成长的行业，也仍然有成长的空间，但这种成长不是由于管理好，而是由于偶然的机会。

然而，当经济不再成长时，经济结构的变化必然会突如其来，而且会异常剧烈。因此，没有成长的企业或停滞不前的行业就会走向衰退。在这种情况下，企业更需要战略来促使高管层做规划，谋求并管理好企业的成长。

我们是否已经身处经济成长的终结点，因而我们应该学会在"经济停滞的状态"中生活，这仅从环境的制约与资源的局限就可看出，但这显然不属于本书的讨论范围。面对还有三分之二的人类尚处于赤贫状态的事实，经济停止成长还不大可能。不过，在未来，经济成长也有可能产生不同的事情。它可能意味着使用较少的资源，也就是转向知识产业的成长，而不是制造业的成长。成本也可能大不相同，我们以为免费的东西，比如空气与水，将来可能不再免费，而且可能要花费很高的成本才能获取。快速崛起的发展中国家的成长模式有可能与19世纪重视钢铁行业成长的传统模式大相径庭。但日本在第二次世界大战后的爆炸性成长，以及巴西在20世纪60年代的快速成长，也还是延续19世纪的传统发展模式。毫无疑问，人们必须越来越关注并维持"取之于环境"与"回馈给环境"之间的平衡，并为此做出努力。仅此一点，我们就能够相信，未来的成长机会一定有别于过去的成长机会。

未来也会有促进成长的新因素。其中一个常被人们忽略的因素是受过教育的年轻人的期望。

一个不能吸引、激励,并留住有才干、有能力的人的公司,将无法继续生存。这意味着公司必须努力吸引、激励,并留住知识工作者。然而,不同于过去的体力工作者,知识工作者寻找工作不只是为了生计,更多是为了追求事业、寻找机会。即便是在人口零增长的情况下,即在年龄段人口数目相同的情况下(这意味着人口的重心已经从青年人转向中年人),受过良好教育的年轻知识工作者们追求他们向往的事业发展的机会将会超过老年人退休所能提供的机会,年轻人求职的压力依然有增无减。即便人口出现零增长,年轻人也会持续争取更多的机会以便有所成就。知识工作者的出现带来了新的压力,他们要求有所成长,在许多情况下,他们要求更大的成长。

需要设立成长目标

20世纪60年代,成长热潮的消停说明一个道理:管理层只是空喊"我们要成长"的口号,这是远远不够的;管理层还必须制定"一套合理的成长政策"。管理层需要设立成长目标,这个目标以坚实的基础为依据,而不是以"成长欲望"或"成长许诺"为依据。

管理层必须仔细考虑企业所需的最低限度的成长。什么是最低限度的成长呢?即管理层必须明白的一个道理:如果达不到这个最低限度的成长,公司就会丧失优势、失去活力以及丧失获得绩效的能力,甚至无法生存下去。

一家公司必须拥有足以维持生存的市场地位,否则它很快就会被边缘化,而且很快就会出现规模不适当的情形。无论是向国内市场还是向国际市场扩展,公司都必须随市场的扩展而成长,以确保继续生存。因此,公司有时需要设定一个很高的最低限度成长率。

20世纪50~60年代,当整个市场快速成长时,为了生存,制药业市场或电脑市场成长的速度甚至更快。然而，同一时期，发达国家中的纺织业的整体市场成长极低（但比一般人想象的要高些）；在纺织业中，最低限度的成长为要确定最有发展潜力的那部分市场，并集中力量加以发展。

在通用电气公司做业务战略规划时（参见第10章），第一个问题不是问"哪个市场最具有成长潜力？"而是问"每个市场最低限度的成长是什么？我们能够保持这一最低限度的成长吗？哪部分市场（即使是在缓慢成长的市场中）能为我们提供最佳机会？"

在商业语境中，成长是个经济术语，而不是物质术语。数量本身无关紧要。对林业害虫舞毒蛾来说，每年吃掉更多树木可能是个合理的目标；但对造纸公司来讲，把砍伐多少树木设为目标，显然愚不可及。无论是在市场经济体制，还是在其他任何经济体制中，企业最重要的是创造经济绩效。衡量企业经济绩效的标准是它对经济与社会所做的贡献，是它善用人力、资本、原材料等各种资源所创造的生产率，以及它所获取的利润率。能够在经济绩效与经济成果领域获得成长，这家企业才会真正成长。梦想成为"10亿美元的公司"，这并不是个理性的成长目标，成长目标必须是"经济目标"，而不是"数量目标"。

这一点特别重要。因为最危险的错误，通常就是把"虚胖"误以为"长大"。如果一家企业能够抛弃许多毫无贡献的活动，那么它实际上就是成长了。这些毫无意义的活动只会消耗企业有限的资源，损害企业真正的成长潜力。所以，通用电气公司的事业战略规划的第二步便是审视公司的哪些活动应该停止，哪些业务应该抛售，哪些业务至少应该淡化。20世纪60年代末期，当通用电气公司开始审视这些问题后，停滞成长多年的企业重新获得了成长的活力。

企业所需的第二个成长目标是"最适当目标"（optimum objective）。什么样的活动、产品以及业务组合能够在风险与资源回报之间取得最佳平衡？

换言之，如何才能在花费主要资源与所有资源的最低生产率成本的条件下达到提升市场地位的目标？超过了哪个关键点，公司提升利润的风险就会大大增加？然而，在哪种情形下，风险固然可以降低，但生产率与利润率也会受挫而急剧下降，并可能危及公司的市场地位呢？

能够决定公司成长向上发展趋势而不走向最大化的目标，就是公司的最适当目标。企业成长至少应该达到最低限度的成长。但通常状况下，它不应该超过最适当目标。的确，超过了最适当目标的成长，也就是用降低生产率来获取市场地位，或者用降低市场地位来提高生产率，两者都不健全，也难以维持长久。这种成长会导致"成长型公司"付出"出人意料"的昂贵成本。这种成长会造成易损隐患、缺陷、过度扩张、控制失效，并很快会遭受重创甚至致命挫折。

换言之，成长政策是企业政策，与任何其他企业政策并无区别。成长政策要求设立目标、安排优先顺序以及制定战略。尤其重要的是，成长政策要求成长目标必须理性，而且必须根植于企业的客观现实，根植于市场的客观现实，根植于技术的客观现实，而不是根植于任何形式的金融幻觉。

为成长做必要准备

成长需要企业内部的养精蓄锐。正是因为 IBM 公司为成长做了多年的准备，因此一旦障碍得以清除，它便有能力起死回生并迅速恢复成长。如果没有充足的准备，即便成长欲望强烈，即便对新的电脑行业成长所需的条件了如指掌，也不足以让一个工程技术不强的简单机器产品制造商一夜之间转变成为一家技术先进、独领风骚的行业领导者。

快速成长机会何时出现，任何公司都难以预测。然而，任何公司都必须做好准备。如果公司没有做好准备，机会就会转向去敲别人的门。

IBM 公司的故事表明：想要有能力成长，公司必须在其内部创造连续学习的氛围。在连续学习的氛围中，所有员工，从上到下，都必须愿意学习，愿意准备承担新的、不同的、更大的责任，并把这些视为理所当然的事，无须畏缩惊恐。只有全体员工有能力成长时，公司才有能力成长起来。

当然，至少在西方，公司可以聘请各种专家、专业人才、具有竞争能力与各样天赋资质的优秀人才。然而，就公司的基础而言，成长必须来自内部，即便是通过收购而导致的成长（如前文所述）也必须以公司自身的优势为基础。成长政策要求任何由人组成的机构都必须创建继续学习的氛围，并促使员工时刻准备好，愿意担当不同的、更大的事务。

大型企业还必须为未来成长制订财务规划。否则当公司开始成长时，它会发现自己身陷财务危机之中，成长可能因此受挫。这个原则不仅适合于小型企业，也适合于中型企业（详见第 54 章中关于小型企业、中型企业的分析）。因为即便是相当缓慢的成长也会消耗企业的基础资金；即便是平时不屑一顾的领域也会产生财务需求；即便是动用现有的资本结构或者申请短期贷款以及调用流动资金，也未必能够行之有效。财务策略对企业成长至关重要，财务策略的重要性不亚于产品策略、技术策略或市场策略。

可见，企业成长的关键在于培养组织成员的成长能力。

高管层：监管因素

管理好企业成长的监管因素是高管层，这也正是 IBM 公司的故事告诉我们的教训。公司要有能力成长，高管层必须愿意改变自己，愿意调整自己的角色、关系与行为，并且有能力做到如此。

这个道理讲起来容易，要做到很难。迄今为止，必须做出这些改变的人通常状况下都是那些为公司获得成功立下汗马功劳的人，有时就是一个人。

如今，这些人成功在握、硕果累累，但现实要求他们放弃原来获得成功的行为，要求他们抛弃原有的生活习惯，要求他们退出领导地位（或者他们认为别人是这样要求的）。尤其重要的是，要求他们把自己培育成功的"孩子"交给别人。因为企业的成长始终要求组建一个真正的高管团队，并以此取代一言谈式管理或家长制管理。

在那些正在成长但又尚未真正成长的公司，即那些具有成长潜力的中小型企业中，大多数高管人员都会理性地意识到公司需要什么。但正像沃森一样，他们缺乏自我改变的勇气与意志。

所以，高管层必须尽早开始为企业的成长做准备。具体而言，如下三个步骤必须掌握：

第一，必须界定关键活动并组建高管团队来管理这些关键活动。

第二，必须深刻了解基本政策、组织结构、行为习惯发生变化的征兆，从而把握合适变革的时机。

第三，必须诚实自省，决定自己是否真的愿意改变。

IBM 公司多年来内外兼修、积极准备，以便树立自己的大型公司形象。其在产品设计、对内部员工与对外界联系的所有图案上都一丝不苟，精心修饰。它并没有在广告与推销上花费太多的资金。然而，一旦需要这样做时，它就会不惜代价做到"一鸣惊人"。

与此同时，IBM 公司对内提倡"紧缩"管理。不设参谋部，不设研发机构，不设副总裁，只有托马斯·沃森一人是最高领导，直接控制一个强而有力的地区销售组织，他也是唯一具有参谋职能的教育部主任。直到 20 世纪 30 年代末，公司甚至连工程设计部门也没有，这实在令人难以置信。

换言之，IBM 公司已经分析清楚自己的关键活动。20 世纪 30 年代末 40 年代初，当时 IBM 公司还只是一家小型公司，但它对关键活动提供了大量资源，远超出它当时的规模。除此之外，它没有做其他任何事情。

在企业成长的问题上存在一个矛盾。据说，沃森喜欢一句格言："如果你想要建成明天的大型公司，那么你必须从现在开始像大型公司那样行动。"期望成长的公司，必须按照"成长后"所应有的水准来支持各项关键活动，否则在最需要的领域中，公司就会缺乏必要的能力、优势以及竞争力。与此同时，在尚未变成大型公司之前，公司通常缺少资源。除了真正需要的关键活动之外，企业只能节省其他没必要的开支，以便平衡现有极其有限的资源与未来发展急需大力支持的主要领域之间的需求冲突。

具有成长雄心的中小企业的高管层需要做的一项准备是：尽早组建高管团队以取代一个人领导的家长制管理；因为公司业务扩展速度太快，一个人很难管理好整个公司，他要成为一位真正的管理者，而不是做个"老板"；因此他必须先分析企业急需开展的关键活动，然后再分析自己的性格特质。总有一些关键活动不适合最高领导直接管理，由其他人管理显然更为合适，那就应该由其他人来做。

当罗森沃尔德接管西尔斯公司时，他分析了公司的关键活动并组建了一支由三人组成的高管团队。在公司中，罗森沃尔德就是理所当然的、无可争议的领袖与执行主管。然而，从一开始，有关工厂选址、组织结构以及邮政工厂布局等诸多事宜（这些对当时的西尔斯公司来说就是关键活动）全部交由奥托·多林决定。有关财务与人事的基本决策则交由阿尔伯特·洛布负责制定。罗森沃尔德密切参与这些决策。他会毫不犹豫地阐明自己的观点，偶尔也会纠正同事的观点。然而，甚至在早期，当西尔斯公司尚处于小型公司时，这些人都是以"同事伙伴"相称，并无"上级下属"之别。

无独有偶，第二次世界大战结束后，默克公司的乔治·默克认定制药业将会很快发展，他的公司将会大有作为。他做的第一件事就是邀请万尼瓦尔·布什出任默克公司的董事长，以"同事伙伴"相称。默克知道，他与他的公司在基本科学知识以及系统化研究领域一无所知，但这些正是公司所急需的关键活动。

有成长雄心的公司,无论是一个领袖还是多个领袖,他(们)都必须及时把握变革时机,他(们)必须明白公司的持续成长已经暴露出传统结构与管理行为的落后,尤其是显示出传统领袖人物所能扮演的角色已经过时了。

有一个非常可靠的征兆。

一家公司中的最高人物,尤其是一家成长势头正旺盛的中小型企业的最高领袖,通常会对与自己一起白手起家的伙伴深感自豪;然而,他又会觉得这群"孩子"都"尚未做好接班的准备";这种矛盾的感觉就是该公司需要进行变革的正确无误的征兆。当变革的机会来到时,他总能找到各种各样的理由阻止他们承担更重大的职责,阻止他们交接关键领域,如此等等。他总是会说:"对对对,他的确是最佳人选,只是他还没有完全准备好"。这种话显然暴露出最高人物自己还没有准备好。

要想让中小型企业健康成长,甚至大型公司想要健康成长,它的执行主管,也就是最高领袖,必须强迫自己改变原来的角色、行为与关系。

人们常常把最高领袖拒绝变革归咎于他的年龄太大,可能的确这样,但不一定都是如此。当福特与沃森的公司快速成长,并导致原有的管理方式不再奏效时,他们的确已经年老。当时,福特已经六十出头,沃森年过古稀。然而,就任最高领袖的年轻人也可能会因为企业的快速成长而强烈地拒绝在行为、目标与关系上做出改变。例如,西门子的两个儿子就很年轻,他们也曾抗拒变革;19世纪90年代贝尔电话公司中阻挠韦尔进行变革的那些波士顿银行家,当时他们也都是年轻人。相反,也有许多老年人愿意改变自己。当罗森沃尔德决定聘请伍德将军担任最高领袖,而自己愿意急流勇退时,他已经年过六旬。当乔治·默克决定必须改变自己的角色时,他的年纪也差不多60岁了。

当需要改变最高领袖的角色与行为的时机来到时,如果他已经垂垂老矣，或许这是一件幸事。请一位六七十岁的老人体面地退休，总比强迫一个不愿意进行变革的中年人下台要容易得多。

企业成长对最高领袖造成的困难的确不少。他必须接受自己已经不再是大师级别的演奏家了，现在他必须转变成为乐队的"指挥家"。以前，他认识公司中的每个员工，熟悉每个客户，精通每一件正在做的事情，有能力制定每一项决策，有智慧解决每个难题，他为自己感到无限自豪，正如当年的托马斯·沃森爵士那样。现在，他必须依靠各自的目标与自我控制进行管理。以前，他享有最后决策权，而且经常享有最初决策权；现在，他必须建立管理结构，按章办事。以前，他知道如何处理每一件事；现在，他必须放手让别人按照各自的方式行事。

如果期望任何人能够突然做出这样的改变，那就等于期待罪人悔改的奇迹。回想起来，即便是罪人悔改式的转变，也总有个漫长的准备过程。一个希望自己的企业成长的最高领袖，必须接受他将在更大的企业中扮演的新角色，而且必须在很久前就做好接受这个角色的准备。

首先，他必须仔细考虑他自己是否真正想要公司成长，以及他的公司是否真的有能力成长。无论是在企业中，还是在社会中，"中产阶级"的好处可圈可点。不经营大型企业，常常更令人喜乐、更令人满足；对高管人物来说，肯定会享受更多的个人成就与个人自由。我们没有理由相信，卢森堡或瑞士比现在的超级大国更不幸福、更少成就，或者对人类的价值更小。

没有任何公司非要为了超出最低限度的成长需要，而刻意追求成为"更大"的企业，企业成长必须与市场共进退。然而，超出这个限度的成长，必须以公司所做贡献的能力为基础。如果一家公司很满足于自己所处的地位，很满足于自己所做的贡献，很满足于自己所服务的市场，很满足于自己所经营的事业，那么这并不能说明这家公司"不够好"或"价值较小"。用经济术语来讲，这种公司可能比巨型企业更具有生产力，可能事实也会常是如此。再说一遍，把"成长"视为"目的"是幻觉。美国哲学家威廉·詹姆斯曾说过："那该死的成功女神！"如今的企业哲学家完全可以照葫芦画瓢地说："那该死的成长女神！"

然而，即便是最高领袖可以决定他的公司需要成长，他仍然需要面对第二个问题，而且是更加困难的问题："难道我所追求的企业成长，是为我自己吗？"

虽然托马斯·沃森立志用其一生来建立大型公司，但他显然知道自己并不想经营大型公司。他也缺乏经营大型企业以及面对后果所需的智慧或人格力量。罗森沃尔德显然也不是如此。他意识到自己不想经营巨型公司，同时他深知西尔斯公司有能力且应该发展成为一家巨型公司，他为自己找到了正确的结论。

如果最高领袖得出结论，认为他的公司需要成长，而他意识到自己根本不愿意改变自己与自己的行为，那么他当然只有一条路可走，那就是退位让贤。即便在法律上他拥有公司的所有权，但他也无权掌控其他人的生活。公司不是"孩子"，即使是人的孩子，总有一天，父母也必须接受孩子已经长大成人的现实，孩子终归是要独立自主了。

企业是人的成就。无论法律如何界定所有权，企业在本质上依然是个"信托机构"。那些认识到不愿改变自我的企业最高领袖必须意识到，自己一手创建的企业，一生热爱并努力建设的事业，将会因为自己的顽固不化而窒息、受阻甚至被扼杀。如果他不能勇敢面对自己的成就所带来的新要求，那么无论是对自己还是对公司，他都应该退位让贤。

CHAPTER 61 | 第 61 章

创新型组织

经济学或社会学意义上的"创新"——创新的范例——创新的特点——创新的含义——创新的动力——创新的策略及其基本假设——需要"有计划地抛弃旧事物"——需要树立高目标——平均成功率——创新项目的流程——评估与预算——失败的风险或"接近成功"的风险——创新的态度与实践——管理层的不同角色——以责任为核心——连续学习——组织结构推动创新——杜邦公司的例子——创新是"事业"而不是"功能"——团队——企业家是创新单位——创新型组织的挑战

"需要创新"是每一本管理书都会提及的话题,无非是要强调创新的必要性。然而,除此之外,这些书籍通常很少论到管理层与组织机构需要扮演什么角色以及需要做什么,才能激励创新、引导创新,并促使创新具有成效。大多数论述几乎完全强调管理层的行政职能,即继续执行或者进一步改善已经知道的与大部分已经完成的工作。很少有人认认真真地讨论"具有成效的创业功能"与"有目的地创造新的、不同的事物"。

由于人们对创新的管理的忽略，这些书籍只是反映了企业的基本现实。所有管理层都强调创新的必要性，但无论是大型企业还是小型企业，很少有人把创新视为一项特别的、重要的任务加以组织。的确，自第二次世界大战后，"研究"已经成为时髦的事。大量金钱都被用在"研究"上。但在许多公司中，"研究"的结果只是"改进或提高"，而根本没有"创新"。

公共服务机构的情况更是如此。

过去人们的注意力都集中于行政职能而忽略创新，并非没有理由。20世纪初叶，当管理成为人们关注的焦点时，人们最大与最新的需要是去学习如何组织、建构、引导这些突然间涌现出来的大规模人间机构。因此，那时人们只把创新视为一种"分离的工作"，一种由个人单独完成的工作，像19世纪的"发明家"独自操作那样。或者有人干脆把创新视为一种重要的技术研究工作。

1920~1950年，人们大多致力于基本的管理工作，并无多少创新空间。与普通人的认识相反，无论是技术领域还是社会领域，这一时期都不曾出现过快速变化。正如本书第3章所强调的那样，这个时期的技术发展很大程度上是建立在第一次世界大战前的基础上。当时世界正处于政治极为动荡的时期，社会机构与经济组织停滞不前，社会理念与经济思想毫无活力。在过去50余年中，伟大的革命思想都是由那些生活在19世纪的思想家们提出的，至少根植于19世纪的理论基础，诸如马克思、达尔文、弗洛伊德等。甚至像凯恩斯那样丰富超凡的创新思想，也都是建立在19世纪末期经济学家里昂·瓦尔拉斯以及阿尔弗雷德·马歇尔业已形成的经济思想的牢固基础之上。

然而，现在我们可能正在走进一个巨变的时代，其基本特点与19世纪最后数十年很相似，但有别于我们熟悉的、刚刚过去的这段时期。我们需要提醒自己，在19世纪后期，平均每几个月就有一项新发明问世，而且每一项新的重大发明都会立即形成重要的新兴产业。这段时期开始于1856年，结束于1911年，分别以1856年西门子发明发电机以及珀金发明苯胺染料，1911年现代电子真空管研制成功为标志。在此期间的发明还有很多，诸如打字机、汽车、电灯泡、人造纤维、拖拉机、电车、合成药品、电话、无线电、飞机等，这些都只是信手拈来，随便提及而已。总而言之，这个时期标志着人类进入了"现代世界"。

相反，从1914年后，人类很少出现重要的新兴工业，直到20世纪50年代末期人们首次开始操作电脑为止。

1870～1914年，世界的工业区域分布发生了急剧变化。差不多平均每十年就会形成一个新兴的重要工业区：1860～1870年，美国与德国的工业区形成；在随后的20年间，俄罗斯西部与日本的工业区形成；到1900年，中部欧洲（也就是旧奥匈帝国的西部与意大利的北部）的工业区形成。然而，在第一次世界大战到第二次世界大战期间，没有新的工业区加入世界"工业俱乐部"。

然而，现在世界上出现了快速变化的迹象。例如，巴西与中国都已经接近"起飞点"，巴西可能已经达到"起飞点"了。换言之，已经有迹象表明，基本经济关系将会发生快速变化而且会持续进行。1944年，布雷顿森林会议试图恢复1914年前业已存在而且持续成功运作近25年的世界货币制度；随后，在20世纪60年代，又出现了"欧洲美元"（Eurodollar）；几年后又出现了具有"特别提款权"（SDR）的"纸黄金"；最后，人们又放弃以美元作为关键流通货币。这些变化意味着以过去为标准的时代结束了，人类明显正在步入一个在国际经济、国际货币以及国际信贷领域都发生重大巨变与重大创新的时代。

社会领域也同样急需创新，公共服务机构也必须学习如何管理好创新。

19世纪末期不仅是技术领域重大创新的时期，也是社会组织与经济机构领域巨大创新的时期。第一次世界大战后的50年是技术守旧延续的时期，而不是快速变革与创新的时期，在社会组织与经济机构领域也只是如此。如今我们所熟悉的政府机构大多遵循第一次世界大战前创立的运作模式。19世纪中叶，英国开始推动地方政府改革，创立了新的机构，建立了新的关系，尤为重要的是赋予政府新的使命。此后不久，俾斯麦德国开始建立现代福利国家。几乎与此同时，也就是19世纪80年代，美国对政府的组织理论与实践做出了重大贡献——建立监督管理委员会。20世纪30年代"新政时期"的每一项改革，早在20年前，也就是在第一次世界大战前的"进步时代"（Progressive Era）就已经细致讨论过、推演过，有许多改革方案甚至在地方政府或州一级政府中付诸实施。

美国的大型综合大学是1860~1900年，由六七位杰出的大学校长共同创新的结果（详见第13章）。现代医院基本上是1900~1920年设计规划的。军队的兵种建设则是在19世纪中叶的两次重要战争（美国内战与1870年普法战争）的影响下逐步形成的。从那以后，军事发展都是"直线型的"，比如扩充军队编制、增强武器攻击力、增强防御能力等；但战略与战术基本没有变化，只是更加强调"硬技术"。甚至像坦克与飞机这样的根本性技术创新，也大体上被融合到传统的指挥结构与军事学说中。

现在，社会领域与政治领域的创新也迫在眉睫了。现代大都市需要新的政府形式。人与生存环境之间的关系必须加以重新考虑、重新建构。现代政府的治理不再行之有效。尤为重要的是，现代世界面临的主要危机是机构危机，特别是要求机构创新的危机。

就结构与组织而言，工商企业把知识整合到工作和把工作整合到绩效的方式，以及把企业与社会和政府进行整合的方式，这些都是需要重大创新的领域,也都是创新的机会。社会领域与经济领域确实需要兴起像 19 世纪后半期那样的新一轮的创新活动。

然而,与 19 世纪迥然有别的是,从今以后的创新,必须被纳入现存组织之中。大型企业和大型公共服务机构,都必须逐渐培养有组织的创新能力以及有组织的行政管理能力。

首先,大型企业与大型公共服务机构所掌握的人力与资本,远远超出了 100 年前所能梦想的程度。同时,发明或研究以及把发明或研究成果转化成为新企业、新产品或新机构所需的努力,此二者之间的比率也已经今非昔比。如今,人们已经接受一个基本规律:如果产生一个新理念需要花一美元,那么"研究"这个新理念如何转化成为新发现或新发明,就必须花 10 美元;"研究"上每花 10 美元,"发展"上至少要花 100 美元;"发展"上花 100 美元,引进市场与建立新产品或新业务则需要花 1000 美元甚至 10 000 美元。最后,新产品或新业务只有在市场完全建立之后,才有成功的"创新"可言。

创新不是技术术语,而是经济术语与社会用语。创新的评判标准不是科学或技术,而是经济环境或社会环境的改变,是人的行为的改变,无论他是消费者、生产者、公民、学生还是教师等。与其说创新创造出新的知识,不如说创新创造出新的财富或新的潜在行动。这就意味着大量的创新努力必须来自控制着开发与市场营销所需的人力与财力的地方,即必须来自现有大量训练有素的人力和可支配财力的地方,而这些地方毫无疑问就是指现有的企业和公共服务机构。

公共服务机构尤其应该如此。100 年前,公共服务机构很少,规模也很小。当时公共服务机构的主要使命是在缺少公共服务的领域中创建新的机构。如今,公共服务机构不仅大量存在,而且已经成为社会、政治与经济等诸多领域的靓丽风景。它们代表着现行的官僚体系、现存的专业知识的集中、现有的社会职业配置以及正在规划的项目。如果公共服务机构不具有创新能力，那么这个社会所需的新事物就很难有机会得到有效的创新，而且会被大政府、大军队、大学府、大医院以及许许多多肌肉发达的"巨人们"所扼杀。

这并不意味着小型企业或个体创业者不再能够继续扮演重要角色。最不符合事实的论调是民粹主义者（populist）所鼓吹的小型企业正在被大型企业排挤出市场的说法。过去25年，创新型成长公司全部都是从小型企业开始发展起来的。总体来说，小型企业远比大型企业成长得好。

在单个行业中，除了由政府保护的垄断行业外（比如铁路），在几年前那些还鲜为人知的新兴小型企业，如今已经在市场上占有一席之地，事实证明它们的市场竞争力一点不亚于大型企业。正如前文我们已经讲过的那样，那些因为自然成长或者通过特定政策发展起来的大型集团式企业，情况尤为如此。在化工企业、电子设备工业以及其他许多产业中，传统的大型企业，比如通用电气公司或帝国化工公司，已经丧失许多市场地位与市场份额，主要原因在于具有创新能力的中小型企业正在不断兴起。

在这创新需求的时代中，一个缺失创新能力的公司，注定要衰退甚至消失。在这样急需创新的时代中，一个不知道如何才能管理好创新的管理层是无能的，这样的管理层与企业的创新使命不相称。管理好创新将会逐渐成为企业管理层的挑战，对高管层的挑战尤为突出，并且会成为考验高管成员能力的试金石。

创新的范例

具有创新能力的企业很少，有能力创新的大型企业更少，但我们还是能够找到一些例子。比如法国雷诺公司（Renault）、意大利菲亚特公司（Fiat）、英国玛莎百货公司、瑞典通用电机公司（ASEA）、日本索尼公司以及两次世界大战期间德国乌尔施泰因出版社（Ullstein）。在美国，我们也可举出几个耳熟能详的例子，比如明尼苏达矿业及制造公司（3M）、美国电话电报公司设立的贝尔实验室、美洲银行等。这些公司显然在创新以及组织内部接受变革上没有遭遇困难。我们可以想象得到，这些公司的管理层很少提这样的问题："我们如何才能保持我们公司的弹性，同时愿意接受新的变革呢？"这些管理层忙于网罗人才以及筹集资金，以求完成各自组织急需的创新任务。

创新型组织不只限于企业。第二次世界大战期间，研制原子弹的美国曼哈顿计划（Manhattan Project）以及由维克托·魏斯科普夫1961～1966年任总干事的日内瓦欧洲核能研究理事会（CERN）都是创新型组织的典范。它们之所以更受人赞赏，是因为这两家机构中拥有许多天性抗拒变革而且懒于创新的大学教授。

这些例子表明，组织的创新能力关键在于"管理功能"，而不在于行业功能、规模大小、历史长短，更不在于像那些能力差的管理者那样以国家的"文化与传统"为借口加以辩解。

我们也不能把创新不力归咎于组织的研究能力不够。贝尔研究实验室或许可以算为最具有生产力的工业研究实验室了——它的确一直注重自然律方面的基本研究。然而，雷诺公司与菲亚特公司的研究成果并不出色。它们之所以是成功的创新型组织，主要是因为它们能够把新设计与新车款快速投入生产，并在第一时间推向市场。最后，美洲银行的创新特征主要表现在对顾客的业务服务上，表现在财务结构、信贷、存货以及市场营销的政策上。

这些例子表明，创新型组织善于将创新精神制度化，并且能够培养员工的创新习惯。刚创立时，这些组织可能得益于某个伟大的创新者。他可能成功地建立起一个组织，把他的新理念、新发明转化成为成功的企业。就像100年前德国的维尔纳·西门子、70年前建立美洲银行的A.P.詹尼尼，以及自第二次世界大战以来创建波拉洛伊德公司（Polaroid）的埃德温·兰德等。然而，贝尔研究实验室、明尼苏达矿业制造公司以及雷诺公司并不拥有这样的天才创建者。创新型组织之所以堪称"创新型组织"，是因为管理层努力想要创新，并把创新理念视为组织管理的重心，即"创新型组织"善于把一群人组织起来，连续不断地推进生产性的创新活动。"创新型组织"就是有组织地促使"变革"成为"常规"。

创新的特点

虽然这些创新型组织在各自的结构、业务、特征，甚至在各自的组织与管理哲学上极为不同，但它们确实都有某些共同特点：

（1）创新型组织知道创新的含义。

（2）创新型组织掌握创新的动力。

（3）创新型组织有能力制定创新战略。

（4）创新型组织了解创新与创新动力所需的目标、目的以及衡量标准，并且知道这些有别于管理型组织所需的目标、方向与衡量标准。

（5）在创新型组织中，管理层扮演不同的角色，持有不同的态度，高管层尤为如此。

（6）在结构与建制上，创新型组织也有别于管理型组织。

创新的含义

首先，创新型组织知道"创新"的含义。他们知道，创新不是"科学"或"技术"，而是"价值观"。他们知道，创新不是在组织内部发生某件事情，而是组织外部的变革。衡量创新要看它对整体环境产生的影响。因此，企业中的创新始终必须"以市场为中心"。"以产品为中心"的创新可能会产生"技术奇迹",但结果会令人失望。

世界各地制药业的杰出创新者们都将各自的目标锁定在制造足以改善医疗实践与病人健康的新药品上。他们不是以"研究"来定义创新,而是用"医疗实践"来解释创新。同样,贝尔研究实验室始终以如下问题为出发点:"怎样才能让电话'服务'与众不同?"

然而,一点也不奇怪,正是"以市场为中心"的创新者取得了科学与技术的重要突破。比如贝尔研究实验室发明了晶体管,提出了信息理论的基本数学,并在电脑基础理论方面做出了重要贡献。

把消费者的需要或客户的需要视为重大变革的出发点,常常是界定新科学、新知识、新技术的最直接方式,也是有效组织有目的的、系统化的基础研究的最直接方式。

创新的动力

创新意识较强的企业都具有创新动力。它们不认为创新是确定的,至少它们知道,有许多因果互为转变的因素存在,而且根本无法做到泾渭分明。然而,它们也不相信传统的看法,认为创新是完全偶然的,是无法预测且无法预见的。

它们知道,创新是按照概率分布的。它们知道,一项创新获得成功之后,就可能形成一种重要产品、一种生产流程、一种重要的新企业、一种重要的市场。它们知道如何有系统地寻找创新活动领域,一旦产生成果,它们就可能获得成功与回报。

这种启发式的方法,即所谓的"创新倾向"(the innovation-prone),就是一种生产流程、一种技术,或一个产业的基本经济易损点。当一个产业的市场需求日益增长，但无法把市场需求转化成为利润率时，我们就可以做出判断，在改变生产流程、产品、分销渠道、客户期望等领域进行重大创新，一定会给创新者带来丰厚的报酬。

这种例子很多。造纸业就是其中一例。全世界的造纸业都因为消费者对纸的需求（每年增加5%～10%的订单）而迅猛发展；然而，年复一年，造纸业的投资回报率并不高。处于相似情形的还有钢铁工业以及人寿保险行业。人寿保险业是顾客极愿购买而且消费者与生产者的利益完全一致的少数行业之一。然而，人寿保险业还是必须采用"强硬推销"的方法，而且依然会受到投保人的强烈抵制。

同样，一种经济或一个市场的各个层次间的巨大差异，也会带来创新机会。

例如，在20世纪60年代，拉丁美洲的主要成长行业不是制造业，而是零售分销行业。庞大人群涌入城市，导致从"生计经济"转变为"货币经济"。当然，就个人而言，他们大多数人非常贫穷。然而，就群体而言，他们代表着一个巨大的新兴购买力。可是，在大多数拉丁美洲国家中，零售分销系统依然处于"前都市化"（preurbanization）模式：店铺小、资金不足、管理不达标、存货短缺、周转缓慢。当时只要有企业家愿意提供现代化的零售分销系统，成功即可在握。西尔斯公司就是最先认识到这种机会的企业。

另一种创新机会就是去开拓那些已经存在，但经济成果尚未明显的领域。人口统计的发展，即关注人口变化就是这个领域的重要因素之一，也是最为确定的领域。知识领域变化的确定性较差，因为新知识的变化时间难以预测。但它们也能够提供创新机会。最重要且最不确定的是人的认知变化、愿景变化以及期望变化。

例如，制药业的成功在很大程度上就是因为它预测到人对药品认知的基本变化所带来的影响。在第二次世界大战后，卫生保健在世界各地成为"上算的买卖"。对贫穷、教育落后的边远乡村来说，药品则成为他们最方便的卫生保健方式。在医生与医院缺乏的地方，药品可以有效地解决许多人的卫生保健问题。能够意识到这一需求并且打入发展中国家市场的制药公司都会发现：在购买药品方面，这些"发展中国家"已经"完全发达"了。

最后，当然，还有一些创新并不属于上述形式。有些创新是始料未及的；有些创新会改变世界，而不会利用世界。在这类创新中，创业者有志于促进某些事情的发生。这些创新是真正重要的创新。这些创新就像亨利·福特那样可以预见当时尚未存在的某些事物，比如大众市场，然后努力促使它成为现实。

这些创新处于概率分布之外，至少处于概率分布的极端，而且不太可能发生。这些创新显然是风险最大的创新。在这类创新中，成功率不及百分之一，一次成功，九十九次失败，失败的九十九次甚至不为人知。

对创新型企业来说，重要的是要意识到，这些非典型的创新不仅确实存在，而且极为重要。因此，创新型企业必须密切关注这种创新机会。然而，就其性质而言，这类创新无法在企业内部形成有系统、有目的的组织活动，从而导致这类创新无法进行有效管理。

尽管这类创新十分重要，但极少被视为例外对待。能够专注于概率模式，认真制定创新策略，善于利用进步成果，这样的企业就有能力创新并获得成就；而且在创新过程中，它会对例外的、重大的、具有真正历史意义的创新十分敏感，并且能够及早认识并加以利用。

为了管理好创新，管理者无须成为技术专家。事实上，第一流的技术专家通常很少擅长创新的管理工作。他太过全神贯注于自己的专业，以至于对自己专业以外的发展漠不关心。一位冶金专家往往不会关注塑料业的新知识，但塑料领域的新发展可能在相当短的时期内，导致他曾引以为豪的产品成为过时旧货。同样，具有创新意识的管理者无须成为经济学家。通常状况下，只有在创新大量普及之后，经济学家才会注意到创新所产生的影响。具有创新意识的管理者必须预测企业存在的脆弱点以及可能面临的机会，而这方面正是经济学家所不能为的。具有创新意识的管理者必须对创新进行细致研究，深刻了解创新的动力、创新的模式以及创新的可预测性。为了管理好创新，管理者至少必须精通创新的动力。㊀

创新的战略

正如所有的企业战略那样，创新的战略也是开始于如下问题："我们的事业是什么？我们的事业应该是什么？"然而，对未来的假设也有别于现行企业已有的假设。管理者对现行企业的假设是：目前的生产线与服务、市场与分销渠道、现有的技术与生产流程，这些都将会继续下去。因而维持现行的企业战略，首要目标是促使已经存在的或者正在创建中的一切得到最优化。

创新型企业战略的主要假设是：现存的一切都正在老化。因此，它的假设必然是：所有现行的生产线与服务、市场与分销渠道、技术与生产流程，迟早都会下降，而且通常很快下降，且不会上升。

因此，现行的企业战略通常要求"更好""更多"，而创新型企业的战略必须不断"求新""创异"。㊁

创新战略的基础是有计划地、有系统地淘汰老旧的、垂死的、过时的东

㊀ 关于这个话题的讨论，可详见《为成果而管理》（*Managing for Results*），特别是书中第二部分内容。

㊁ 关于这个话题最具有说服力的论述者是迈克尔·卡米，他曾成功地担任过IBM公司与施乐公司的长期规划部主任。他的观点可详见于他的论文《企业规划与商业机遇》（*Business Planning and Business Opportunity*），该文收录于彼得·德鲁克主编的《正为未来准备的商界领袖》（*Preparing Tomorrow's Business Leaders Today*）一书。

西。创新型组织既不花费时间，也不浪费资源去保卫已经逝去的昨天。只有有系统地抛弃过去，才能释放资源，并把它投入到新的工作中去，尤其是解放最稀缺的资源——优秀人才。

不愿抛弃过去或许就是现有大型企业创新的最大障碍。通用电气公司之所以未能在电脑领域取得成功，究其公司内部原因，在很大程度上就是因为它不愿意，也没有能力把素质高、绩效好的管理者与专业人才用于创新领域。的确，通用电气公司曾经指派过许多优秀人员参与电脑团队的工作，但公司很少允许他们长期在那里工作下去。他们原本在研究实验室或大业务部工作，当他们刚被调离不久，原单位的人就会诉苦说："离开他们，我们做不了事。"于是，他们只好乖乖地回到原有岗位去改进那些已知与已经完成的工作。

与现行企业的巨大销售量、高营业额以及各种各样的问题相比，新兴的事物，尤其是尚未问世的新兴事物，也就是未来的创新，的确总是显得有些微不足道。所以，对现行企业来说，如果它想要创造未来，那么更加重要的事情就是有系统地抛弃过去。

创新战略的第二要点是要清楚地认识到创新必须树立高目标。通常状况下，对现有产品进行稍加改良与创造新产品，二者的难度几乎相当。

迈克尔·卡米在其论文《企业规划与商业机遇》中指出：粗略估算，公司规划中的创新项目的预期成果至少应该比公司所需达成目标的成果大3倍。这可能还是低估了。在实际的改良工作中，比如增加新产品、升级生产线、扩大市场等，我们假定改良的成功率为50%。改进努力完全失败的项目不会超过一半。

这显然不是创新努力行之有效的方式。创新的假设必须是：大部分的创新努力都不会获得成功。"美妙的想法"十有八九会落空。有些想法经过认真分析，看似有价值而且可行，但十有八九都是白费功夫，或者最多也只是获得微不足道的成绩。创新的失败率极高，而且事实上也应该如此。

所以，创新战略的目的是创建一种新事业，而不是在业已形成的生产线中增加一种新产品。创新战略的目的是创造新的绩效能力，而不是改善现有的绩效能力。创新战略的目的是创造有价值的新观念，而不是提高现有价值期待的满足感。创新努力的目的是制造有积极意义的差异。造成这种具有积极意义的差异的不是技术决策，科学品质也不能创造这种差异，高昂的成本与艰苦的工作都无法造就这种差异，创新能否造成具有积极意义的差异，主要在于它能否对环境产生积极的影响。

创新努力的"成功率"只有十分之一。当然，这也就是为何我们必须为创新努力树立高的目标。一项成功的创新不仅必须弥补失败的九项，而且要产生自己的成果。

如今在美国，大多数人只知道伯纳德·巴鲁克是第一次世界大战期间主管战时经济的首席顾问，也是伍德罗·威尔逊到哈里·杜鲁门等历届美国总统的朋友、亲信以及顾问。然而，在巴鲁克成为资深政治家之前，他曾以风险投资家的身份积聚了大量钱财。第一次世界大战前30年，当其他金融家们都在投机房地产与铁路债券时，巴鲁克则在投资新的创新型事业。他显然对技术了解不多，或者至少他佯装无知。他投资的对象是人，而不是新理念。他在创新事业的早期阶段就开始投资，通常状况下，无须投入太多资金，只要持续数年资助一个有新理念的人即可。他的投资原则是：投资给十个人，八个将会失败，并血本无归。但他坚信，十个人中只要有两个获得成功，那么他的收获就会大于那些自以为精明而投资给现存企业的投资者的收获。事实证明他的认识非常高明。

创新不是按直线发展的。在很长时间内，有时在好几年内，只是付出辛劳，未见成果。起初的成果也是微不足道。事实上，最初的产品很少就是顾客最终要买的产品，最初的市场也很少是重要的市场，最初的应用很少最终转化为真正重要的应用。

在第 25 章中，我们曾经讨论过，新技术对社会的影响很难预测，有时根本无法预测。实际上，任何与真正的新事物相关的一切都难以预测。比如在第 25 章中讲过一个例子，1950 年前后对电脑市场做过一次认真的市场调研，结果错估了电脑市场的规模。然而，比预测真正的新事物最终是否成功更加困难的是对它成功速度的预测。"时机是最主要的因素"，对创新而言，尤为如此。然而，时机是完全无法预测的。电脑、抗生素、施乐复印机等这些创新项目，都是很快就席卷整个世界。然而，每每有一个比预期快又能获得成果的创新项目，就会有五六个创新项目——或许它们最终也会获得同样的成功，但长期历经煎熬，毫无进展。蒸汽轮船的创新可谓是最出色的例子了。1835 年，与帆船相比，汽船已经显示其优越性能，但直到 50 年后，它才逐渐取代了帆船。事实上，在汽船发展成熟后，快艇也日趋完善，从而开始了"航海的黄金时代"。换言之，汽船有近半个世纪始终保持"未来"，似乎从未成为"现在"。

然而，在经过了一段漫长且令人沮丧的孕育期后，成功的创新就会迅速升起。它会在很短几年内形成重要的新产业、重要的新生产线与重要的市场。但是，在它达到这个顶点之前，人们无法预测它将何时起飞，甚至无法预测它是否真的能够飞得起来。

评估与预算

创新战略要求有别于现行企业所用的衡量方法、预算使用以及预算控制。

如果把适用于现行企业的衡量方法，特别是惯常的会计做法，用于衡量创新努力，那就是误导。它会削弱创新努力，这就像让一个六岁孩童负重

100磅长途跋涉一样。而且，这样做并不能达到真正的控制。最后，当创新成功时，这种做法可能成为真正的威胁。因为创新需要适合于其快速成长的控制，即在真正的控制中可以显示公司既要投入创新所需的努力与投资，又要防止业务的过度扩张。

成功的创新型企业早就明白了这个道理。

历史最长、最广为人知、最成功的管理控制制度当属杜邦公司。早在20世纪20年代，杜邦公司就已经制定出以投资回报为核心的控制模式，但创新没有被纳入这套著名的控制模式中。无论是一个业务、一条生产线，还是一种生产流程，只要它们还处于创新阶段，它的资本分配就不包含在特定的资本基数中。杜邦公司的每个负责专项的业务单位都必须赚钱回报公司，但它们的开支不在预算之内。两者账簿分开。只有在新的生产线投入市场，销售数量达到一定市场标准两年以上之后，它的衡量与控制才能被纳入到创新业务部的预算中。

这样可以让业务单位的总裁不会把创新视为整个业务单位的收益记录与绩效的威胁，从而抵制创新。这样还可以保证创新所需的资金能够得以严格控制。在每个步骤，管理者都可以问："我们所期望的最终成果是什么？风险因素是什么？即不成功的可能性有多大？""我们是否有充足的理由继续进行这项创新努力？"

现行的企业预算与创新努力的预算不仅应该分开，而且应分别处理。在现行企业中，问题总是："这项努力是必需的吗？我们是否可以不做这项努力？"如果答案是"我们需要这项努力"，那就应该紧接着问："所需的最低限度的支持是什么？"

在创新努力中，首要的，也是最严肃的问题是："这是正确的机会吗？"如果答案是肯定的，那就应该再问："在这一阶段，我们最大限度能够投入多少优秀人才与关键资源来完成这项具有生产性的努力？"

对创新努力设立独立的衡量制度，有益于我们评估创新战略建构中的三项因素，分别为：最终机会、失败风险、所需的努力与费用。否则当机会变得越发渺茫而失败的风险不断增加时，创新努力可能还会继续，甚至还可能加倍。

关于这个领域的例子，我们要举 20 世纪 60 年代后期的一些制药公司，它们以优异的科学独创性来研制并生产多种抗生素。当时，想要用合成的方式制造出药效优于市场上已有的抗生素的新药，这种可能性已经相当小。换言之，失败的风险很大，而且与十年前相比，成功的机会也非常有限。即便是比已有抗生素药效更好的新抗生素，也必须与药效不错的已有产品竞争，而后者通常已经为医师所接受并熟悉使用。即使是在科学上获得突破，也很可能只是生产"相仿"的产品。同时，在一个已被人彻底研究过的领域中寻找突破并研制真正的新产品，所需的费用与努力也会随即迅速飙升。传统的市场观点认为，面对一个巨大市场，只要能够让产品推陈出新，研制出"更好的"新产品，就会取得重大成功，这种想法完全使人误入歧途。事实上，这种想法已经误导了许多公司。

因此，对成功的创新的最大障碍莫过于树立每年"利润增长 5%"的目标。在创新的头三五年，甚至更长时间，利润根本没有增长，甚至根本毫无利润可言。在随后的五至十年中，利润的增长率可能接近每年 40%，而不是 5%。只有在创新相对成熟之后，公司才有望每年的利润获得小幅增长。然而，到那时，创新又要过时了。

所以，创新战略要求创新者必须具有高度的自律。常规预算与会计手段能够快速且可靠地获取努力与投资的当前成果的信息反馈，但创新者必须摆脱这种常规预算与会计手段的束缚来运营。创新者面对的诱惑是：毫无成果可见却要不断投入资金与人力。因此要管理好创新，关键是仔细考虑你所期望的是什么，以及何时可见期望的成果。这些期望不可避免地会因事生变。

然而，除非在创新过程中有成果出现、有明确进展、实际作业"果效"显著，否则无法管理好创新。

20世纪20年代末，杜邦公司开始从事聚合物的研究，十年后，研制成功，尼龙问世。当时，没有人愿意或者能够预测，在聚合技术研制成熟后，是否能够制造出合成橡胶、合成纤维、合成皮革或新型润滑剂等产品。当然，最后这些产品都已经研制成功。直到创新研发工作接近尾声时，人们才渐渐意识到，合成纤维将成为第一项主打商业产品。然而，从一开始，杜邦与负责研发工作的科学家卡罗瑟斯博士就曾有系统地绘制研究进程图，指明何种发现与成果可以预期，以及何时可能出现成果。随着成果的陆续呈现，这张进程图每隔两三年就进行一次修改，但始终必须重新绘制下一阶段的进程。只有当卡罗瑟斯研制成功聚合纤维之后，确实可以进行大规模生产时，杜邦才决定大量投资。在此之前，杜邦提供的总成本基本上只限于支持卡罗瑟斯及其少数助手的薪资。

失败的风险或"接近成功"的风险

为创新而制定的战略必须以明确接受"失败的风险"为基础，以明确接受"接近成功的风险"为基础，而"接近成功的风险"比"失败的风险"更加危险。

决定何时放弃创新努力，与知道应该何时开始创新努力，二者同等重要。实际上，放弃也许更为重要。成功的实验室主任知道在最恰当时放弃一项无法产生预期成果的研究项目。不太成功的实验室主任则会把希望寄托于下一个希望上，他们会深陷所谓的"科学挑战"的迷惑之中，或者容易被科学家反复强调的"明年会有突破"的诺言所愚弄。完全失败的实验室主任会对一个研究项目久久难以割舍，而且不愿意承认失败的现实——原来看似挺好的理念，到头来只是在浪费人力、时间与金钱。

然而，许许多多的创新努力到头来既不是"成功"，也不是"失败"，而是"接近成功"。"接近成功"比"失败"更加危险。很多例子表明，大家都期望创新出来的产品或生产流程能够促进整个行业产生"革命性"的转变，但实际的结果只是在现有生产线上略有增加而已。既不是"失败"到足以抛弃的地步，又不是"成功"到足以创造与众不同的程度。还有一些创新，在开始时的确"激动人心"，结果在孕育过程中，被其他更具有创新意识的生产流程、产品或服务所取代。还有一些创新，原来公司希望它们成为"家喻户晓"的产品，结果却成为"专门"的产品，只有少数顾客愿意购买，但不愿出大价钱。

因此，要管理好创新，特别重要的是必须仔细考虑自己的期望并认真写下来。当创新发展成为一种产品、一种生产流程或一项业务时，就可以把自己的期望与现实进行对比。如果现实明显低于期望，就不要投入更多的人力与资金了。这时，最好提问："我们是不是应该撤退？如何撤退呢？"

伯纳德·巴鲁克在70年前就已领悟到这个道理。有人问他是否有过创新的投资既不成功又不失败的经验。据说，他这样回答："当然有。然而，我会想方设法尽早卖掉那些东西，能卖多少是多少。"然后，他又补充说："年轻时，我把全部时间都花在这些事情上了。我总是觉得，我一定能够扭转颓势，像原来我所预期的那么成功。可惜，总是未能奏效。后来我发现，我错失了许多良机，我误用了许多资金——把资金投向所谓的'成熟投资事业'上，而忽略了投入未来的大好时机。"

创新的态度与实践

企业主管与员工都"抗拒变革"，多年来，这个现象一直被视为管理的一个核心问题。不计其数的专著、论文都在探讨这个话题。不计其数的专题研讨会、讨论会以及专门课程都涉及这个话题。然而，这个问题的解决究竟取得了多大进展，一直备受质疑。

事实上，只要我们谈到"抗拒变革"，这个问题就无法解决。这不是说"抗拒变革"的情况不存在，也不是说"抗拒变革"不是重大障碍。然而，当我们把注意力集中于"抗拒变革"时，问题的实质就会被弄混，反倒使问题变得复杂、不易解决。界定问题的范围并促使问题得以解决，正确的方法是把创造、建立以及维持创新型组织视为挑战。在创新型组织中，变革是"常规"而不是"例外"，是"机会"而不是"威胁"。因而创新是一种态度与实践；最重要的是，创新是高管层的态度与实践。创新型组织促使高管层扮演不同的角色，体现高管层与组织间关系的不同概念。

在传统管理模式的组织中，就像管理教科书中所讨论的那样，高管层是"最后的裁决者"。事实上，这意味着管理层所拥有的最重要权力是"否决权"，管理层所扮演的最重要角色是对那些尚未考虑周全与尚未制定好的建议和想法说不。多年前，联合利华的一位高管用一首幽默风趣的打油诗来表达这个概念：

顺沿此树爬，

从根直到头；

奏书往上呈，

否决向下抛。

在创新型组织中，管理层的首要职责正好与此相反，他们会把不切实际的、不成熟的、不着边际的想法，转变成为具体的创新现实。在创新型组织中，高管层把倾听不同意见并严肃对待各种想法视为自己的职责所在。在创新型组织中，高管层知道，许多新想法总是看起来"不切实际"；但他们还知道，只有在许多看似愚蠢的想法中才能甄别出一个可行的想法；而在早期阶段，根本无法区分出哪些是愚蠢的想法，哪些是天才的灵感。有时，两者看起来都很荒诞无稽，也都很精彩绝伦。

因此，在创新型组织中，就像所有企业管理层应尽的职责那样，高管层不仅应该"鼓励"员工贡献自己的想法，而且应该不断地提出问题："如何才能使这个想法切合实际、现实可行、行之有效？"即便是最天马行空的、最愚蠢的想法，高管层也要有系统地、迅速地进行认真细致的思考，以便从中发现新东西并对其可行性进行评估。

在创新型组织中，高管层是创新的主要"驱动力"。它善于运用组织中的各种理念来开阔自己的视野，并努力促进各种理念被整个组织所关注。在创新型组织中，高管层会对新思想加以整理过滤，并努力把它转化成为组织能量与企业纪律。

然而，要做到这点，必须对高管层与企业内部各个群体之间的关系进行重新建构。当然，传统的组织还可以继续保留。事实上，在组织结构图中，创新型组织与最僵化的官僚组织并无多大差别。但创新型组织根本不需要成为"放任的"组织或者"民主的"组织。创新型组织会在正式组织骨架中建立一个"神经系统"。传统组织聚焦于工作逻辑，而创新型组织聚焦于思想逻辑。

正如前文论到的，在创新型公司中，资深的高管成员通常会安排时间与整个组织中的年轻人会谈，当然不一定经常如此。在这种会谈中，高管层不提"会议议程"，而只是与年轻人促膝谈心并询问一些问题，比如"你们看到什么机会了吗？"

在3M公司成长与发展最快的时期，它绝不是一家"放任的"公司，而是由两三个高层人物严密控制，所有决策都出自他们。即便是资历最浅的工程师，公司也会鼓励（实际上是指示）他们向高管层贡献各自的想法，无论他们的想法多么不着边际。高层人物总是一而再再而三地对他说："我不理解这个想法，你是否愿意再下点功夫进一步完善？"如果工程师的答案是肯定的，公司就会要求他把想法写下来，并附上一份预算报告，还常常会让他脱离原有的岗位职责，领取一两年的薪资，全力以赴从事特定项目的研发工作。结果，该公司从一家不知名的小型研磨料制造商，发展成为美国最大的企业之一。

然而，3M公司的年轻工程师们个个觉得肩负重任。当然，他们并不是都能获得成功。事实上，在贡献新思想的十个人中，成功者只有一两人。公司不会因为他们贡献新思想但未能获得成功而责备他们，至少第一次失败是如此。但是，如果他们的失败是因为不尽责、任务杂乱、不能实事求是地评估工作进展情况，甚至向高管层隐瞒项目进展情况，公司绝不容忍。

创新型组织要求在整个企业中培养学习的氛围。创新型组织创造并保持连续学习的精神。公司在任何时候都不允许任何人自以为已经"完成学业"了。对组织中的所有成员而言，学习是一个持续不断的过程。

"无知"与"对未知事物的恐惧"是抗拒变革的根源。必须鼓励人们把变革视为机会，这样恐惧就消失了。日本人把变革视为机会，因为他们的工作有保障。他们不必担心因为提出新思想而使自己或自己的同事丢掉工作（详见第20章）。日本人之所以能克服恐惧与无知，还因为他们相信持续的变革是实现个人成就、被人赏识、自我满足的机会。在日本，受训学员提出新的想法，即使这个新想法意义重大、能够盈利，他也得不到金钱报酬。然而，即便只是微小的改善，公司也会对他刮目相看，受人赞赏，个人也会深感愉悦。

我们无须去日本学这一套。美国企业界广泛使用的"建议制度"（suggestion system）也说明同样的道理。凡是以赏识、成就、参与作为报酬的建议制度都很成功。工厂中凡是采用这种形式的建议制度的部门，虽然职业保障的担心与工会限制的恐惧依然存在，但很少有抗拒变革的现象。在大多数企业中，凡是不采取这种形式的建议制度的地方，无论公司对建议者支付多少酬金，都很难取得成功，而且不能达到建议制度的预期目的，也就是改变员工的行为与态度。

组织结构推动创新

为了寻求创新，必须在现行企业结构之外建立独立的组织。创新型组织认识到一个组织不可能既要照顾现行事业，同时又要开创新事业。它们意识到，对于现行企业的员工来说，维持现行企业的任务已经非常艰巨，他们不可能有更多时间去开拓未来的、与现在截然不同的新事业了。它们意识到，关心未来也是非常艰难的任务，不能因为现在而影响未来。现行事业与开创未来这两项工作都必须做，但它们的任务截然不同。

因此，创新型组织把新事业交给专门关注创造新事物的独立部门去做。

最早的例子可能是20世纪20年代初建立在威尔明顿的杜邦公司的发展部门。该业务单位专门负责制造未来，但它不是一个研究部门，因为杜邦公司还单独设立一个大型研究实验室。这个发展部门的职责是开发新的事业，不仅关注技术、产品与生产流程，而且对生产、金融与市场营销也非常关注。3M公司也是这样，它在研究实验室外，建立一个平行而独立的企业发展实验室。

1952年，通用电气公司进行大规模重组。当时，通用电气公司开始重组时，人们并不理解，但这次重组后来成为全世界大型企业推行重大组织变革的原型。按照通用电气公司的重组计划，每个"产品业务部"的总经理必须同时肩负两个重任：一是维持他所负责的现行业务的正常运营，二是加强未来的、截然不同的新业务的创新努力。这个办法似乎非常合理。事实上，这似乎是一个不可避免的结论，因为一个"产品业务部"的总经理应该尽可能像一个独立企业的总裁那样有权威。然而，这根本行不通，因为这些业务部总经理并没有创新。

原因之一就是维持现行业务的压力。业务部总经理既没有时间也没有动机去淘汰过时无用的产品。另一个同样重要的原因是：真正的创新很少是现行业务的延伸，很少与当前业务的范围、目标、方向、技术或流程相吻合。当然，人们只能界定当前业务的范围、产品、技术、流程与市场。最重要的创新机会总是在现有定义之外，即在现行的分权化的产品业务的"指定范围"之外。差不多十年后，通用电气公司开始从挫折中总结经验教训，并开始把重大的创新项目从现行的生产部门与产品业务部中分离开来，这种做法与杜邦公司多年施行的创新努力方式相似，也就是在组织中建立一个单独的"企业发展"单位。

公共服务机构的经验也表明，最好在现行管理组织之外，成立独立的创新努力的组织。

人们经常会觉得，与欧洲大陆的大学相比，美国大学的创新能力更强。主要原因显然不是美国学术界抗拒变革的能力小，而是美国的大学相对容易建立新的科系、容易吸收新的教师，甚至容易建立新的学院，从而方便开拓新事业。相反，欧洲的大学通常容易受制于法律与传统，难以在现有的科系或教师范围中开展新的工作。这样容易造成"古典与现代之争"，也就是传统学科把现代学科视为威胁，从而形成彼此间的斗争。通常状况下，欧洲的大学不容易成功地申请到创新所需的资源。比如优秀的年轻学者们必须承受巨大压力，屈就于"安全的"传统势力，因为它控制着年轻人晋升的机会。要在欧洲的学术环境中迅速推进重大的创新，通常必须依赖一些"分离机构"（break-away institution）来运行。17世纪末是英国的物理学与化学领域的伟大时代，这个成就应该归功于皇家科学院，而它正是在固有的大学体制之外创立的。200余年后，一家类似的独立机构——伦敦经济学院（LSE）建立，正是它推动了经济学与社会学的教学领域的真正创新。在法国，拿破仑系统地在固有大学体系之外创建了一些高等学府，比如巴黎综合理工大学（EP）与高等师范学院（ENS），并把它们视为教学与研究的创新媒介。这种创新有效地促进了当时教师迫切需要接受的、切实可行的新的教育理念。在第一次世界大战前的十年间，德国创建了独立的科学研究机构——威廉皇家学会（Kaiser-Wilhelm Gesellschaft，现名马克斯-普朗克学会）。主要原因之一就是为了争取学术自由，创建新学科，以及在旧学科中发展新的研究方法等。简而言之，就是为了创新的自由。

同样，发展了原子弹的曼哈顿计划与欧洲核子研究委员会（CERN），也都是在原有学术机构与政府组织之外独立创建起来的，它们的目的就是"创新"。

创新是"事业"而不是"功能"

同时，创新型组织还意识到，创新从一开始就应该被视为"事业"，而不是"功能"。具体而言，根据传统的时间顺序安排，首先是"研究"，其次是"发展"，再次是"制造"，最后才是"市场营销"；但创新型组织把这些功能性技能视为同一过程的组成部分，也就是发展新事业过程的组成部分。至于何时以及如何有效地应用这些工具，必须因情况变化而做出决定，并不由事先规定的时间顺序来决定。

所以，当创新型组织关注某个新的项目时，它就会委派专项管理人或业务单位管理人去全权负责。他可能来自任何职能部门，也可能根本不属于任何职能部门。他从一开始就可以运作任何职能，比如在没有任何研究之前就可以启动市场营销，或者在尚不知道是否能够制造产品之前，就拟订未来事业的财务要求。

传统的功能以我们的今天为立足点,以明天为发展方向,开展工作;创新的功能以我们想要达到的目标为出发点,倒回来决定我们当前应该做的事。

具有创新意识的设计原则是在现行组织结构之外建立一个"团队",即一个"自主单位"(an autonomous unit)。我们不能望文生义地把它理解为传统意义上的"分权事业"(decentralized business),它必须拥有自主权,并与运营组织相分离。

在大型企业中,组织创新单位的方式之一是:将各种创新元素集中起来组成一个自主型"创新小组",由一位高管直接领导,创新小组负责向他报告。这位高管不从事其他职能,只负责指导、协助、建议、检核以及指挥创新小组的整个工作。事实上,这正是杜邦公司发展部门的运作模式。创新有自己的逻辑,有别于现行企业的逻辑。无论各创新单位在技术、市场、产品、服务等领域是否存在自身的差异,这些单位拥有一个共同点,那就是——创新。

与目前企业已有的成就相比,未来的创新领域将会非常不同。对未来日益重要的创新需求而言,人们对自主型创新小组的限制还是太多。我们可能需要把"创新单位"当作"真正的企业家"对待。

美国的一些大型公司,比如通用电气公司与西屋电器以及欧洲的一些大型公司,都是采用合伙形式来从事创新活动,由具有创新意识的"企业家们"负责。母公司把创新视为"独立的"子公司,拥有大部分股权并有权按预定价格收购其余股权。但是,这些企业家们,也就是那些直接负责组织并发展创新活动的人,他们都是握有相当股权的股东。

这种合伙形式的优点之一就是容易解决报酬的问题。在管理型组织中,创新人员通常可以获得相当高的薪资,比如资深的研究科学家或高级市场营销员等。然而，让创新型企业负担高额薪资成本，这种做法并不可取，因为它根本负担不起。根据创新所产生的成果来支付创新企业家薪资，这种做法要好得多。不过，创新努力所带来的成果可能在多年内都未必知晓。所以，合适的支付办法是，先支付给开展创新的企业家们中等薪酬，并许诺他们在创新成果后，付给高额奖金。"合伙"形式能够做到这一点。这种做法还可以减少（虽然不能完全消除）在现行公司结构中建立独立的创新组织可能引发的冲突，这个优点也不小。

然而，不用"合伙"的形式也可达到同样的成果——只要税法许可（许多国家已经不再这样做）。比如在 3M 公司中，由年轻工程师组成的创新专项团队就从来没有采取合伙形式。3M 也从不建立独立的公司，使创新企业家们成为股东。这些创新企业家们的薪资一直维持在较低水平，直到创新真正获得成功并创造出绩效。那时，这些企业家们不仅有机会留下来管理自己一手创建的事业，他们的薪资也会伴随着事业的规模与成就的扩大而水涨船高，他们还会获得相当可观的奖金。

创新企业家们成为"合伙人"与"股东"的这种"邦联"（confederations）模式能否得以普及，主要依赖税法、经济结构以及组织结构。然而，有一条原则很重要，即创新者的报酬应该与创新过程中的经济现实相匹配。在创新过程中，创新者面临的风险很高，创新努力的时间长，因此，创新成功以后的报酬也很高。

无论自主型创新小组是一个"独立公司"，还是只是组织内部的一个"独立单位"，它们都会采用系统管理的设计原则。在企业中，有些管理单位从事已知业务或已完成业务的管理工作，有些创新单位则与这些管理单位分离开来，两者相互配合工作，同时各自完成自己的业务并为自己的工作负责。两者都必须独自向高管层报告，并与他们协同共事。在现存组织中开展创新活动，必须接受一种混杂且异常复杂的组织设计。这种组织设计既不是

"集权式",也不是"分权式"。在这种公司中,职能组织、联邦分权、模拟分权以及团队组织,可能互相扶持、合作共事。

无论是对公营组织还是私营机构,无论是对抗拒变革的组织还是反对停滞的组织,创新型组织都是管理层的重大挑战。我们可以信心满满地断言:创新型组织是可能的,而且已经有不少创新型组织正在运行了。然而,如何促进创新型组织的普及,如何让创新型组织提高社会、经济以及个人生产力,这依然是个悬而未决的问题。各种迹象表明,未来一定是一个创新的时代,一个在技术、社会、经济以及机构等诸多领域迅速变革的时代。所以,各种迹象表明,在20世纪的最后25年中,创新型组织必将发展成为人类的核心机构。

结语

管理之正当性

在20世纪，社会已经发展成为组织型社会。在这样的社会中，一切主要的社会使命都是依赖大型管理机构来运作执行的。结果显而易见，在发达国家中的大多数人成为雇员，他们身处管理结构和组织的社会中，并以管理机构成员的身份工作。

在20世纪，社会已经发展成为知识型社会。在一个成熟的社会中，越来越多的人运用知识来工作，以求生计。越来越多的人通过接受数年的正规教育来获取他们的专业资格。在这些人当中，越来越多的人自己成为管理者，或者他们当中有人成为专业的知识工作者，直接为绩效与成果负责。

组织型社会与知识型社会相互关联。因为只有组织型社会的兴起，人们才能够通过知识来谋生。而正是因为有许许多多受过正规教育的人产生的实效性，才促进了大型机构的形成发展和有效管理。

管理既是这两种社会发展的动力，又是这两种社会发展的结果。管理好比器官，通过这样的器官，组织型社会体系才能正常运作，才能有效完成使命。管理本身就是这样的"知识"。管理是一门训练有素的学问，它拥有独特的主题、特别的技能以及专业的知识。最重要的是，组织型社会中的机构管理者正是当今社会的主体领导层。

除非组织型社会自身毁灭，否则管理者作为社会主体领导层和管理作为一门训练有素的学问及其挑战都将持续存在下去。故此本书想要反复强调的主旨（leitmotiv）是：我们正在致力于从"管理热潮"转到"管理绩效"上来。这一代人的管理使命就是为组织型社会体系创造绩效，从企业机构着手，为社会，为经济，为社区，同样也是为个人。

首先，这就要求管理者必须训练有素，要求管理者深谙管理之道。

我们今天听到有许多人关心"未来的管理者"，只是我觉得，但凡重要人物都是"今天的管理者"。管理者必备的首要条件就是熟知自己的技艺、工具、使命和责任。管理者首要具备行使职责的能力。

"技治主义"的局限性

管理热潮聚焦于管理的技巧与能力，它在很大程度上把管理工作界定为内部工作。它关注组织与动机，它注重财务监管与其他权利管控，它在乎管理的科学化应用，它关心管理者的培训与个人发展。我们可以用一个时髦的词来定位这种管理热潮，那就是"技术治理"（technocracy）。这样的定位是可以理解的，也算是恰到好处。管理者必须熟悉自己的技艺，这是无可厚非的。一个人必须精于自己的技艺。如果他根本不知道自己想要做什么，而妄图改变世界，没有什么比这样的事情更无用的了。

如果那年代的管理热潮给我们留下什么教训的话，那就是"技治"管理是远远不够的。因为在组织型社会中，具有领导力的管理层所要具备的素质远非"技术治理"能力。

管理者的首要使命是有效地引领所属机构完成既定的使命。因此，企业管理者的首要使命便是实现经济绩效。与此同时，企业管理者面临的要务是促进各项工作富有成效，推动员工工作的成就感，以及为社会和个人提供有质量的生活。而这些正是"技术治理"所望尘莫及的。

虽然肯尼迪总统的行政管理算得上是"技术治理"思想应用的顶峰，但它最终以悲剧落幕。肯尼迪总统的国防部长，罗伯特·麦克纳马拉，就是把"技术治理"玩得炉火纯青的典型人物。但分析研究结果表明，他是一个失败者——不是因为越南战争，而是因为他的"管理"理念——只注重政府内部，排斥外部关切，比如价值观、人心所向以及社会需求等诸多层面。

美国通用汽车公司也可称为"技术治理"明成实败的另一个实例。美国通用汽车公司的创立者斯隆在他的自传⊖中的确阐述了真正深谙"技术治理"的优势及其局限性。美国通用汽车公司也的的确确遵循了斯隆的管理思想。按照斯隆的话来说就是销售与利润，就此而言，美国通用汽车公司至少在北美市场取得了令人钦佩的成就。但这种"技术治理"也极其失败——特别是在企业的公众信誉、民众对企业的尊重，以及企业的公共接受程度上。⊜

这里存在一个很大的诱惑——管理者试图成为一名哲学家的诱惑，管理者有"欲与天公试比高"的诱惑。所以，"把事做好"（doing well）是"做好事"（doing good）的基础，这样强调一点都不为过。良好的意图并不是无能的借口。无论是在企业、医院，还是在大学，当管理者用社会意识来取代企业管理，并自以为只要机构尚存就一定能够获取佳绩时，那么他要么是傻

⊖ 参见斯隆的《我在通用汽车的岁月》(*My Years with General Motors*, Doubleday, 1964)。
⊜ 参见彼得·德鲁克的《论通用汽车之成败》(*On General Motors's Triumph and Failure*) 以及《公司的概念》(*Concept of the Corporation*, 1972) 中的尾声 (Epilogue to the New)。

瓜，要么是骗子，要么二者兼具。

管理需要正当性

然而，一个好的领导集体不仅需要发挥职能，不仅需要创造绩效，还需要具有管理的正当性。这个领导集体必须被社会接受，其权威性必须被人信服。

"正当性"是个模糊的概念，实际上它根本没有明确的定义。然而，"正当性"至关重要。不具有正当性的权威就是非法篡夺。一个社会的领导集体，也就是今天的管理者，必须拥有履行职能的权威。

与此同时，没有现成的正当性传统基础可供今天的管理者借鉴。显赫的家世或魔幻般的奇迹，哗众取宠的普选或继承大笔私有财产，这些都无法使管理获得正当性。管理者之所以能够担任公职是因为他们具有产生绩效的能力，但良好的绩效本身从来就不足以成为管理权威之正当性的充足理由。

管理者被人接受为正当权威所需的依据是道德原则。管理者需要把自己的权威根植于道德精神之中；同时，这样的道德精神足以体现该组织的目标与特性。

差不多在300年前，曼德维尔在他的一首题为《蜜蜂的寓言》(*The Fable of the Bees*) 的教诲诗中所描述的内容，100年后成了资本主义原则。"私欲制造公益"(Private vices make public benefit)，这是曼德维尔所阐述的一个观点——盲目而贪婪地追逐利益，借助"看不见的手"来推动公益事业。按照绩效的逻辑，历史已经证明了曼德维尔的观点是正确的。但从道德的角度来说，他提出的原则却永远令人难以接受。事实上，正如伟大的奥裔美籍经济学家约瑟夫·熊彼特所反复强调的那样：资本主义越是成功，它就越不容易被接受。这已经成为现代社会和现代经济的致命软肋。

顺便提一下，这就是为什么我坚信："利润最大化"与"利润动机"的说法不仅是"反社会的",而且是"不道德的"。

虽然人们如今依旧谈论曼德维尔的观点,但其实际意义早已今非昔比了。人们早就明白,把公共需求转换成为商业机遇是企业管理者的工作。企业管理者的使命就是去预判、确认,并最终满足个人需求、市场需求以及消费者与员工的需求。

这些元素依然不能成为管理权威之正当性的充足理由,因为这些元素只是说明了经营活动的合理性,没有充分地证明管理权威的正当性。为了维持自主管理,从表面上来看,管理层是在服务自己所属的机构,实际上是在服务社区,乃至服务整个社会。因此道德原则必须成为该组织的宗旨和特性的基础,而且促使道德原则与该机构相契合。

道德原则是组织的宗旨,又是管理之权威性的根基。这样的道德原则只有一条,即发挥人的专长,促进生产富有成效。组织存在的意义在于让人——无论是个体还是社区成员,既能有所贡献,又能收获成就。

为了实现社会目标,现代人发明了"组织",并把它视为"社会工具"。这种发明的重要性一点不亚于一万年前人们实现个人劳务分工的发明。其潜在的含义不是"私欲制造公益",而是"个人专长造就社会福祉"。这就是管理权威之正当性的根基。正是基于这条道德原则,管理的权威性得以建立。

维护管理的自主性,确切地说是维护管理的"私密性",这是社会的基本要素之一。这对维护社会自由以及维护社会正常运作都是至关重要的。与此刚好相反,在极权主义体制中,所有活动、所有个人以及所有组织都被一个相同的政治团体管制,单调地重复着同样的模式,表达同样的价值观,信奉同样的教义,持守同一种正统。这不仅扼杀了人的精神,而且弥漫着诡异的气氛,充满浪费,使人思想呆板,让人灵魂窒息。最重要的是,无论在商品与服务市场,还是在资本市场,甚至在个人职业生涯中,并不是只有企业需要自主权,而是所有自主机构都需要自主权和负责任的管理。如同本书第

27章中所指出的：经济、社会乃至政府本身都要求管理的自主权，都需要"自由企业"。

然而，要在一个组织型社会中遵循自主管理，每个决策者都有自己的设限范围，即便是私密决策，也会产生公众影响。如果他们所做的是私密决策，那就意味着他们不会屈从于核心政治权威，这样不可避免地导致管控不了并无法控制的专横的结局。但如果他们所做的是公共决策，那就意味着他们会有意识地、有准备地、开放地致力于把公共需求转换成为他们自治机构的私有机遇。

旧有的争议继续吵吵嚷嚷，老式的口号仍然激荡人心。甚至苏联都已经不得不接受"利润"作为经济活动的必要条件，这当然也是"资本基金"的积累方法；没有利润，任何形式的经济都无法存活下去，更不用说发展进步了。的确，在一个完全僵化的计划经济体制下获取利润远比在"市场经济"体制下要艰难好几倍。"所有权"正在沦为次要问题，尤其是在高度发达的国家中，一些人正在逐步从"工人"转变成为"企业主"。但这并不能保证人们不会淹没在旧有的争议和老套的问题中。虽然老伤疤依旧在溃烂而且毒性十足，但19世纪所提供的灵丹妙药已经无法解救这些顽疾了。

摆脱这些旧有争议和老套问题的捆绑的方法是提升管理绩效。首先是要求管理者把绩效视为"技术治理"。这要求是为了组织生存下去的缘故，管理者及其机构必须有能力为社会和经济做出贡献，比如生活商品、服务以及为未来设立资本基金等。同时，这还要求提升管理绩效时必须超越即时使命，必须超越"技术治理"思想，即促进工作富有成效，发挥员工生产力，尊重员工的生活品质，提升员工的成就感。最重要的是，提升管理绩效必须尊重管理者的角色和职能。作为自治机构的管理者，如果他想要保持高绩效，那么他就必须接受自己是个"公众人物"的现实，他必须承担组织的道德责任，他还必须承担起发挥个人专长、实现工作富有成效以及创造成就的重任。

参考书目

管理的参考文献汗牛充栋、层出不穷,容易挂一漏万。即便尝试挑选出一些"最好的"书籍来也是徒劳无功。我所做的就是准备罗列一份超长书单,这些书深得世界各地的诸多同仁和经验丰富的管理者们所推崇,都是具有启发性、可读性,值得花时间拜读的佳作。即便如此,这份书单仍存在着严重倾向于美国作者的问题。

为了让这份书单发挥更大作用,我将书目分为几大类别;同时,一些我认为应该属于多个类别的书目,我会毫不犹豫地将它们重复列入。大部分管理书籍把西方的,特别是美国的管理模式视为理所当然。鉴于此,我特地罗列出六部日本管理学著作。它们不仅能够帮助西方读者理解在一个高度发达国家中存在着的非西方管理模式,而且能够帮助读者更深刻地认识各自管理体系生成的文化与历史的根源。

一、管理的起源、基础与使命

Chandler, Alfred D., Jr. Strategy and Structure. Cambridge, Mass.: M. I. T. Press, 1962.

Chandler, Alfred D., Jr., and Salisbury, Stephen. Pierre S. Du Pont and the Making of the Modern Corporation. New York: Harper & Row, 1971.

Drucker, Peter F. The Future of Industrial Man. New York: John Day, 1942.

Drucker, Peter F. Concept of the Corporation. New York: John Day, 1946; revised edition, 1972. Title of British edition: Big Business. London: Heinemann, 1946.

Drucker, Peter F. The New Society. New York: Harper & Row, 1950.

Eells, R. S. F. and Walton, C. C. Conceptual Foundations of Business. Homewood, Ill.: Irwin, 1961.

Emmett, Boris, and Jeuck, John C. Catalogues and Counters: A History of Sears, Roebuck & Co. Chicago: University of Chicago, 1950.

Galbraith, John Kenneth. The New Industrial State. Boston: Houghton Mifflin, 1967.

Landes, David S. The Unbound Prometheus ; Technological Change and Industrial Development in Western Europe from 1750 to the Present. Cambridge University Press, 1969.

Nevins, Allan, and Hill, Frank E. Ford: Decline and Rebirth 1933—1962. New York: Scribner's, 1962/3.

Reader, W. J. Imperial Chemical Industries: A History, vol. 1, 1870—1926. Oxford University Press, 1970.

Schumpeter, Joseph. The Theory of Economic Development. Cambridge, Mass.: Harvard University Press, 1934; Original German Edition, 1911.

Schumpeter, Joseph. Capitalism, Socialism and Democracy. New York: Harper Bros., 1942.

Siemens, Georg. *Der Weg der Ele*ktrotechnik; Geschichte des Hauses Siemens. Freiburg: Alber, 1961.

Sloan, Alfred P., Jr. My Years with General Motors. Garden City, N. Y.: Doubleday, 1964.

Woodruff, Philip. The Men Who Ruled India, 2 vols. New York: St. Martin's Press, and London: Macmillan, 1954.

二、管理：实践学科及其方法

Drucker, Peter F. The Practice of Management. New York: Harper & Row, 1954.

Gantt, Henry. Gantt on Management. Edited by Alex W. Rathe. New York: American Management Association, 1961.

Koontz, Harold, and O'Donnell, Cyril. Principles of Management. New York: McGraw-Hill, 1972.

Merrill, Harwood, ed. Classics in Management. New York: American Management Association, 1960.

Urwick, Lyndall F., and Brech, E. F. L. The Making of Scientific Management. London: Sir Isaac Pitman & Sons, 1952.

Urwick, Lyndall F., ed. The Golden Book of Management. London: Newman Neame, 1956.

三、日本的管理研究

Abbegglen, James. The Japanese Factory. Glencoe, Ill.: Free Press, 1958.

Hirschmeier, Johannes. The Origins of Entrepreneurship in Meiji Japan. Cambridge, Mass.: Harvard University Press, 1964.

Kobayashi, Shigeru. Creative Management. New York: American Management Association, 1971.

Nakane, Chie. Japanese Society. Berkeley, Calif.: University of California Press, 1970.

Tobata, Seiichi, ed. The Modernization of Japan. Tokyo: Institute of Asian Economic Affairs, 1966.

Yoshino, M. Japan's Managerial System: Tradition and Innovation. Cambridge, Mass.: M. I. T. Press, 1968.

四、关于绩效

Crozier, Michael. The Bureaucratic Phenomenon. Chicago: University of Chicago Press, 1964.

Dean, Joel. Managerial Economics. Englewood Cliffs, N. J.: Prentice-Hall, 1951.

Drucker, Peter F. Managing for Results. New York: Harper & Row, 1964.

Penrose, Edith T. The Theory of the Growth of the Firm. London: Oxford University Press, 1959.

Schumpeter, Joseph. The Theory of Economic Development. Cambridge, Mass.: Harvard University Press, 1934.

Shackle, G. L. S. Decision, Order and Time in Human Affairs. Cambridge University Press, 1961.

五、工作与工作者

Herzberg, Frederick. Work and the Nature of Man. Cleveland: World, 1966.

Herzberg, Frederick, Mausner, B., and Snyderman, B. B. The Motivation to Work. New York: Wiley, 1959.

Homans, J. G. The Human Group. New York: Harcourt, Brace, 1950.

Likert, Rensis. The Human Organization. New York: McGraw-Hill, 1967.

Maslow, A. H. Motivation and Personality. New York: Harper & Row, 1954.

Mayo, Elton. The Social Problems of an Industrial Civilization. Boston Harvard Business School, 1945.

Mayo, Elton. The Human Problems of an Industrial Civilization. Boston: Harvard Business School, 1946.

McGregor, Douglas. The Human Side of Enterprise. New York: McGraw-Hill, 1960.

Taylor, F. W. The Principles of Scientific Management. New York: Harper's, 1912, and many editions since.

Wiener, Norbert. The Human Use of Human Beings. Boston: Houghton Mifflin, 1950.

Woodward, Joan. Industrial Organization; Theory and Practice. Oxford University Press, 1965

六、社会影响与社会责任

Bowen, H. R. The Social Responsibility of the Businessman. New York: Harper & Row, 1953.

McGuire, J. W. Business and Society. New York: McGraw-Hill, 1963.

Steiner, George A. Business and Society. New York: Randon House, 1971.

七、管理者的工作与职务

Barnard, Chester I. The Functions of the Executive. Cambridge,Mass.: Harvard University Press, 1938.

Drucker, Peter F. The Effective Executive. New York: Harper & Row, 1966.

Follett, Mary Parker. Dynamic Administration; The Collected Papers of Mary Parker Follett. Edited by Henry C. Metcalf and L. Urwick. New York: Harper-s, 1941.

McGregor, Douglas. The Professional Manager. New York: McGraw-Hill, 1967.

Simon, Herbert A. Administrative Behavior. New York: Macmillan, 1957.

八、管理技能和管理工具

Anthony, R. N. Planning and Control Systems. Boston: Harvard Business

School, 1965.

Beer, Stafford. Decision and Control. New York: Wiley, 1966.

Churchman, C. W., Ackoff, R. L., and Arnoff, E. L. Introduction to Operations Research. New York: Wiley, 1957.

Ewing, D. W., ed. Long-Range Planning for Management. New edition. New York: Harper & Row, 1972.

Forrester, Jay W. Industrial Dynamics. Cambridge, Mass.: M. I. T. Press, 1961.

Solomon, Ezra, ed. The Management of Corporate Capital. Glencoe, Ill.: Free Press, 1959.

Solomon, Ezra. The Theory of Financial Management. New York: Columbia University Press, 1963.

Steiner, George A. Top Management Planning. New York: Macmillan, 1969.

九、组织设计和组织结构

Dale, Ernest. The Great Organizers. New York: McGraw-Hill, 1960.

Drucker, Peter F. Concept of the Corporation. New York: John Day, 1946; revised edition, 1972. Title of British edition: Big Business. London: Heinemann, 1946.

Fayol, Henri. General and Industrial Management. New York and London: Pitman, 1949.

March, James G., and Simon, Herbert A. Organizations. New York: Wiley, 1958.

Sayles, Leonard R., and Chandler, Margaret K. Managing Large Systems: Organizations for the Future. New York: Harper & Row, 1971.

Sloan, Alfred P., Jr. My Years with General Motors. Garden City, N. Y.:

Doubleday, 1964.

Urwick, Lyndall F. Notes on the Theory of Organization. New York: American Management Association, 1953.

Webb, James E. Space Age Management. New York: McGraw-Hill, 1969.

十、高管层的职责

Bower, Marvin. The Will to Manage. New York: McGraw-Hill, 1966.

Chandler, Alfred D., Jr., and Salisbury, Stephen. Pierre S. Du Pont and the Making of the Modern Corporation. New York: Harper & Row, 1971.

Holden, Paul E., and others. Top-Management Organization and Control. New York: McGraw-Hill, 1951.

Sloan, Alfred P., Jr. My Years with Genenal Motors. Garden City, N. Y.: Doubleday, 1964.

Woodruff, Philip. The Men Who Ruled Inaia. 2 vols. New York: St. Martin's Press, and London: Macmillan, 1954.

十一、战略和结构

Chandler, Alfred D., Jr., and Salisbury, Stephen Pierre S. Du Pont and the Making of the Modern Corporation. New York: Harper & Row, 1971.

Dale, Ernest. The Great Organizers. New York: McGraw-Hill, 1960.

Guth, William. Organizational Strategy: Analysis, Commitment Implementation. Homewood, Ill.: Irwin, 1974.

Sayles, Leonard R., and Chandler, Margaret K. Managing Large Systems: Organizations for the Future. New York: Harper & Row, 1971.

十二、跨国公司

Brooke, M. Z. The Strategy of Multinational Enterprise. New York: Elsevier, and London: Longman, 1970.

Dunning, John J. The Multinational Enterprise. London: Longman, 1971.

Eells, Richard. Global Corporations. New York: Interbook, 1973.

Rolfe, Sidney E., and Damon, Walter, eds. The Multinational Corporation in the World Economy. New York: Praeger, 1970.

Vernon, Raymond. Sovereignty at Bay: The Multinational Spread of Private Enterprise. New York: Basic Books, 1971.

十三、创新型组织

Argyris, Chris. Organization and Innovation. Homewood, Ill.: Richard D. Irwin, Inc., 1965.

Bennis, W. G. Changing Organizations. New York: McGraw-Hill, 1966.

Gardner, John W. Self-Renewal: The Individual and the Innovative Society. New York: Harper & Row, 1964.

十四、未来的管理者

Boulding, Kenneth E. The Organizational Revolution. Ann Arbor: University of Michigan Press, 1953.

Boulding, Kenneth E. The Image. New York: Harper & Row, 1956.

Drucker, Peter F. The Age of Discontinuity. New York: Harper & Row, 1969.

Drucker, Peter F., ed. Preparing Tomorrow's Business Leaders Today. Englewood Cliffs, N. J.: Prentice-Hall, 1969.

附录

应该期待怎样的成果——MBO 使用说明[一]

德鲁克 著　陈沛如 译

MBO（management by objectives）在政府机构中运行的历史比大部分现代执行者所认知的要长得多。20 世纪 30 年代至中叶之间，MBO 的基本概念就在卢瑟·古利克（Luther Gulick）等人所进行的针对联邦政府组织与管理的研究中大受推崇。不过，"依靠目标与自我控制进行管理"（management by objectives and self-control）这一概念最开始是在私企中诞生的。这套管理方式在第一次世界大战后的杜邦公司中施行。到了 20 世纪 20 年代中期，通用汽车麾下的阿尔弗雷德·斯隆（Alfred P. Sloan）便开始有系统地"依靠目标与自我控制进行管理"了。尽管他当时并没有给自己的管理策略命名，但是，他在执行过程中已经显现出对这些管理概念的透彻理解。

不过现如今，与私企相比，MBO 似乎在公共服务机构中更受欢迎；至

[一] Peter Drucker. What Results Should You Expect?—A Users' Guide to MBO, in Toward the Next Economics and Other Essays. NY: Harper & Row, 1981.

少，它主要被视作一种公共工具，在政府行政管理部门眼中更是如此。

MBO在公共部门如此受到欢迎大有缘由可循。毕竟除去最大型、最复杂的企业之外，公共服务机构对这套管理方法的需求远高于任何企业。公共服务机构的目标一向混杂，彼此多有冲突，甚至无法相容。包括企业在内，世上没有任何机构能够获得真正令人满意的数据。尽管如此，政府机构和其他公共服务机构能获取的数据，尤其是预算拨款方面的数据，基本上和执行实况与目标达成毫无关系。即便是负责美国一个区域和人口都比较小的州，或者某中型城市的地方行政机构，都比最为多样化的企业"集团"要多样而复杂。

公共服务机构的资源就是人，而输出几乎从来不是"物品"。因此，工作或者运行过程中并不存在约定俗成地引向有意义的成果。无论是由个体员工还是机构本身进行的错误取向，察觉起来有难亦有易。公共服务机构容易受到"官僚"这一败病所侵蚀，也就是说，容易将法律法规以及政府机构的顺利运行错当功名，也容易混淆机构本身的利益与公共服务的本意。

换言之，公共服务机构尤其需要目标和集中精力针对目标与成果——也就是所谓的管理。当然，这些需求正是"依靠目标与自我控制进行管理"可以保证和能够满足的。MBO虽然拥有造福公共服务机构的非凡潜质，但它也是一把双刃剑，因为它极易让机构错把MBO程序当成管理与目标的本质。实际上，这可能会引起错误地使用MBO，甚至会导致一些人妄图用它来代替思考与决策。

因此，公共服务机构中的管理者需要一份"MBO使用说明"。他需要理解自己究竟是在正确使用MBO，还是在误用它。至关重要的是，他必须明白正确使用MBO所带来的成果。不幸的是，这正是大部分手册和指南中一笔带过的部分。只是，唯有取得这些成果的时候才说明MBO可以真正得以应用。

MBO 亦即"依靠**目标**进行管理"（management by *objectives*）和"依靠目标进行**管理**"（*management* by objectives）。现在需要的，就是两套不同的翔实说明——前者从目标出发描述成果，后者由管理角度描述成果。

我们的目标是什么，它们应该是什么

管理者在施行 MBO 过程中必须瞄准的首要成果，也可能是最重要的成果，就是对自身机构毫无目标的现状有清晰的认知。好多被当成"目标"的那些东西，通常来说只是一番好意而已。

目标的存在意义在于让实现目标所需的工作得以组织一事成为可能。这意味着目标必须是可操作的，也就是能够被转化为明确的绩效、工作以及作业任务。问题是，几乎没有一个公共服务机构拥有可操作的目标。要说我们的目标是"维护法律与秩序"或者"医疗保健"，这种说法从操作层面上来看毫无意义。这些陈述根本无法让人推理出任何相关的目的或者所需工作。可是，与公共服务机构通常能够找到的目标陈述相比，这两个陈述算得上具有更高的可操作性，也更接近真正的目标。

"依靠目标进行管理"带来的第一个成果是：管理者将会意识到传统意义上的目标远远不能胜任；实际上，在大多数情况下，更是完全不适用。因此第一项应当完成的工作就是找出目标应当是什么，或者可能是什么。

可是，这问题一旦提出就会出现连带成果，这也正是需要取得的第二个成果：管理者将会意识到公共服务机构的目标不仅含糊、模棱两可，而且数量众多（顺带提一下，这对私企而言也同样适用）。

医院很复杂，但它与大部分政府机构相比，还算是很小的机构，但其目标一点也不清晰。"医疗保健"听起来可行，但是实际上大部分医院与医疗保健毫无关系。它们所关系到的是救死扶伤。显然，要得到医疗保健效果的最智慧也最有效的方法是预防疾病而不是治疗治愈。在我们所知的范围内，提供医疗保健服务，直观地来说，根本不是医院该做的事。医疗保健是通过公共卫生保障措施达到的，其中包括接种疫苗，提供纯净的饮用水，以及妥当处理污水。从实际效果来看，医院是医疗保健失败的后果，而不是提供医疗保健服务的机构。

可是，就算医院把自身目标定得非常具体，就像英国卫生局所做的那样，表明自己的目标是"救治伤者"（也就是修复已经造成的伤害），目标还是很模糊。医院是不是私人医师的工厂设施以及办公室延伸地，就像传统概念上的美国社区医院那样？换言之，医院是不是医师照料自己在办公室或者私人业务范围内无法接管的病人的地方呢？还是说，医院是社区的"医疗保健中心"，像众多美国医院所尝试的那样，提供儿童保健门诊和情绪问题咨询服务的地方？医院是不是还应该像美国大城市里的医院中的门诊部门那样代劳私人医师的服务职能为穷人提供医疗服务呢？如果医院将自身功能定位为"照顾病人"，那么妇产科的角色与功能又是什么呢？毕竟生孩子实在说不上是病，反而是完全正常而且健康的事。

相似地，安全部门试图将"维护法律与秩序"这一模糊概念变成实际操作的时候就会发现众多的可能衍生目标——而且每一个都很不明确。"防止犯罪"听起来就很明确。但是就算有人知道该如何实现，其真正含义也很难揣测。是众多安全部门传统上宣称的那样照本宣科地执行一切法律吗？还是对无辜的守法公民人身及财产安全的保护？是保证街道安全，还是家中安全，还是两者皆有？主要任务是消灭并防止警察部门本身的内部腐败问题吗？最后一项听起来像是细节问题，甚至无足轻重，但是最近由联邦政府机构资助的关于警察局长的重大调查研究表明：富有经验的警察局长都坚持表示维护法律与秩序过程中的首要目标，也是最重要的一步，就是根除警察部门内部的腐败问题。

在将好心的意图转化为真正的目标过程中，管理者必然发现同样正当的目标也会相互矛盾，甚至互不相容。

说明这一道理的经典例子是过去 40 年间实行的美国农业政策。从新政开始前就已经提出的初始目标是加强美国农民的力量。这意味着要保护家庭农户吗？还是说要让美国农民变得更加高效高产并具有在世界市场上竞争的实力？议会在撰写农业法律时一贯使用的都是表示法律的作用在于保护小型家庭农户之类的文辞。但是，后来实际上用于达到这种效果的举措主要都着眼于将农业变为更加高效、高产而且具有竞争力的产业上。在这种政策之下，小型家庭农户基本上没有容身之处，实际上也可能成为妨碍目标达成的绊脚石。

因此，"依靠目标进行管理"的最重要成果就是它强迫管理者意识到目标从来不是单一的，这与政策陈述语言没关系，也与议会行动或行政管理部门的口号没关系。要把这一认识当作"依靠目标进行管理"成果来看，似乎有些自相矛盾。可是这也可能是最为重要的结果，恰恰因为它能够强迫管理者及他所管理的机构意识到思考与做出高风险的权衡之策的必要性。如果要使 MBO 成为强化机构绩效的有效工具，就必须将这个视作"依靠目标进行管理"要努力达成的成果之一。

"依靠目标进行管理"需要获取成果的第二个方面是对"优先"与"滞后"的适当理解。

公共服务机构几乎无一例外地必须努力达到多个目标。与此同时，每一个目标之下又有一定数量的不同的小目标。但是没有一个机构能够同时做很多事，要想把很多事都做好更是难上加难，大型机构要做成功更是举步维艰。机构必须集中精力定出优先事项。同样地，它们也必须做出高风险决策——决定要延缓什么、放弃什么，也就是通过滞后来思考。

集中精力的必要性主要是因为存在于机构内部以及多方外部公众之间的

沟通问题。试图同时达成多个目的的机构会把自己的员工搞得稀里糊涂。当这种混乱蔓延到机构所依靠的外部公众中时，它会变本加厉。

集中目标的另一个重要原因在于，没有一个机构能够拥有用不完的真正的有效资源。我们都明白金钱本身无法取得成果。成果需要投入工作的人努力奋斗才能够获取，而这样的人永远不够用。可是，没有什么比要求人将精力分散于多项琐事上更损坏有能力的个体效能了——没有什么比对重大任务付出部分精力更令人心烦意乱或低效的了。要取得成果一向需要至少一个人透彻并持续地投入精力专注解决一个问题。

最后，也许是最重要的一项：即便是单一的或简单的目标，也经常需要人在无法同时进行的两个不同方案之间做出优先选择。这意味着落选方案只能退居二线，或者被不定期搁置。

这一难题的例子之一想必是每一位富有经验的管理者都熟悉的问题：发展中国家的教育制度。几乎所有的教育发展研究都认同一点：经过训练与教育的人口是可取的，而且确实是社会经济发展的基础。但是，应该培养少数，但是极其有才干的精英，还是应该力图"扫盲"呢？少有国家能够同时追寻这两个目的，因此它们必须做出抉择。如果执行第一个方案，那么以大量国家资源为代价培养的高精尖人才将会带来一定风险。其后果就是社会无法运用自身付钱买来的才能，也无法为这些人才提供有意义的职位。最终结果就是人才流失，一个贫穷国家的最有高产潜能而且最贵重的资源就会离开，不得不去异国他乡寻求发挥其学识的机会。

若执行第二个方案，就可能会培养大量不满于传统就业选择以及传统生活水平的人。由于能够雇用这些人的机构并未出现，也缺失相应的管理者，所以经过培训的人找不到自己应该从事的工作，受人引导而拥有的期待也落了空。

要定下优先事务一般是比较简单的，至少，在政治上看是比较简单的。

困难之处，也是必需之处，就在于承担风险和政治上比较危险的滞后决策。每一位富有经验的管理者都明白自己所搁置的，实际上最终都是要抛弃的。事实上，比起搁置来说，做出决策完全不碰或者放弃一些事要明智得多。说到策略，时机至关重要。十年后运行十年前优秀而富有价值的项目？没有比这更低效的事情了。

如果此处需要例证的话，那约翰逊总统的诸多项目的消亡就足以说明。让这些项目走向失败的根源不在于项目本身的问题，甚至也不是它们所获得的资金支持不充足。它们失败的关键在于它们大多晚出台了5~10年。这些项目都被搁置了，而"时机成熟"的时候，也就是说议会在多年抗拒后终于愿意考虑的时候，它们就不再是"正确"的项目了。

不仅如此，对公共服务机构而言，"抛弃过去"的难度甚至比企业做出同样的事情还要大。企业，自然是不喜欢抛弃什么的。失去意义，不再取得成果，也不再满足重大需求的产品或者服务往往属于如今身居要职，又曾用职业生涯中最好的时光去创造，助其成功的人。不过，在企业中，市场终会迫使管理层直面现实并抛弃过去。

福特汽车公司对艾德赛尔（Edsel）车型久久不能舍弃——这远远超出了经济现实所能容忍的范围。美国大众在福特管理层愿意接受现实的判决之前早早地抛弃了艾德赛尔。最后，即便是再强大、再顽强的公司也得接受现实。

公共服务机构中并没有如此施压的规矩。当然，如果我们在1850年或1900年就有了交通部门，那么每个国家现在都可能拥有亿万美元支持的重大研究项目以便负责对马进行再教育。无论在哪一种公共服务机构中，无论是政府机构、医院、学校还是大学，无论是在立法者、媒体，还是公众中，任何活动或服务都会立刻制造出自身的支持者群体。可是，没有什么比强撑垂死的项目更难的了。维持一个已经废弃的项目比扶持一个有影响又有成效的项目来说，要更费神费力，而且需要更大的才能。

因此，公共服务机构永远处于如下风险之中：可能将自身人才与大量钱财耗费在失去有效性、无法做出贡献、已证实无法进行生产，或者完全不合适的项目上。

再者，对公共服务机构"依靠目标进行管理"而言，至关重要的事就是确立优先项。在此要做出的首要决策就是划清需要投入精力的领域。

同样重要的是对一切服务与活动进行系统评估以便找出候选抛弃项目。实际上，对公共服务机构而言，明智的做法是每隔三四年就将各项服务活动进行重审："如果我们当年确立这项服务的时候知道我们现在所知道的一切的话，我们还会着手做这个项目吗？"如果答案是否定的，那该说的话不是"我们怎么做才能让这个项目重整旗鼓"，甚至也不是"我们是否应该考虑终结这个项目"，而是"我们最快需要多长时间才能终结这个项目"。

对"依靠目标进行管理"而言，抛弃项目目标以及达到这些目标所需制订的规划是必须做的事，无论这些举措多么不受人待见、难以接受，甚至难以达到。大型机构，尤其是公共服务机构中，极易遇到的一个风险是：管理者会混淆"脂肪"与"肌肉"，分不清忙碌表象与实际绩效。设置系统程式抛弃过去并为此制定详细而果敢的目标才是防治这种退化性疾病的唯一方法。

在此意义上说，1974年的预算改革法案也许代表着数十年以来公共行政管理部门所迈出的最大一步了。当然，它能否取得成效仍不明朗。这项法案把根据其适宜性、目标陈述以及合理程度来对联邦服务机构中的已有规划与项目进行评估的职责全权交付给总审计局。

可是撰写这份法案的议会到了需要抛弃这个法案的时候，还愿不愿意直面现实呢？

下一项成果就是明确的目标、明确的对象、明确的时间表以及明确的策略规划。其中的内涵是对达到目标所需的资源进行清晰界定，包括所需的努力以及最主要的是对可使用资源的配置——其中人力资源最为关键。如果没有对有能力、有绩效的人手中的资源进行明确配置，那么就说不上是"规划"。在这实现之前，一切规划最多只能说是一番美意，实际上，甚至还不如美好的念头。

最后，"依靠目标进行管理"必须定义绩效的衡量方法，最少也需要一套评判标准。

常有人表示公共服务机构瞄准的都是无形的成果，而这些无法测量。简单来说，这句话的意思是指公共服务机构没有能力取得成果。除非能够对成果进行客观评估，否则成果将不会存在。有的只是活动表象，也就是成本。要想取得成果，就必须明白自己想要哪些成果，并依此判断达成的究竟是不是自己想要的成果。

但是，要说公共服务机构的活动无法测量也并不正确。

无论是公司企业还是社会服务机构，"使命"总是无形的。西尔斯百货公司在20世纪20年代就将公司的使命定义为成为"美国家庭的采购员"。这个定义可以说是完全无形的。但是，西尔斯后来为了实现这一使命而设定并执行的长远目标（例如，发展出价格最为经济，也几乎能够完全满足大部分房屋所有者的一系列装置）却是能够推理出产业链、服务、分类、价格以及市场开拓等方面清晰可测量的短期目标。这关键的一步使得工作量得以合理分配，也让绩效变得可以衡量。

将"拯救灵魂"视为教会的使命，这是完全无形的。至少，这笔账不能在这个世界算。不过，要把会众中六成以上的年轻人带到教会并参与教会活动，这一目标却是可以量化的。

相似地，"医疗保健"也是无形的。但是妇产科的目标既不难以捉摸也不难衡量。例如，要求接生过程中出现"意外情况"每100例中不得超过3

例，要求母亲产后感染人数不得超过生产总量的百分之一，以及要求一切受精7个月后出生的早产儿中八成以上健康地活下来。

思考合理衡量标准的过程本身就是一项政策决策，因此风险重重。衡量标准，或者至少是判断与评估的基本标准就是我们对所谓"绩效"的定义。这些标准基本决定了努力的方向。它们也决定了政策上的优先项究竟是具有实际意义还是纯粹的管理层口号。出于这个原因，这里必须强调衡量标准必须衡量绩效而不是努力。运用针对行动效率而不是机构对外部人士（无论是另一个公共服务机构还是群众）的衡量标准不仅无法满足需求，而且容易起到误导作用。衡量标准会对精力分配和注意力方向起到引导作用。公共服务机构，甚至所有组织的通病之一正是倾向于把精力与注意力集中在内部，也就是办事效率，而不是每一个公共服务机构的存在意义：自身对外起到的作用。

界定好了衡量标准，才能够把成果反馈组织成为行动。什么时候应该期待怎样的成果呢？从效果上看，衡量标准决定什么样的现象才能视为成果。因此，找出合宜的衡量标准使得管理者能够从诊断走向预判。他现在才可以定下自己期待发生的事情，并且采取相应举措保证此事能够成就。

举措的具体后果是不可预测的。实际上，如果措施，尤其是机构层面上的措施有规律可循的话，那就意味着期待的成果是无法获得的。发生意料之外的事几乎是必然的。但是，意外的结果一定是有害的吗？它们是否比原先期待并规划获得的结果还要理想？偏离原定规划的部分会迫使管理者在策略上进行调整，还是对短期目标或者优先顺序进行适当变更？还是说意料之外的事情带来了原先没能预见的机遇，甚至表示需要加大精力投入，乘胜追击？这些都是公共服务机构的管理者们几乎从来不关心的问题。除非他们在目标与策略结构中已经建立起会迫使自己面对这些问题的有组织的反馈机制，否则这些管理者很有可能会无视意料之外的事，并且很容易一条路走到黑，或坐失良机。

因此，能够引起系统回顾，以及对目标、角色、优先顺序和资源配置的反复修正的有组织的反馈系统必须嵌入管理过程。"依靠目标进行管理"的重大成果之一，就是让管理者能够做到上述事情。如果未能获取以上成果，那就说明"依靠目标进行管理"未能得到正确的运用。

什么是管理，管理应该是什么

同样道理，"依靠目标进行管理"也需要取得一定数量的成果才能称得上是正确运用。

第一项成果就是"理解"。"依靠目标进行管理"往往被人形容为一种取得一致的方法。但是，这种说法实在是太过简单化了。MBO 找到并针对的决策关系到一系列事务：目标及其平衡，短期目标与策略规划，优先顺序与抛弃项目，精力分配与资源配置，合宜的衡量标准等。这些决策太过复杂，风险较大，未知变量众多，不是仅靠赞成就能做出的。要想做出智慧的决策，必须做到"知情异议"。

MBO 需要获取的第一个管理层面的成果是要让管理者充分理解这些决策的难度、复杂性以及风险。这意味着管理者必须明白受雇做同样工作并熟悉这项工作的人，对长期目标与短期目标的定义不同，看到的优先顺序也有所不同，而且喜好的策略之间差异较大，无法兼容。只有意识到这一点，才有可能有效地做出决策。

这些决策的复杂程度与重要程度都意味着负责人不会希望在对决策毫无知情的情况下轻举妄动。只有在存在知情异议的基础上才有可能全面理解任何一个问题。做出这些决策的时候，"对抗制诉讼程序"一向说不上是最优解。而要想怀有善意与相当知识储备的人们认识到彼此对同一问题、同一使命、同一工作以及同一现实的认知差异的关键就在于知情异议，否则就必然出现治标不治本的问题，重点也容易误放在琐事上，使得成果反而无人问津。

玛丽·帕克·福莱特（Mary Parker Follet）在知觉心理学的早期研究中指出：组织中对答案意见相左的人，正确与否的看法往往各不相同，这一现象已经过去50年了。公共服务机构中的管理者所要处理的问题往往复杂异常，而且维度颇多。要期待任何一个人能看到问题全貌而不是单方面或者单一维度是不现实的。

不过，有效行动要求决策者拥有对复杂性的深刻理解，以及纵观某个问题所具备的主要维度的能力。否则，即便将精力输出最大化也无法获取优质成果，而只会带来不理想的甚至错误的成果。

"依靠目标进行管理"是一种管理过程而非政治程式。这就更凸显了专注于理解第一项管理成果的重要性：将组织内部对同样的任务与问题的基本观念、基本异议以及不同解决方法置于明处。

过去20年间创建并隶属于联邦政府的主要部门，诸如国防部、健康教育与福利部、交通部以及住房与城市发展部等，经常遭受谴责，主要的批评是针对它们的管理无效与管理混乱。雪上加霜的是，它们还经常被拿来和其他所谓"更高效"且较旧的组织进行比较，比如内政部与农业部等。这些较新机构缺乏有效性的原因被人归结为"缺乏方向"与"内部分裂"。让旧机构充满效能，尤其是在新政运行初期，实际上应该归功于这些部门的领导者对知情异议的智慧运用。内政部的哈罗德·伊克斯（Harold Ickes）和农业部的亨利·华莱士（Henry Wallace）通过花费大量心思保证组织内部存在知情异议让自己获得理解，也让自己的合作伙伴能够明白。因此，高层管理者毫无民主地单方面做出关于短期目标与决策时，组织上下都清楚：最上面的人自己知道有哪些其他可能性，也知道自己下属对这些备案的看法。

类似地，日本的"共识决策"系统最近也经常被当作美国决策者应当与之看齐的榜样。不过，日本人并不是通过达成共识进行决策，而是通过达成共识来进行权衡。日本组织内部做出决策所需酝酿时间看似很长，但是实际上全部用来在组织内达到最大程度上的互相理解，也使得将要参与行动的人能够就待解决的问题直抒己见，并说出自己对问题的定义。这样做的后果是：员工会明白自己的同事与合作伙伴的立场、感受，也会更清楚自己的感受。这样一来，组织内部就能达成一个大家都能理解的一致意见，即便组织内部的某些群体并不同意这项抉择或者更偏好其他选项。也许日式决策方法的最大优点就是它真正能够设置优先项并且真正有效执行。

"依靠目标进行管理"的第二项管理成果就是在组织内部创造出责任心与奉献精神，让管理者与专业人士具有自我控制的能力变成可能。

MBO 的拥护者很喜欢谈"参与"。这个名词具有误导性，或者至少是一个有缺陷的说法。理想的结果是：组织内部的个体甘愿为获取组织的目标而集中奉献自己的精神与力量。这就是一种自我控制的能力：要让每个个人做出正确的贡献并且有能力进行自我评估，而不是靠外部评估与管理。理想的结果是产生奉献精神，而不仅仅是参与。

正是出于这个原因，MBO 对个人目标设定或者管理层面的目标设定上采取的通常做法都存在缺陷，甚至反而会造成伤害。一般情况下，MBO 会告诉个体管理者："这些就是这个机构的目标。为了推动目标达成，您必须做出哪些努力呢？"正确的问法是："基于我们的使命，您认为我们的目标、优先项和策略应该是哪些？未来的一两年内，要想为这些目标、优先项以及策略服务，这个机构应该对您和您负责的部门有怎样的要求？您和您负责的部门与公司脱离的不同目标、优先项，以及策略有哪些？您若要实现这些目标，必须做出哪些贡献并且获取怎样的成效？您看到了哪些重大机遇能够帮助您为这个机构以及您的部门做出贡献并获取绩效？您发现了哪些重大问题？"

当然，这些都需要负责任的管理者去做出决定。"下属总会更明白"并不是许多浪漫主义管理者可靠信奉的道理。当然，"老板总会更明白"也不可靠。能够信得过的是：除非下属与老板意识到彼此对该做的事与能做的事认知上的差别，否则双方无法彼此沟通。

随后的成果是人事决策。就像先前说的那样：运用 MBO 需要资源配置与集中精力。"依靠目标进行管理"永远应该带来精力分配、人员调遣以及任务安排上的变化，也必然引起服务于目标达成的人力资源结构重组。即便只是下意识，管理者也会经常错误地认定凡是存在的工作不仅都是合理的，而且还能够有所贡献。可是，事实恰恰相反：每一个存在的职位都有可能是错误的，需要重新组建，或者至少需要改变方向。职称也许是神圣的，毕竟每个大型组织都虔诚地默认是上帝创造了科长一职。但是，从现实出发，是组织的需求变化带来了职位的实质变化；而任务，就是专门针对成果所做出的贡献，改变就会更加频繁。

职位描述可以是半永久性的，但是任务必须是短期的。管理层面的目标的基本作用就是迫使人们直视问题：在考虑我们此时的目标、优先顺序以及策略规划的条件下，以现有的基础，完成哪些任务才能够做出最大贡献？

除非这个问题被提到明面上加以认真对待，否则 MBO 就不能得到正确运用。这个问题的作用在于找出正确的精力分配方式以及人力资源的优先项目，然后将得出的答案转化为人的具体行动。除非能够做到这一点，否则就算存在目标也没有管理可言。

同样重要并与上文息息相关的是组织结构上的成果。如果说过去 40 年间关于组织的研究对我们有任何启发的话，我想那就是"策略决定结构"。管理者接触到的组织设计数量很少。而这有限数量的组织设计究竟如何脱离图纸成为现实主要由组织选择的策略决定，而这些策略又由组织目标决定。"依靠目标进行管理"应该促进管理者能够通过组织结构思考问题。组织结构本身虽然不属于政策范畴，却是辅助原则的工具。任何关于原则的决策，也就是任何关于目标、优先顺序以及策略的决策，都对组织结构有所影响。

"依靠目标进行管理"的最终结果是关乎组织的目标与绩效标准，也涉及组织结构与行为的决策。如果MBO不能带来决策，那就等于没有取得任何成果，反倒是白费时间与精力。MBO的成败不取决于知识，而取决于有效的行动。最重要的是，这意味着需要做出有风险的决策。

现有的文献往往把MBO当作"解决问题的工具"。可是，其正确运用在于作为定义问题并识别问题的工具。也许，更重要的是，它是一种问题的预防工具。

因此，MBO不是用来落实决策的程序，或者一套负责进行定义、斟酌并决策的系统尝试。单纯地填写表格，即便表格设计得天衣无缝，也算不上是"依靠目标进行管理"。成果才是。

MBO经常被称作规划工具，但它并不等同于做规划，而是做规划的核心。MBO经常被称作管理工具，但是同样道理，它并不囊括管理的一切，而是管理的灵魂。它不是对原则、目标、优先顺序、策略、组织结构或人员配备进行决策的落实方法，而是做出决策、确定目标、制定先后顺序以及为机构的特定使命而设计组织机构的过程本身。

此外，MBO还是人们融入组织并将自身引向组织目标与使命的过程。在过去几年间引入公共服务机构的MBO，尤其是政府机构的MBO，可能成为迈向有效公共服务机构的第一步。目前为止，它只能算第一步。目前引入的部分，大多只是程式，如果把程式错当本质，那就容易发生危险。可是公共机构的最大需求并非程式。其中大部分机构所需的程式应有尽有——缺少的是绩效。实际上，从本质上看，现代社会的核心需求可能就是公共服务机构的绩效。"依靠目标与自我控制进行管理"应该能够从很大程度上满足这一需求。不过，其成败取决于管理者：在运用MBO的过程中，他们必须在目标与管理两方面都取得正确的成果。

推荐阅读

清华大学经济管理学院领导力研究中心主任
杨斌教授 担当主编 鼎力推荐

应对不确定、巨变、日益复杂且需要紧密协作挑战的管理沟通解决方案
沙因组织与文化领导力系列

谦逊的魅力
沙因60年咨询心得

埃德加·沙因（Edgar H. Schein）

世界百位影响力管理大师 斯坦福社会心理学硕士 哈佛社会心理学博士
企业文化与组织心理学领域开创者和奠基人

恰到好处的帮助

人际关系的底层逻辑和心理因素，打造助人与求助的能力，获得受益一生的人际关系

谦逊领导力

从人际关系的角度看待领导力，助你卸下独自一人承担一切的巨大压力

谦逊的问讯

以提问取代教导，学会"问好问题"，引导上下级的有益沟通，帮助组织良性运作，顺利达成目标

谦逊的咨询

回顾50年咨询案例，真实反映沙因如何从一个初出茅庐的实习生成长为成功的咨询大师，感受谦逊的魅力，为组织快速提供真正的帮助

欧洲管理经典 全套精装

欧洲最有影响的管理大师
（奥）弗雷德蒙德·马利克 著

超越极限

如何通过正确的管理方式和良好的自我管理超越个人极限，敢于去尝试一些看似不可能完成的事。

转变：应对复杂新世界的思维方式

在这个巨变的时代，不学会转变，错将是你的常态，这个世界将会残酷惩罚不转变的人。

管理成就生活（原书第2版）

写给那些希望做好管理的人、希望过上高品质的生活的人。不管处在什么职位，人人都要讲管理，出效率，过好生活。

管理：技艺之精髓

帮助管理者和普通员工更加专业、更有成效地完成其职业生涯中各种极具挑战性的任务。

战略：应对复杂新世界的导航仪

制定和实施战略的系统工具，有效帮助组织明确发展方向。

公司策略与公司治理：如何进行自我管理

公司治理的工具箱，帮助企业创建自我管理的良好生态系统。

正确的公司治理:发挥公司监事会的效率应对复杂情况

基于30年的实践与研究，指导企业避免短期行为，打造后劲十足的健康企业。

读者交流QQ群：84565875

彼得·德鲁克全集

序号	书名	要点提示
1	工业人的未来 The Future of Industrial Man	工业社会三部曲之一，帮助读者理解工业社会的基本单元——企业及其管理的全貌
2	公司的概念 Concept of the Corporation	工业社会三部曲之一，揭示组织如何运行，它所面临的挑战、问题和遵循的基本原理
3	新社会 The New Society：The Anatomy of Industrial Order	工业社会三部曲之一，堪称一部预言，书中揭示的趋势在短短十几年都变成了现实，体现了德鲁克在管理、社会、政治、历史和心理方面的高度智慧
4	管理的实践 The Practice of Management	德鲁克因为这本书开创了管理"学科"，奠定了现代管理学之父的地位
5	已经发生的未来 Landmarks of Tomorrow：A Report on the New "Post-Modern" World	论述了"后现代"新世界的思想转变，阐述了世界面临的四个现实性挑战，关注人类存在的精神实质
6	为成果而管理 Managing for Results	探讨企业为创造经济绩效和经济成果，必须完成的经济任务
7	卓有成效的管理者 The Effective Executive	彼得·德鲁克最为畅销的一本书，谈个人管理，包含了目标管理与时间管理等决定个人是否能卓有成效的关键问题
8 ☆	不连续的时代 The Age of Discontinuity	应对社会巨变的行动纲领，德鲁克洞察未来的巅峰之作
9 ☆	面向未来的管理者 Preparing Tomorrow's Business Leaders Today	德鲁克编辑的文集，探讨商业系统和商学院五十年的结构变化，以及成为未来的商业领袖需要做哪些准备
10 ☆	技术与管理 Technology，Management and Society	从技术及其历史说起，探讨从事工作之人的问题，旨在启发人们如何努力使自己变得卓有成效
11 ☆	人与商业 Men，Ideas，and Politics	侧重商业与社会，把握根本性的商业变革、思想与行为之间的关系，在结构复杂的组织中发挥领导力
12	管理：使命、责任、实践（实践篇） Management:Tasks,Responsibilities,Practices	为管理者提供一套指引管理者实践的条理化"认知体系"
13	管理：使命、责任、实践（使命篇） Management:Tasks,Responsibilities,Practices	
14	管理：使命、责任、实践（责任篇） Management:Tasks,Responsibilities,Practices	
15	养老金革命 The Pension Fund Revolution	探讨人口老龄化社会下，养老金革命给美国经济带来的影响
16	人与绩效：德鲁克论管理精华 People and Performance: The Best of Peter Drucker on Management	广义文化背景中，管理复杂而又不断变化的维度与任务，提出了诸多开创性意见
17 ☆	认识管理 An Introductory View of Management	德鲁克写给步入管理殿堂者的通识入门书
18	德鲁克经典管理案例解析（纪念版） Management Cases(Revised Edition)	提出管理中10个经典场景，将管理原理应用于实践

彼得·德鲁克全集

序号	书名	要点提示
19	旁观者：管理大师德鲁克回忆录 Adventures of a Bystander	德鲁克回忆录
20	动荡时代的管理 Managing in Turbulent Times	在动荡的商业环境中，高管理层、中级管理层和一线主管应该做什么
21 ☆	迈向经济新纪元 Toward the Next Economics and Other Essays	社会动态变化及其对企业等组织机构的影响
22 ☆	时代变局中的管理者 The Changing World of the Executive	管理者的角色内涵的变化、他们的任务和使命、面临的问题和机遇以及他们的发展趋势
23	最后的完美世界 The Last of All Possible Worlds	德鲁克生平仅著两部小说之一
24	行善的诱惑 The Temptation to Do Good	德鲁克生平仅著两部小说之一
25	创新与企业家精神 Innovation and Entrepreneurship	探讨创新的原则，使创新成为提升绩效的利器
26	管理前沿 The Frontiers of Management	德鲁克对未来企业成功经营策略和方法的预测
27	管理新现实 The New Realities	理解世界政治、政府、经济、信息技术和商业的必读之作
28	非营利组织的管理 Managing the Non-Profit Organization	探讨非营利组织如何实现社会价值
29	管理未来 Managing for the Future:The 1990s and Beyond	解决经理人身边的经济、人、管理、组织等企业内外的具体问题
30 ☆	生态愿景 The Ecological Vision	对个人与社会关系的探讨，对经济、技术、艺术的审视等
31 ☆	知识社会 Post-Capitalist Society	探索与分析了我们如何从一个基于资本、土地和劳动力的社会，转向一个以知识作为主要资源、以组织作为核心结构的社会
32	巨变时代的管理 Managing in a Time of Great Change	德鲁克探讨变革时代的管理与管理者、组织面临的变革与挑战、世界区域经济的力量和趋势分析、政府及社会管理的洞见
33	德鲁克看中国与日本：德鲁克对话"日本商业圣手"中内功 Drucker on Asia	明确指出了自由市场和自由企业，中日两国等所面临的挑战，个人、企业的应对方法
34	德鲁克论管理 Peter Drucker on the Profession of Management	德鲁克发表于《哈佛商业评论》的文章精心编纂，聚焦管理问题的"答案之书"
35	21世纪的管理挑战 Management Challenges for the 21st Century	德鲁克从6大方面深刻分析管理者和知识工作者个人正面临的挑战
36	德鲁克管理思想精要 The Essential Drucker	从德鲁克60年管理工作经历和作品中精心挑选、编写而成，德鲁克管理思想的精髓
37	下一个社会的管理 Managing in the Next Society	探讨管理者如何利用这些人口因素与信息革命的巨变，知识工作者的崛起等变化，将之转变成企业的机会
38	功能社会：德鲁克自选集 A Functioning society	汇集了德鲁克在社区、社会和政治结构领域的观点
39 ☆	德鲁克演讲实录 The Drucker Lectures	德鲁克60年经典演讲集锦，感悟大师思想的发展历程
40	管理（原书修订版） Management(Revised Edition)	融入了德鲁克1974~2005年间有关管理的著述
41	卓有成效管理者的实践（纪念版） The Effective Executive in Action	一本教你做正确的事，继而实现卓有成效的日志笔记本式作品

注：序号有标记的书是新增引进翻译出版的作品。